人文社科
高校学术研究论著丛刊

基于网络多媒体的当代英语教学新探

孟朦 李虹 乌仁高娃 著

中国书籍出版社
China Book Press

图书在版编目(CIP)数据

基于网络多媒体的当代英语教学新探/孟朦，李虹，乌仁高娃著.—北京：中国书籍出版社，2019.6
ISBN 978-7-5068-7317-8

Ⅰ.①基… Ⅱ.①孟…②李…③乌… Ⅲ.①英语—教学研究 Ⅳ.①H319.3

中国版本图书馆 CIP 数据核字(2019)第 112712 号

基于网络多媒体的当代英语教学新探

孟 朦 李 虹 乌仁高娃 著

丛书策划	谭 鹏 武 斌
责任编辑	朱 琳
责任印制	孙马飞 马 芝
封面设计	东方美迪
出版发行	中国书籍出版社
地　　址	北京市丰台区三路居路 97 号(邮编：100073)
电　　话	(010)52257143(总编室)　(010)52257140(发行部)
电子邮箱	chinabp@vip.sina.com
经　　销	全国新华书店
印　　刷	三河市铭浩彩色印装有限公司
开　　本	710 毫米×1000 毫米　1/16
印　　张	19.75
字　　数	354 千字
版　　次	2020 年 7 月第 1 版　2020 年 7 月第 1 次印刷
书　　号	ISBN 978-7-5068-7317-8
定　　价	88.00 元

版权所有　翻印必究

目　　录

第一章　英语教学概述……………………………………………… 1
　　第一节　英语教学的内涵……………………………………… 1
　　第二节　英语教学的现状……………………………………… 2
　　第三节　英语教学的理论基础………………………………… 5
　　第四节　英语教学的基本原则………………………………… 19

第二章　网络多媒体与英语教学…………………………………… 24
　　第一节　网络多媒体…………………………………………… 24
　　第二节　网络多媒体技术在英语教学中的发展历程………… 30
　　第三节　英语教学中的网络多媒体资源……………………… 40
　　第四节　基于网络多媒体的英语教学特征与原则…………… 47
　　第五节　基于网络多媒体的英语教学前景展望……………… 50

第三章　基于网络多媒体的当代英语教学模式…………………… 56
　　第一节　微课教学模式………………………………………… 56
　　第二节　翻转课堂教学模式…………………………………… 66
　　第三节　慕课教学模式………………………………………… 76

第四章　基于网络多媒体的当代英语学习模式…………………… 83
　　第一节　项目式学习模式……………………………………… 83
　　第二节　体验式学习模式……………………………………… 91
　　第三节　自主学习模式………………………………………… 95

第五章　基于网络多媒体的英语词汇教学新探…………………… 112
　　第一节　词汇与词汇能力……………………………………… 112
　　第二节　英语词汇教学的内容与现状………………………… 115
　　第三节　基于网络多媒体的英语词汇教学原则……………… 119
　　第四节　基于网络多媒体的英语词汇教学方法……………… 122

第六章　基于网络多媒体的英语语法教学新探 …………………… 130
　　第一节　语法与语法能力 …………………………………………… 130
　　第二节　英语语法教学的内容与现状 ……………………………… 134
　　第三节　基于网络多媒体的英语语法教学原则 …………………… 138
　　第四节　基于网络多媒体的英语语法教学方法 …………………… 140

第七章　基于网络多媒体的英语听力教学新探 …………………… 152
　　第一节　听力与听力能力 …………………………………………… 152
　　第二节　英语听力教学的内容与现状 ……………………………… 161
　　第三节　基于网络多媒体的英语听力教学原则 …………………… 164
　　第四节　基于网络多媒体的英语听力教学方法 …………………… 169

第八章　基于网络多媒体的英语口语教学新探 …………………… 173
　　第一节　口语与口语能力 …………………………………………… 173
　　第二节　英语口语教学的内容与现状 ……………………………… 176
　　第三节　基于网络多媒体的英语口语教学原则 …………………… 181
　　第四节　基于网络多媒体的英语口语教学方法 …………………… 184

第九章　基于网络多媒体的英语阅读教学新探 …………………… 192
　　第一节　阅读与阅读能力 …………………………………………… 192
　　第二节　英语阅读教学的内容与现状 ……………………………… 200
　　第三节　基于网络多媒体的英语阅读教学原则 …………………… 203
　　第四节　基于网络多媒体的英语阅读教学方法 …………………… 205

第十章　基于网络多媒体的英语写作教学新探 …………………… 218
　　第一节　写作与写作能力 …………………………………………… 218
　　第二节　英语写作教学的内容与现状 ……………………………… 224
　　第三节　基于网络多媒体的英语写作教学原则 …………………… 228
　　第四节　基于网络多媒体的英语写作教学方法 …………………… 231

第十一章　基于网络多媒体的英语翻译教学新探 ………………… 238
　　第一节　翻译与翻译能力 …………………………………………… 238
　　第二节　英语翻译教学的内容与现状 ……………………………… 249
　　第三节　基于网络多媒体的英语翻译教学原则 …………………… 252
　　第四节　基于网络多媒体的英语翻译教学方法 …………………… 254

第十二章　基于网络多媒体的英语文化教学新探……261
第一节　文化与文化能力……261
第二节　英语文化教学的内容与现状……268
第三节　基于网络多媒体的英语文化教学原则……273
第四节　基于网络多媒体的英语文化教学方法……275

第十三章　基于网络多媒体的英语教学评价新探……280
第一节　英语教学评价概述……280
第二节　基于网络多媒体的英语教学评价标准与方法……291
第三节　基于网络多媒体的英语教学评价实践研究……299

参考文献……302

第一章 英语教学概述

我国英语教学一直是培养高素质英语人才的重要途径,几十年以来,已经为社会输送了大批综合型、实用型交际人才。不过不可否认的是,英语教学在发展的过程中,也伴随着诸多问题,这些问题阻碍着英语教学质量的进一步提升。特别是在当今网络多媒体技术飞速发展的今天,英语教学更应与时俱进,将多媒体技术充分融入语言知识与技能的教学中,促进教学改革。本章就从英语教学的内涵出发,探讨英语教学的现状、教学改革赖以推进的理论依托、教学需要遵循的原则等相关问题。

第一节 英语教学的内涵

教学是学生在教师的引导下,在有计划的、系统性的过程中,依据一定的内容,按照一定的目的,借助一定的方法和技术,主动学习和掌握知识、技能,从而获得全面发展的活动。

英语教学是一种教育活动。对教师来说,教学是引导学生学习的教育活动;而对学生来说,教学是在教师引导下的学习活动。学生是否得到发展是教学能否实现其目标的关键。教学是一个师生互动的过程,是教师教和学生学、共同完成预定任务的双边统一的活动。具体来说,英语教学的内涵主要包括以下几个方面的内容:

(1)英语教学是有目的的活动。在英语教学的不同阶段,有着不同的目标,而教学目标又具体分为不同的领域与层次。

(2)英语教学带有系统性和计划性。这种系统性主要体现在其制订者方面,主要为教育行政机构、教研部门和学校的教学管理者等。英语教学的计划性指的是对英语基础知识的计划性教学,如英语语音、词汇、语法、写作、阅读等具体知识和技能的传递。

(3)英语教学需要采取合理的教学方法和教育技术。英语教学经过深厚的历史积淀,形成了大量有效的教学方法。现代科学技术尤其是信息技术的发展,为英语教学提供了可以借助的多种教育技术。

综上所述,可以将英语教学的内涵概括为:教师依据一定的英语教学目的与教学目标,在有计划的、系统性的过程中,借助一定的方法和技术,以传授和掌握英语知识为基础,促进学生整体素质发展的教与学相统一的教育活动。

第二节　英语教学的现状

一、大、中、小学的英语教学相脱节

当前,我国的大、中、小学各阶段的英语教学相脱节的现象比较严重,它是影响我国英语教学效果的一个重要因素,很多城市或发达地区的小学从一年级便已开始学习英语,即使是在边远农村等地区,也从初中一年级开始学习英语。可以说,当学生进入大学时,他们事实上已经学习了6年或9年以上的英语,按说应该已经具备了一定的英语能力和基础,并且按照中学英语教学大纲的要求,中学阶段应学完了80%的语法现象。而大学理应是一个在中学基础上的应用和提高的阶段,而且有大量的词汇做后盾,大学英语教学的许多时间完全可用于学生运用语言能力的培养上,不需再把大量的时间花费在基础语言知识的讲解、练习上。

然而事实并非如此,目前各阶段的教学目的及要求相互脱节,导致教学内容重复而且分配存在不合理性。

二、受应试教育的制约严重

应试教育是传统英语教学模式的一个基本目标。它与素质教育的根本区别在于"考试观"的不同。考试主要具备两种功能:评价功能和选拔功能。在"应试教育"思想的长期影响下,人们更加看重考试的选拔功能。例如,大学英语四、六级考试的通过率高低是评价学校及教师的一个主要标准。这又使四、六级考试的应试性特点得到了强化。事实上,语言学习应该做到多听、多说、多读、多写,特别是多背优秀文章。语法知识固然很重要,但获得外语的"语感"显得更加重要,这就需要背诵。没有背诵,也就失去了外语学习的"脊梁骨"。而英语四、六级考试的题型主要是选择,这就使学生将大量的时间花在了背诵语法、词汇以及做大量模拟试题上。学生更加看重答案的标准性、唯一性,忽视了课堂上的讨论和交流,从而在心理上很排斥交际

活动,过分依赖教师的讲解,逐渐丧失了思考、质疑、创新的能力,虽然具备较强的应试技巧,但交际素质很低。

此外,传统的英语教学模式是单调乏味的,它严重制约了英语教与学的积极性。教师在课堂上习惯地采用以讲授为中心的、单向的、非交际的"满堂灌"教学方法,使得原本应当生动活泼的学习过程变得死气沉沉。在这种呆板、单一的教学模式中,教师机械地讲,学生被动地听,课堂教学无法活跃和互动起来,学生语言交际能力得不到提高。

三、教材选择方面存在弊端

教材在很大程度上决定着课程的教学目的和教学方法,所以对于任何一门课程而言,教材的设计和选择十分重要,甚至决定了这一门课程教学的成功与否,对英语教学来说也不例外。

我国的英语教材在内容选择上重文学、重政论,忽视了现代的实用性内容。改革开放以来,我国社会各方面发展迅速,变化很大,但是外语教学的变化不大。

尽管我国不断引进国外的教材,并且国内的相关机构、学者也设计出来多种教材,但是有些教材达不到人们所期待的自由交际的目的。事实上,影响教材好坏的因素包括以下六个方面:

(1)是否具有好的教学指导思想。
(2)是否体现了先进的教学方法。
(3)教材的组成是否完整包括了学生用书、教师用书、练习册、多媒体光盘等组成的立体化教材。
(4)内容的安排和选择是否符合教学目标。
(5)教材的设计是否合理,即教材的版面安排、篇幅、图文比例和色彩等。
(6)教材语言的素材是否真实、地道。

作为教材的直接使用者,教师在使用教材的过程中,可以结合以上因素发现现行教材的问题,还可以向学生征求意见,从而为教材的设计提出建议,开发出适合我国学生的、科学的教材,促进我国英语教学的发展。

四、师资水平参差不齐

在英语教学中,教师作为重要的组成因素,起着重要的主导和引导作用。所以,教师素质的高低直接关系学生对英语学习的积极性,关系教学质量的高低，也关系英语教学的成功与否。

但是目前的实际情况是，很多学校由于师资力量的紧张，教师除了基本的备课和授课之外，还有大量的作业要批改，能抽出时间看些书来实现自我提高都很困难，更别说拿出时间专门搞科研了。反过来，科研意识的浅薄限制了科研对英语教学的促进作用，使得英语教师长时间以来一直在进行经验式的教学。同时，不少英语教师在发音、语法、教学方法运用水平、文化修养等方面都存在不足，这势必会影响学生的学习和教学质量的提高。

五、与信息技术的结合有限

随着现代技术的发展，在教学中出现了很多现代化的教学手段，使学生可以在更广泛的范围内接触和学习英语。但从实际情况来看，现代教育技术在英语教学中的应用还非常欠缺。尽管一些学校使用了诸如多媒体、网络等教育技术，但实际效果并不理想。之所以出现这种结果，原因是多方面的。例如，部分学校学生数量多与现代化设备相对少二者之间产生矛盾，使得整体上缺乏多媒体学习环境。再如，信息技术在大学英语教学的很多领域并不是万能的。这种局限在非逻辑判断领域异常凸显。由于信息技术和当代英语教学都带有自身的发展特点，因此二者的整合过程势必会面临一定的问题，具体来说主要表现在以下几个方面。

（一）结构失衡

首先，虽然我国很多学校已经进行了教育信息化改革，并且基础设施的建设日趋完善，但大多流于形式，只是单纯地进行了信息化教室的建设，在一些简单的问题上采用信息化教学模式，而绝大多数时间依然采取传统的教学模式，并没有发挥出信息化教育的重要作用。

其次，当代英语教材并没有与教育信息化进行深入结合，其教学内容和教学结构依然以词汇、语法等基础知识为主，没有体现出教育信息化的重要作用，教材更新速度缓慢、结构落后。

（二）无法达到全面评估

将信息技术应用到当代英语教学中，虽然对于个性化教学的展开大有裨益，但是其效果的达成仍旧需要以学生的自觉性为保证。例如，在英语作文评价过程中，信息技术无法对学生的作文做出判断，同时无法对句子之间的关联程度展开分析，甚至无法判断文章内容与作文主题的关联程度。

(三)形成缺乏动态控制力的课件

信息技术在当代英语教学中的应用主要是通过课件的形式进行的。课件指的是在一定的学习理论指导下,根据教学目标设计的、反映某种教学策略和教学内容的计算机软件。一般来说,课件是由英语教师设计的。课件在当代英语教学中也存在着一定的局限性。

例如,在课件制作上,许多教师虽然在积极地制作并使用课件,但实际上并没有理解多媒体课件的意义,绝大多数教师只是将自己所讲解的内容,从黑板转移到多媒体课件上,其本质上仍然是传统的教学模式,没有发挥出信息化教学的重要意义。

课件的设计不能把对这些事件做出的"反应"纳入可控流程,而恰恰是教学过程中这些非预见性的事件实现了教与学的全过程。这种固化了教学内容、策略以及知识表达呈现方式和顺序的形式,排斥了意外事件的发生,这实际上是排斥了师生的相互作用,也降低了课堂教学的丰富性、生动性。当课堂上出现"预定"流程以外分支时,授课老师或者放弃做出反应,或者回到传统教学方式中。由此可见,课件这种形式缺乏对课堂的动态控制能力。

第三节 英语教学的理论基础

一、基础理论

英语教学首先是建立在基础理论之上的,涉及哲学理论、传播学理论、方法论、绩效论、美学理论、教育学理论、心理学理论。下面对这几个理论展开分析。

(一)哲学理论

哲学是一切社会学科、自然学科、思维学科的理论基础。英语教学当然也离不开哲学理论的指导,尤其是辩证唯物主义的方法论和认识论。在构成英语教学的理论基础中,人本主义与技术主义是其最深层次的哲学基础。在英语教学中,应用哲学的观点有助于处理和对待教师与技术的关系、教师与学习者的关系、传统教学手段与现代教学手段的关系、传统学习资源与数字化网络资源的关系等,这些都有助于保证英语教学的顺利开展。

(二)传播学理论

传播学主要研究的是人类的一切传播行为,即在传播过程中发展、发生以及传播的人与社会的关系、社会信息系统及其运行规律的科学。20世纪30年代以来,传播学逐渐成了跨学科研究的产物。当传播学被运用于教学领域中,则被称为"教育传播学"。教育传播是教育者与被教育者间通过传播媒介进行信息交流的过程。传播理论与英语教学的关系主要体现在:传播理论归纳和阐释了英语教学传播过程中所涉及的各种要素、信息传播的基本规律、信息传播的基本阶段等内容,这为优化英语教学过程、高效地传播英语教学信息提供了重要的理论支持。

(三)方法论

方法论是对具体、科学方法的总结和概括。科学方法即人们正确地理解现象和文本、获取可靠的信息的方法。科学方法体现了科学的精神,尤其是科学的理性精神、实证精神以及审美精神等。方法论是基于系统科学建立起来的,因此也可以称为"系统科学方法",而系统科学的前身是20世纪发展起来的控制论、信息论以及系统论。基于以上三论,加之研究者对其他相关学科的探究,逐渐构成了现代系统科学方法论体系。外语教学是一个教学信息的传递过程,信息的传递效果往往会受到传递方式、信道容量等的影响和制约。英语教学是对教学过程进行有效的控制,从而获取及时的反馈信息,对教学策略和教学进度予以调整和修订,从整体上优化教学过程,为获取理想的教学效果而努力。

(四)绩效论

"绩效"一词的原本含义是"能力、性能、工作效果、成绩",包含工作质量、工作数量、获取的效果收益等。20世纪60年代,美国首次将绩效技术作为一个专门课题开始进行研究。经过几十年的发展,关于绩效论的研究不断深入,逐渐成了国际教育界研究的前沿课题,也引起了国内外学者和实践者更广泛的关注和重视。在英语教学中引入绩效论是时代发展的必然要求。英语教学中的绩效技术包含设计、分析、实施、开发、评价等内容。因此,在英语教学实施的过程中,需要学习者投入更多的精力与时间,方法应用是否得当往往与学习者的学习效果成正比。同时,需要考虑教师的投入与产出,尤其是二者的经济价值比问题。教师应用绩效技术设计教学方案和教学内容,可以更好地体现经济性、适应性、可行性等基本原则。

(五)美学理论

美学理论最初的含义是对感官的感受,其从人对现实的审美关系出发,以艺术作为主要对象来研究美丑、崇高等审美范畴及人的美感经验和审美意识。现如今的英语教学与信息技术相结合,具有直观性和形象性,其从内容到形式上都强调通过艺术美、教学美、科学美等对教学信息进行传达,将艺术魅力体现出来。因此,美学贯穿于英语教学的全过程,在教学中创设美的意境,将深奥、抽象的内容艺术化、形象化,通过生动有趣的表现手法使知识更具有感染力。

(六)教育学理论

教育学的一大任务就是对一般的教学原理进行研究。长期以来,人们对教育学进行了大量的研究和探索,将教学规律总结和揭示出来,在教学目标、教学基本原理、教学方法、教学内容、教学模式、教学评估、教学策略等层面都取得了丰硕的成果。英语教学同样是建立在教育学理论的基础上,对教学模式、教学资源、教学方法、教学手段等进行研究。因此,教育学与英语教学模式有着密切的关系。

(七)心理学理论

心理学主要研究的是人类认识世界、获取知识、获取技能等的心理规律和心理机制。心理语言学从认知能力、信息处理的角度对语言的学习与运用进行研究,从而对英语教学产生一定的指导。心理语言学与外语教育心理学主要研究的是学习者如何习得外语知识和技能等。英语教学依据的是心理学、心理语言学与外语教学的相关原则,更高效、科学地帮助学习者掌握语言知识和技能,发挥学习者的个性和智力潜力,提升其语言交际能力。

二、语言本质理论

(一)语言功能理论

韩礼德(Halliday)作为英国功能学派的重要代表人物,主要进行语言的社会功能方面的研究。韩礼德认为语言是在完成其功能中不断演变的,语言的社会功能一定会影响语言本身的特性。韩礼德将语言功能分为微观功能、宏观功能和纯理功能三类,具体介绍如下。

1. 微观功能

韩礼德认为,微观功能是儿童在学习母语的初级阶段出现的,它包括以下七种功能。

(1)个人功能,即儿童可以运用语言来表达自己的感情、身份或观点、看法。例如:

I like the toy car.

(2)想象功能,即儿童可以运用语言来创造一个幻想的环境或世界。例如:

Suppose I am the king and you are the queen.

(3)规章功能,即儿童可以通过语言来控制他人的行为。例如:

Finish the task as I have told you.

(4)启发功能,即儿童可以通过语言来认识和探索周围的世界,学习和发现问题。例如:

Tell me why…

(5)工具功能,即儿童可以通过语言来获取物质,满足其对物质的需求。例如:

I want…

(6)相互关系功能,即儿童可以通过语言与他人进行交往。例如:

Me and you.

(7)信息功能,即18个月大的儿童可以通过语言向别人传递信息。

2. 宏观功能

宏观功能相比微观功能其含义更为复杂、丰富和抽象,它是儿童由原型语言向成人语言过渡阶段出现的语言功能。宏观功能包括实用功能和理性功能两类。前者是指儿童将语言视为做事的工具或手段,它是源于儿童早期微观功能中的工具功能、相互关系功能和规章功能。后者则由儿童早期微观功能中的个人功能、启发功能等演变而来。

3. 纯理功能

纯理功能主要有以下三种:

(1)概念功能。概念功能是指人们通过语言将自己的内心世界和现实世界的经历进行表述的功能。语言的概念功能是指人们以概念的形式将其经验加以解码,并对主客观世界发生的人、事、物等因素进行表达和阐述。

(2)篇章功能。篇章功能是指语言具有创造连贯话语或文章的功能,这些话语和文章对语境来说是切题和恰当的。韩礼德认为,语篇是具有功能的语言。

(3)人际功能。人际功能是指语言具有表明、建立和维持社会中人的关系的作用。通过此功能,说话人能通过某一情境来表达自己的推断、态度,并对别人的态度、行为造成影响。

韩礼德认为,上述三种功能经常同时存在,而且几乎存在于每个句子中。

(二)言语行为理论

奥斯汀(Austin)于20世纪50年代创立了言语行为理论,之后塞尔(Searle)又对该理论进行了改良,使之发展为一种解释人类语言交际的理论。言语行为理论对语言教学起到积极的促进作用,为意念大纲的产生提供了理论基础。下面分别介绍这两位学者的言语行为观点。

1. 奥斯汀的言语行为理论

奥斯汀将话语分为表述句和施为句两大类别,并在此基础上提出了言语行为三分说。

(1)表述句与施为句

所谓表述句是用来描写、报道或陈述某一客观存在的事态或事实的句子。表述句可以验证,并且具有真假值。例如:

Ruby is lying in bed.

如果Ruby确实在床上躺着,这句话就为真;反之则为假。

施为句则是用来创造一个新的事态以改变世界状况的句子。施为句不可以验证,也不具有真假值。例如:

I call the toy horse "Spirit".

这个句子既无法验证,也无法判断真假。这个句子的意义在于给玩具马命名,即给客观环境带来了改变。

表述句与施为句的最大区别在于表述句以言指事、以言叙事,而施为句以言行事、以言施事。

(2)言语行为三分说

奥斯汀发现了表述句与施为句两分法的不足之处并修正了自己的观点,提出了更为成熟的"言语行为三分说"。他将言语行为分为以下三个层次。

①以言指事行为是指移动发音器官,发出话语,并按规则将它们排列成

词、句子。它是通常意义上的行为。

②以言行事行为是通过说话来实施一种行为或做事。它是表明说话人意图的行为,可将以言行事行为简称为"语力"。奥斯汀将以言行事行为分为评价行为类、施权行为类、承诺行为类、论理行为类、表态行为类五个类别。

③以言成事行为就是以言取效行为,它是指说话带来的后果。需要说明的是,以言成事行为或以言取效行为只是用来指一句话导致的结果,不论结果如何都跟说话人的意图无关。

2.塞尔的言语行为理论

塞尔改进了奥斯汀对以言行事行为的分类,并提出了"间接言语行为"理论。

(1)塞尔对以言行事行为的重新分类。塞尔将以言行事行为分为以下五类。

①承诺类。它表示说话人对未来的行为做出不同程度的承诺。此类行为的动词包括 threaten、pledge、vow、offer、undertake、guarantee、refuse、promise、commit 等。

②表达类。它表达说话人的某种心理状态。此类行为动词包括 congratulate、apologize、welcome、condole、deplore、regret、boast 等。

③断言类。它表示说话人对某事做出真假判断或一定程度的表态。此类行为的动词包括 deny、state、assert、affirm、remind、inform、notify、declare、claim 等。

④宣告类。它表示说话人所表达的命题内容与客观现实之间的一致。此类行为的动词包括 nominate、name、announce、declare、appoint、bless、christen、resign 等。

⑤指令类。它表示说话人不同程度地指使或命令听话人去做某事。此类行为的动词包括 request、demand、invite、order、urge、suggest、advise、propose 等。

塞尔的重新分类具有很强的科学性,直到今天仍在使用。

(2)间接言语行为理论。所谓间接言语行为,就是通过实施另一行为而间接得以实施的言语行为。例如:

Can you pass the bottle for me?

这种言语行为表面上是在进行"询问",但实际上表达的是一种"请求"行为,即"请求"是通过"询问"间接实施的。

塞尔进一步将间接言语行为分为规约性间接言语行为和非规约性间接

言语行为两个类别。规约性间接言语行为通常出于对听话人的礼貌,且根据话语的句法形式可立即推断出其语用用意。而非规约性间接言语行为往往比较复杂,需要更多地依靠交际双方共知的语言信息与所处的语境来进行推断。

(三)错误分析理论

语言学家科德(P. Corder)、理查兹(J. Richards)等对母语学习背景不同的学习者在外语学习过程中的错误做了仔细的研究和分析,认为很多错误源于对目的语的理解和消化不够全面造成的。同时,他们指出外语学习的漫长过程是把目的语规则内化的过程。这一过程又要经历很多阶段。学习者在学习过程中会使用一种既不是母语的翻译,又不是将来要学好的目的语,且具有系统性的过渡性语言进行交际。它介于母语和目的语之间,可称为"中继语"。中继语的使用导致错误的发生,科德把错误归纳为三种类型。

1. 形成系统前的语言错误

此类错误是由于学习者有了某种交际意图,但又未掌握表达这种意图的表达方式,因此只能从已知的语言素材中去寻找一些手段以仓促应对。

2. 系统的语言错误

处于内化过程中的学习者经常会出现系统的语言错误。此时系统规则已基本形成,但学习者并没有完整、透彻地理解这些规则。例如,学习者知道在英语中过去动作应用过去时来表示,并知道动词的过去时可由动词加-ed构成,但不知道英语有不少的不规则动词的存在,所以在交际中会使用诸如comed、goed 等形式。

3. 形成系统后的语法错误

在学习者已经形成较完整的语法概念,但尚未养成习惯时,可能会出现形成系统后的语法错误。此类错误导致虽然学习者知道了英语过去时的所有形式,但是由于习惯还没有养成,因此还是会使用 comed 代替 came,使用 goed 代替 went。

理查兹认为,学习者所犯的错误主要是由以下原因造成的:
(1)母语的干扰。
(2)教学不当或教材不当。
(3)学习过程中对一些规则的过度概括或应用规则不完全。

三、语言学习理论

（一）二语习得理论

20世纪70年代，克拉申（S. Krashen）针对第二语言的习得提出并发展了二语习得理论。该理论是最具争议的二语学习理论之一，共包括五个部分，即习得/学习假设（The Acquisition/Learning Hypothesis）、自然顺序假设（The Natural Order Hypothesis）、情感过滤假设（The Affective Filter Hypothesis）、监控假设（The Monitor Hypothesis）和输入假设（The Input Hypothesis）。

1. 习得/学习假设

根据克拉申的"习得/学习假设"，"学习"和"习得"不同。"学习"是有意识地掌握语言语法规则的过程（conscious process）；而"习得"是一个无意识地形成语言能力的过程，即"习得"是指学习者在任何场合下都能够迅速、流利、灵活地运用这些规则进行交流。

长期以来，人们认为第一语言是习得的，而外语是学习的。但克拉申（1985）认为，外语也应通过习得掌握，"习得"就是在自然交际中使用语言来发展语言能力的。语言学习只能监控和修正语言，并不能发展交际能力，只有习得才可以将所学语言发展为交际能力。语言学习与有意识的系统联系在一起，学习者是通过有意识地学习语言规则和改正语言错误去掌握外语的。学习不可能变为习得，但是有意识的学习过程与无意识的习得过程是互相独立的。

2. 自然顺序假设

"自然顺序假设"由普遍语法和过渡语理论发展起来。这个假设认为，人们在习得语言时是按自然顺序进行的。这里的"自然习得"是指非正式学习。无论学习者文化背景多么不同，当他们学习外语时都有共同的语法难点。也就是说，他们都有几乎相同的语法习得顺序。例如，一些实验证明，在将英语作为第二语言学习时，无论是儿童还是成人都会掌握进行时先于掌握过去时、掌握名词复数先于掌握名词所有格等。不过克拉申认为，人们制订教学大纲时并不需要以自然顺序假设为依据。实际上，如果教学的目的是让学生习得某种语言能力，就有理由不按任何语法顺序来进行教学。

3. 情感过滤假设

这里的"情感"是指学习者的动机、需要、态度和情感状态。这些情感因素使语言输入自由通过或阻碍语言输入通过，因而被视为可调节的过滤器，而语言输入只有通过过滤器才能到达语言习得机制，从而为大脑所吸收。外语学习者对所学语言的情感是积极的还是消极的对语言输入的影响差别很大，消极者对外语的输入起到很强的过滤作用，积极者则获取更多的输入。

4. 输入假设

输入假设是克拉申语言习得理论的核心部分。"输入假设"与学习无关，而与习得相关。输入假设认为，语言的使用能力不是教出来的，而是随时间推移，接触理解性输入后自然形成的。理想的输入应具备以下四个特点：

（1）可理解性。可理解性指的是理解输入的语言是语言习得的必要条件，不可理解的输入对学习者不仅无用，还是一种噪音。对语言初学者而言，若只听那些不理解的语言等于浪费时间，不过外语课堂教学倒是很有效的学习方式。

（2）既有趣又有关联。这是指输入的语言应不仅有趣而且还有联系，这样学习者就可习得语言。

（3）非语法程序安排。这是指在语言习得的过程中，按语法程序安排的教学是不足的也是不必要的，重要的是要有足够的可理解输入。

（4）足够的输入（i+1）。i+1 公式是克拉申提出的著名公式之一。i 代表习得者现有的水平，1 代表略高于习得者现有水平的语言材料。根据克拉申的观点，这种 i+1 的输入并不需要人们故意去提供，只要习得者能理解输入而他又有足够的量时就能自动地提供了这种输入。

（二）语言输出假设

对于克拉申的二语习得理论，斯温等（M. Swain et al.）学者提出了不同的看法，并提出了输出假设（output hypothesis）。克拉申认为，在第二语言习得过程中，可理解的输入起着中心作用，而斯温认为输出的作用更为显著。斯温提出输出假设的依据是"浸泡式"（immersion）教学实验。通过进行浸泡实验，斯温得出：虽然她的学生在几年的浸泡过程中所获得的语言输入并不是有限的，但他们也没有获得和本族语一样的语言产生能力。斯温将这一现象的原因归结为学生没有足够的语言输出活动，没有在语言输出活动中受到"推动"。

斯温将语言输出的功能概括为以下三点：

(1)促进学习者对语言形式注意的功能（the noticing function）。

(2)学习者检验自己提出假设的功能(the hypothesis-testing function)。

(3)提供学习者有意识反思的功能(the metalinguistic function or consciousness reflection)。

斯温认为,学习者在"产生语言"的过程中可能会遇到一些问题,他们会注意到某一个他们不懂或不完全懂的语言项目,这样他们就会注意到需要表达的意思与他们能够用语言形式来表达该意思之间的差距。这种对语言形式的注意能够激活学习者的认知活动,促进他们对已有知识的巩固和对新知识的学习,从而促进他们习得某一语言形式。

学习者在学习语言的过程中经常会提出一些假设并对这些假设进行检验,而为了进行检验,学习者需要通过口头或笔头的形式使用语言。因此,学习者可以在交际过程中通过语言输出来检查他们所提出的形式和结构是否可行。从这个意义上来说,语言输出活动为学习者实践和检验自己提出的假设提供了机会。

斯温认为,语言输出还能促使学习者有意识地进行反思活动。在某种情况下,学习者不仅实践和检验了自己的假设,而且用语言对自己提出的假设进行反思。用语言对假设进行反思,能够有效地促进学习者对自己的语言进行控制和内化。

(三)建构主义学习理论

20世纪90年代,建构主义学习理论在美国兴起,它是多学科交叉发展的必然结果,具有体系复杂、流派众多等特点。

建构主义学习理论的目的不仅在于将人类认识的能动性揭示出来,还在于将人类认识对经验、环境等的作用的揭示,并且强调认识会随着环境的改变而改变,这些对于教学而言有着十分重大的意义。因此,建构主义学习理论越来越成为国内外深化教学改革的重要指导思想。

建构主义学习理论的演进非常复杂,其思想源于18世纪初意大利学者维柯(Vico)、哲学家康德(Kant)的理论,但是皮亚杰(Piaget)与维果斯基(Vygotsky)是建构主义学习理论的先驱。

建构主义学习理论的基本观点包含以下几点。

(1)学习者的学习过程是在原有的认知结构与新接受的感觉信息相互作用的基础上,通过新旧知识经验之间反复的相互作用,对外部信息主动加工和处理的过程。

(2)学习过程中的建构包含两个方面:一是运用已有经验进行新知识意义的建构;二是对原有经验的改造和重组。

(3)提倡合作式学习。每个个体意义建构的方式或角度等都是独特的,只有彼此间相互合作才能弥补个人对知识理解的不足,减少理解的偏差。

建构主义学习环境的四要素包括情境、协作、会话和意义建构:

(1)情境是学习者进行学习活动的社会文化环境。

(2)协作是学习者与学习者之间、学习者与教师之间或学习者与网络交流者之间进行合作学习。

(3)会话是在协作过程中,通过多种方式的信息交流,实现信息共享。

(4)意义建构是学习过程的最终目标。

建构主义学习理论对于英语教学有着重要的指导意义,具体表现为如下三点:

(1)强调学习者之间的交流与合作,主张学习者在互动时应该主动学习目的语。从这一意义上说,互动是语言运用的前提与基础。

(2)强调语言学习与学习者的社会经历之间有密切的关系,认为将二者结合有助于推动学习者更好地掌握英语这门语言。

(3)强调学习者与教师之间展开互动,强调教材对学习者的意义。这在一定程度上改变了教材的编写形式,也转变了教师在课堂上的角色,并对教学设计提出了更高的要求。

建构主义学习理论指导下的教学设计除了将教学目的涵盖在内,还需要将学习者建构意义时的情境考虑进去。也就是说,教师需要将创设情境视为教学的一项内容。

(四)人本主义学习理论

人本主义心理学是在批判行为主义心理学和精神分析心理学的基础上发展起来的,被称作心理学的"第三种势力"。它兴起于20世纪60年代,代表人物有美国心理学家马斯洛(A. H. Maslow)和罗杰斯(C. R. Rogers)。

人本主义注重人的独特性、自由、理性、发展潜能,认为人的行为主要受自我意识的支配,要想充分了解人的行为,就必须考虑人们都有一种指向个人成长的基本需要。

1. 需要层次理论

马斯洛提出的需要层次理论是动机理论的核心。他认为,人类行为的驱动力是人的需要。

马斯洛将人的需要分为生理需要、安全需要、归属与爱的需要、尊重的需要和自我实现的需要。这些需要之间存在一种由低到高的等级递进的关系，只有低级的需要被满足后，才能进一步满足更高级的需要，其中生理需要是最基本、最低级的需要。自我实现是指人天生具有一种潜能，只有充分发挥自己的潜能，最大限度地发展自我，才能获得持续的满足感。

这些需要可以归纳为以下两类：

第一类需要是缺失需要，为人与动物所共有，包括生理需要、安全需要、归属与爱的需要。

第二类是生长需要，为人类所特有，包括尊重的需要和自我实现的需要。

只有满足了第二类需要，个体才能进入心理的自由状态，体现人的价值，产生深刻的幸福感。

在英语学习中，学生是否达到所要求的水平并不重要，重要的是他们思考着、创造着并且积极地体验着学习活动的全过程。只要满足了自我实现的需要，学习自然就成为他们生活中必需的活动之一。

人本主义学习理论认为人的成长和学习动力主要来自自我实现的需要，这种满足感使得学生产生学习的动力，而不断学习又能使他们获得更大的满足感，学习就是在这样的循环中不断进行着。

2. 非指导性教学理论

罗杰斯将心理咨询的方法移植到教学中，提出了非指导性教学理论。他认为，教学活动应把学生放在中心位置，把学生的"自我"看成教学的根本要求，所有的教学活动要服从"自我"的需要。"非指导性教学"的基本取向是促进个体的"自我实现"，而自我实现需要进行"意义学习"。所谓"意义学习"，就是使个体的行为、态度、个性等发生重大变化的学习，这种学习在于充分挖掘个体与生俱来的学习潜能，使以情感为中心的右脑得到充分发展，从而培养出"完整的人"，即认知与情感协同发展的人。意义学习的动力来源于学习者自身内部，并渗透于整个学习过程，学习者要通过自我反省、自我体验和自我评价，在相互理解、相互支持的融洽的学习氛围中认识自我、展示自我和实现自我。

罗杰斯将教师定位于"促进者"角色，这体现在以下四个方面：一是帮助学生引出并澄清问题；二是帮助学生组织材料，为其提供更广泛的学习活动；三是作为一种灵活的资源为学生服务；四是作为小组成员而参与活动；五是主动与小组成员分享他们自己的感受。

总体而言，英语教学本身具有特殊性。在语言教学的过程中，教师要始终以学习者为中心，贯彻人本主义思想。正如罗杰斯所说，促进学习者学习的关键并不在于教师的专业知识、教学技巧、演示与讲解、课程计划、视听辅导教材等,而在于特定的心理气氛因素,其存在于教师与学习者之间。

在教学过程中,教师个人的感召力、性格、素质等都会对教学产生一定影响,而这些往往在设备和技术上体现不出来。这就要求教师在利用计算机的基础上,发挥个人的潜力和优势,不断提升自己的知识水平和个人素质,不能仅仅满足于对计算机的熟练操作,还要努力通过着网络与学生建立有效联系,这样才能使自己不成为网络的奴隶。

此外,基于人本主义学习理论,教师应该关注意义学习与过程学习的结合,既让学习者在做中学习,也让学习者学会如何学习,这有利于学习者在学习过程中处理好学与做的关系以及与教师的关系,让学习者的学习更为有趣。

(五)行为主义学习理论

行为主义学习理论源自于著名生理学家巴甫洛夫(Ivan Pavlov)的"条件反射"这一概念。受巴甫洛夫的影响,很多学者对行为主义理论展开分析和探讨,重要的学者主要有如下两位:

美国著名的心理学家华生(John Broadus Watson)创立了行为主义学习理论。20世纪初期,他提出了采用客观手段对那些可以直接观察到的行为进行研究与分析。在他看来,人与动物是一样的,任何复杂的行为都会受外界因素的制约与影响,并往往需要通过学习才能获得某一行为,当然在这之中,一个共同的因素——刺激与反应是必然存在的。基于此,华生提出了著名的"刺激—反应"理论,这一著名的行为主义心理学公式可以表示如下:

S—R,即Stimulus—Response。

美国学者斯金纳在华生行为主义学习理论的基础上进行了深入的研究与探讨。在斯金纳看来,人们的言语及言语中的内容往往会受某些刺激,这些刺激可能来自内部,也可能来自外部。通过重复不断的刺激,会使得效果更为强化,使得人们学会合理利用语言相对应的形式。在这之中,"重复"是不可忽视的。斯金纳的行为主义学习模式可以总结为图1-1。

行为主义学习理论在美国占据了较长的时间,其对于当前的教学也起着重要作用。例如,在行为主义学习理论的指导下,学习者为了获得表扬,往往会继续某种行为;学习者为了避免惩罚,往往会将某种行为终止。这些都是行为主义学习理论在学习中的典型表现。

```
        ┌─────────────┐
        │   刺激      │
        │ (Stimulus)  │
        └──────┬──────┘
               ↓
        ┌─────────────┐
        │   有机体    │
        │ (Organism)  │
        └──────┬──────┘
               ↓
        ┌──────────────────┐
        │    行为反应      │
        │(Response Behavior)│
        └──────┬───────────┘
         ┌─────┴─────┐
         ↓           ↓
```

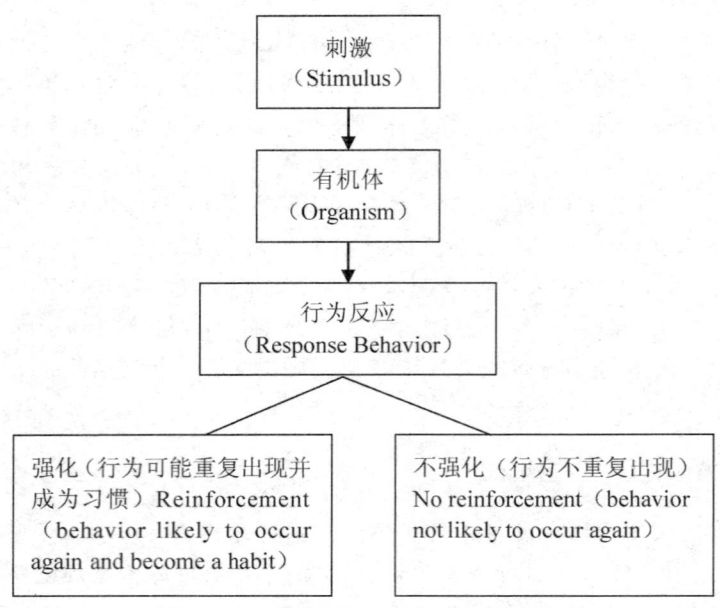

| 强化（行为可能重复出现并成为习惯）Reinforcement（behavior likely to occur again and become a habit） | 不强化（行为不重复出现）No reinforcement（behavior not likely to occur again） |

图 1-1　斯金纳的行为主义学习模式

（资料来源：何广铿，2011）

对于英语教学而言，行为主义学习理论起着重要的指导意义。具体而言，主要体现为如下几点：

（1）即时反应。反应必须要出现在刺激之后，如果二者相隔时间太长，那么反应就会被淡化。

（2）重视重复。重复练习能够进一步加强学习者的学习和记忆，使行为发生比较持久的变化。

（3）注意反馈。教师应该让学习者清楚知道反应是否正确，即时给出反馈，这种评价对于学习者来说是大有裨益的。

（4）逐步减少提示。在减少学习者学习条件的情况下，教师应该让学习者的反应向期望的程度发展，从而引发学习者顺利完成既定任务。

总之，行为主义学习理论促进了视听教学、程序教学及早期CAI（计算机辅助教学）的发展。但是，行为主义学习理论也存在着一些缺点和不足：它是对人类学习内在心理机制的完全否定，将动物实验的结果直接生搬硬套地推到人类学习上，忽视了人类能够发挥主观能动作用，这其实是走向了环境决定论和机械主义的错误方向。

第四节　英语教学的基本原则

一、以学生为中心原则

以学生为中心是英语教学的首要原则。以学生为中心原则要求教师在英语教学过程中充分尊重学生的主体地位，遵循学生英语学习的自然规律。也就是说，教师应该将自己的"教"建立在学生的"学"之上，一切活动都要围绕学生的学习进行。具体来说，要贯彻以学生为中心原则，教师要做出如下努力。

(一)制订科学的教学方案

教学方案是保证教学活动顺利开展的重要依据。以学生为中心要求教师根据学生的语言接受水平和语言运用能力制订合理的英语教学目标、教学任务、教学计划、评定方法等方案。如果教学方案不可行，那么教学效果的提升和学生学习的进步就无从谈起。

(二)选择合适的教学方式

在英语教学过程中，教师还应该在了解学生特点的基础上选择合适的教学方式，这也是以学生为中心原则的体现。例如，直观的教学方法有助于学生直接感受和理解语言，通过视、听、说加深印象、强化记忆，激发学生参与的兴趣。形象化教学手段与学生的直觉思维特征相符，选择可以激发学生学习兴趣和好奇心的媒体，如幻灯、投影、模型、录音、图片等，可以使他们出于个人需求积极主动地参与课堂学习，较自然地感知语言。

二、兴趣原则

兴趣是推动学生认识事物、探索知识、探求真理、从中体验学习情趣的推动力。学生只有对学习充满兴趣才会积极主动地探求并解决问题。因此，在英语教学中，教师应该重视兴趣的巨大作用，努力调动学生的情感内因，激发学生对英语学习的强烈愿望，使他们喜欢学、乐于学，以获得更好的学习效果。具体来说，英语教师在调动和培养学生英语学习的兴趣时可从以下两个方面入手：

(1)充分了解学生的特点。教师要充分了解学生的特点，尊重学生的主体性。教师必须清楚地认识到学生是英语课堂的主体,学生通过积极主动的尝试与创造,才能获得认知和语言能力的发展,教学活动也才能达到预期的效果。教师要从学生的心理和生理特点出发,遵循语言学习规律,采用多种教学方式,培养学生兴趣,让学生通过体验和实践进行学习,形成语感,提高交流能力。

(2)对教材进行深度挖掘。教材在英语教学中起着举足轻重的地位,教师在备课过程中,应当认真地研究教材,挖掘教材中的兴趣点,以减少教材的枯燥感,保持每节课的新鲜感,保证教学的内容和活动能让学生感兴趣,争取做到最大限度地调动学生的积极性。

三、交际性原则

教师在英语教学过程中要时刻关注英语的交际性,将交际原则贯彻到实际教学中。具体而言,教师应该努力做到如下几点:

(一)将英语作为一种交际工具来教

英语是人们交际的重要工具,所以英语教学的目的是培养学生掌握这种交际工具。交际原则既要求教师将英语作为一种交际工具来教,又要求学生把英语作为交际工具来学,还要求教师和学生课上课下都将其作为交际工具来用。

教学活动应该与用英语交际紧密地联系起来,努力做到英语课堂教学交际化。在英语教学中,教师或学生不是单纯地教或学英语知识,而是通过操练,培养或形成用英语进行交际的能力。教师要尽可能地利用教具,为学生创造适当的情境,协助学生进行以英语作为交际的真实的或逼真的演习。

(二)灵活创造语言情境

在英语教学过程中,教师可以通过安排学生操练英语来培养他们使用英语进行交际的能力。也就是说,教师可以利用多种教具创造真实或模拟的交际情境,让学生在这种情境中掌握英语,从而学以致用。情境要素主要有时间、参与者、地点、话题、交际方式等。情境中的这些要素都会对人们的交际产生或多或少的作用,如时间、地点、身份都会制约参与者说话的语气、内容。而且,同样一句话出现在不同的情境下会传达完全不同的意义,体现不一样的功能。因此,教师在英语教学过程中需要将教学内容置于带有特殊意义的情境中,以培养学生的交际能力。

四、合理设置教学目标原则

英语教学是一个有着明确目的的活动,因此教师首先必须设置一定的目标。如果英语教学的目标不明确或者没有目标,将会大大降低教学的效果,甚至毫无效果。从我国英语教学的实际情况出发,教师在设置英语教学目标时应考虑以下几个因素:

(1)英语语言知识,即学生在英语语音、词汇、语法等方面需要掌握哪些知识。

(2)英语语言技能,即学生在英语听、说、读、写、译等方面需要有哪些提升。

(3)情感态度及价值观,即学生要明确判断是非、正误、美丑的标准,提升道德水准。

(4)社会文化意识,即学生要不断扩大自己的视野,了解不同社会的文化背景,增加跨文化交际意识。

(5)学习策略,即学生要提供自己在记忆、比较、归纳、类比等方面的能力。

需要指出的是,教学目标的设置不可过于机械、呆板,要有一定的灵活性,需要教师根据实际教学情况进行调整。

五、发展性原则

所谓发展性原则,就是要保证所有学生的智力和非智力因素都得到发展。发展所有学生的智力因素与非智力因素既是教学工作的起点,也是教学工作的终点,还是衡量教学效果的重要标准。

当代英语教学过程既是学生认知、技能与情感交互发展的过程,又是生命整体的活动过程。因此,学生的发展可以看成一个生命整体的成长,并且这个发展过程既有内在的和谐性,又有外在能力的多样性以及身心发展的统一性。要实现英语教学的发展性,需要做到下面三点:

(1)教师要关注每位学生的成长,以保证所有学生都得到发展。

(2)充分挖掘课堂存在的智力和非智力资源,并合理、有机地实施教学,使之成为促进学生发展的有利资源。

(3)为学生设计一些对智慧和意志有挑战性的教学情境,激发他们的探索和实践精神,使教学充满激情和生命气息。

思辨能力属于学生人文素养提升的重要组成部分,对于学生的整体素质发展有着重要的影响。在教学过程中,教师需要遵循发展性原则的要求,使学生的能力与素养得到切实提高。

六、综合性原则

当代英语教学还应该重视综合性原则,将语音、词汇、语法等知识结合起来进行交互教学,从而提高教学的实用性。具体来说,综合性原则指导下的当代英语教学应该重视以下几个方面的内容:

1. 整句教学与单项训练相结合

由于英语教学是为了提高学生的语言应用能力,因此在教学中教师最好采用整句教学的方式。

学生在学习完语言表达之后就能直接运用,有利于学生语感能力的提高。具体来说,整句教学的顺序是先教授简单句子,然后教授较为复杂和长的句子,将整句教学和单项训练相结合。

2. 进行综合训练

语言学习是一个完整的整体,需要在教学中进行综合训练,也就是结合听、说、读、写四个部分。在当代英语教学中,听、说、读、写的培养是教学的主要途径,教师可以训练学生的多种感觉器官,保证四项技能训练的数量、比例、难易程度,从而使学生完成不同的学习任务。

3. 进行对比教学

由于英汉语言的差异性,在当代英语教学中还需要进行对比教学,引导学生在使用语言的过程中学习单词、语法、语音。这种对比教学的方式能够保证整体教学效果的提高。

七、针对性原则

在传统的英语课堂教学中,教学大纲、教学目标、教学计划、教材等均是为全体学生而设计的,学生所学的知识与技能基本相同,难以照顾到学生的智力、能力、性格等个体差异。而当代的英语教学通常具有丰富的内容与多种多样的形式,可以弥补传统课堂教学的缺陷,做到真正的因材施教。为将每位学生的潜能都发挥出来,应根据不同学生的特点采用不同的活动形式。

八、分别组织原则

当代英语教学应遵循分别组织原则,根据具体情况分别组织不同的活动。英语活动通常有大型集体活动、小组活动以及个人活动三种类型,其中的小组活动最为常见。教师应结合学生的英语水平、个人兴趣将其分为不同的小组,如表演小组、会话小组、戏剧小组等,以使学生的个人才华得以发挥。

个人、小组以及大型集体活动相互影响、相互作用。大型集体活动的效果取决于小组活动的质量,而小组活动的效果又取决于个人活动的质量。教师在组织英语活动时,应合理安排这三类活动形式,使三者相互配合,最终提高英语教学的效果。

九、及时总结原则

无论是哪种活动形式,在活动结束之后,教师都要及时进行分析与总结,发现所取得的进步与问题,找出问题的原因,为以后教学活动的开展做好准备。总结的形式应依据具体活动而定。

十、渐进性原则

英语学习并非一朝一夕就可以完成的,而是要经历一个漫长的过程。教师应意识到这一点,在组织英语教学活动时,应坚持循序渐进原则,即由易到难,先简后繁。在刚开始组织英语教学活动时,教师应给学生设置较为简单的活动。随着活动的逐渐开展,可采用各种不同形式,并适当增加活动的难度。学生通过完成各种任务,进而增强自信,获得成就感。如果一开始活动的难度就比较大,学生容易产生自卑心理,这显然不利于学生的身心发展。

第二章　网络多媒体与英语教学

互联网作为信息时代的一种标志,其发展是非常迅速的。互联网对于人们的日常生活、学习和工作等产生了重要影响,随之而来的网络多媒体环境下的英语教学也发展迅速,并引起了英语教学界的广泛关注。网络多媒体的不断深入对于丰富教学内容与方法、优化教学效果、培养学生的自主学习能力、提高学习效果等产生了重要影响。总之,网络多媒体与英语教学的结合已经成了当前英语教学改革的一大趋势。这也是本书所研究的问题。

第一节　网络多媒体

在信息技术领域,网络多媒体技术是一项跨学科的、综合类的技术,其主要集合了包含多媒体在内的计算机技术、网络技术、通信技术及多种信息科学领域的技术研究成果。就目前来说,网络多媒体技术已经成了最有活力的高新技术之一。本节重点介绍一下网络多媒体技术的相关概念。

一、网络多媒体的相关概念

对于网络多媒体的理解,首先需要了解"网络""多媒体"两个词的相关内涵,进而在此基础上探究什么是网络多媒体技术。

(一)什么是"网络"

一般来说,网络是由节点与连线构成的,其主要是表现不同对象及其相互之间的联系。在数学领域,网络一般指代一种图,即专门用于指代加权图,除了数学层面的定义外,网络还有物理层面的含义,即网络是从某种相同类型的实际问题中抽象出来的一种模型。在计算机领域,网络被认为是一种虚拟平台,其主要用于信息传输、信息接收以及信息共享。通过网络,人们可以将各个点、面、体等联系起来,实现资源、信息的共享。因此,对于人类的发展来说,网络是极其重要的,它促进了科技及人类社会的发展。

第二章 网络多媒体与英语教学

自20世纪90年代以来,网络的发展日益迅猛,且在人们生活中普及开来。具体而言,其主要体现在如下几个层面。

首先,网络的应用领域非常广泛,且五花八门,延伸到社会生活的各个层面。例如,信息查询、网络购物、文件传输、网络数学、远程医疗、电子商务等,可谓各个领域都有网络的涉入。

其次,网络的规模也在不断扩大。就目前来说,计算机已经在世界的每一个角落普及起来,且以每年翻一番的速度持续增长。其性能也在逐步提高,并经过专家学者的不断调试和改进,性能也更具有稳定性和实用性。

(二)什么是"多媒体"

"多媒体"这一术语源自20世纪60年代,从multimedia这一英文单词翻译而来。最初,多媒体是指两个及两个以上的媒体组合成一个简单的系统,其材料是通过各种感官通道来进行交流的。[①] 现如今,随着计算机技术、通信技术的迅猛发展,多媒体的定义也逐渐深化和拓展。很多国内外专家、学者从不同的角度对多媒体进行了界定,归结起来主要有如下几种:[②]

首先,对于用户来说,多媒体是一种以计算机作为控制媒介的技术。

其次,对于创作群体来说,多媒体可以用于创作多种多媒体产品和软件系统。

最后,对于技术人员来说,多媒体是一系列软件与硬件的集合。

基于用户的角度,一些学者给予了多媒体明确的定义。例如:[③]

(1)多媒体是集合两种及两种以上应用功能的计算机技术,这些应用功能可以是静态的,也可以是动态的。

(2)多媒体集合文字、图形、音频、视频、动画为一体,而计算机是使这些媒体之间黏合和联系的胶水。

(3)多媒体是建立在传统计算机功能的基础上,即包含文字、图形、图像、逻辑分析等,与音频、视频以及为了创建与表达知识的交互式应用相结合的产物。

正是由于多媒体是从用户的角度来考虑问题的,因此其应用于英语教学也是考虑用户的问题。

[①] 王琦.信息技术环境下的外语教学研究[M].北京:中国社会科学出版社,2006:140.

[②] 同上,第140-141页.

[③] 许智坚.多媒体外语教学理论与方法[M].厦门:厦门大学出版社,2010:5-7.

（三）什么是网络多媒体

随着信息技术的发展,网络多媒体技术应运而生,其为知识经济的发展奠定了基础,也为教育的发展带来更广阔的空间。受网络多媒体技术的影响,教育从形式、内容、方法等层面都发生了根本性改变。那么,什么是网络多媒体?对于其界定有很多,有广义的定义,也有狭义的定义。下面是几个较有代表性的定义。

（1）网络多媒体是运用通信系统、计算机技术等进行处理、获取、传播所有形式信息的技术。

（2）网络多媒体是计算机技术、网络技术、通信技术、控制技术等的集合。

（3）网络多媒体是指计算机软件、硬件、数据、声音、网络、多媒体技术、其他通信技术等,这些技术主要是用于对信息进行输入、存储以及传输等。

上述这些定义是从狭义层面上进行界定的。从广义上说,网络多媒体技术可以被认为是对所有形式的信息进行获取、传送、加工、再生、使用和交换等功能的技术。但从本质上来说,其主要是为人的生存和生活服务的,因此可以被定义为人类信息器官功能的一类技术,其主要是用于加强或者延长人的某些器官功能,起着重要的辅助作用。尤其是网络多媒体中的感测技术、通信技术、计算机技术、智能技术、控制技术等对人类信息器官具有延长的功能,从而保证人类能够与网络多媒体融合为一体,更好地进行合作,极大开拓人类的认知空间。

二、教育中的网络多媒体相关概念阐释

21世纪教育所面临的挑战主要来自于信息技术的发展,因此必须对教育进行改革,其中最重要的途径就是使教育网络多媒体化。网络多媒体教育有助于促进教育的全面改革,使教育适应逐渐变化的信息技术环境。网络多媒体教育需要一个适应的过程,从而实现教育的数字化、网络化、多媒体化与智能化。

（一）教育中的计算机技术

关于计算机技术在教育中的作用,很多专家学者对其进行了分类,通过这些分类总结出计算机技术运用于教育的用途:辅助学习、辅助教学、辅助管理、辅助测试。

第二章　网络多媒体与英语教学

1. 辅助学习

作为一种工具,计算机是人类当前能够涉及文字处理、数据管理、表格制作、通信助手等功能的最齐全的一种。在学习中,学生可以运用计算机来对信息进行获取、存储、处理、表达与交流,解决自己学习中的问题,并查询一些工具书或参考资料。

2. 辅助教学

计算机拥有强大的存储记忆力、快速精准的处理能力、精确的判断能力和计算技能、多变并重复的工作能力、生动形象的呈现能力。计算机辅助教学是当前计算机应用于教学的一种较为传统的形式,其主要用于帮助学生巩固知识和技能,启发学生找出学习的规律,了解更多的知识,并辅助解决学生的问题。其中,计算机辅助教学的课件有很多类型,如个别辅导型、操练型、对话型、教学游戏型、模拟型等。

此外,近几年出现了交互式多媒体,这是将各种媒体资料与计算机连接起来,将以往的以文本图形为基础的计算机辅助教学变得更具有吸引力。但是,计算机辅助教学未来的趋势是实现智能计算机辅助教学,从而极大地提升传统计算机辅助教学的功能。

3. 辅助管理

教师工作的一个层面是进行教学管理,既需要关注学生的学习进展情况,也需要考虑采用何种教学策略,还需要安排教学进度和教学内容等。计算机在教学中除了能够对教学进行辅助,还能帮助教师进行管理,使教师的工作更加迅速和准确。这就是所谓的"计算机管理教学",即运用计算机来辅助教师对学生的学习情况、学习过程进行记录,对教师的教学效果进行测评等。

4. 辅助测验

计算机在生成测验、组织测验、进行测验后分析等层面可以给予教师以辅助作用。这就是所谓的"计算机辅助测验"。在计算机化题库中,存放着已经组织好的数量可观的试题,教师将自己对题目范围、题目类型、题目难易程度等的要求送入题库管理系统,计算机根据要求输出试卷。然后教师对学生进行测验,最后进行评测,也可以运用光学标点阅读器对试卷进行分析,从而一定程度上减少教师的劳动。此外,可以将这份试卷在计算机上进行测试,这种联机测验一定程度上可以提高试题的保密程度,防止抄袭的发生。另外，计算机还具有快速处理能力，可以在较短的时间内完成对教学情况、学生能力、试卷编制水平等的系统分析，为提高教学质量和测试水平创造有利条件。

（二）教育中的通信和网络技术

通信技术在当今世界是发展最快的技术之一，已经成了网络多媒体技术的重要支柱。通信技术将各个计算机系统和存取信息所需的各种设备通过专线路线、电话网络等连接起来，该网络称为"远程网络"。广义上说，互联网是一种总网络，是遍布全球的与各个计算机信息相联系的平台。通信技术与网络技术应用于教育行业使得21世纪的教育发生了重大改变。

1. 获取信息资源

通过远程通信，学生无论身处学校还是家里，甚至是在全国各个角落，都可以分享世界的资源或者与世界图书馆进行联系。简单来说，就是无论何时何地都可以获取自己想要知道的信息。在这一环境下，很多学生可以得到某门学科一流教师的指导，也可以向一流的专家请教，甚至可以借阅世界图书馆的书籍。

2. 进行远距离合作学习

通过远程通信，师生之间、生生之间可以建立起一个合作性远距离学习系统，解决传统远程教学中缺乏交互性与单项传播的问题。就目前互联网提供的服务而言，合作性远距离学习系统包含用户组模式和远程登录模式。其中，前一个模式是指利用互联网传输电子邮件服务器所支持的用户组功能，进而实现远距离的学习。通过电子邮件形式，用户组可以在互联网上与具有同样爱好或者从事同样工作的人进行讨论，或寻求帮助，或交流看法。后一个模式是利用互联网提供的远程计算机服务功能，进而来实现远距离的学习。为此，使用者需要进行远程登录，使自己的计算机成为远距离计算机的终端，这样就可以在互联网上开辟一个专门的服务器，远距离学习也就成功了。需要指出的是，如果在学习过程中没有其他的学习者登录，那么系统就会模拟一个或者多个学习同伴与学习者进行合作学习。

3. 多媒体网络教室

多媒体网络教室是计算机技术、网络技术、多媒体技术与现代教学方法结合的结果和产物。在校园网的建设中，几乎所有的学校都会考虑运用网络实现教学。多媒体网络教室是具有互联网浏览、多媒体教学、电子考场、安全回复等功能的一种电子化教室。一个多媒体网络教室,其应该能够将计算机的交互性、网络的及时性等优点充分地发挥出来,使教师和学生能够自主沟通和交流,也可以发挥教师和学生的主体作用。

4. 交互式多媒体视频点播

交互式多媒体视频点播业务又可以称为"VOD 视频点播",是通过高速上网技术与多种宽带多媒体服务器连接起来,进行网上电视、网上电影、网上教学、网上音乐、网上会议等各种交互活动。其主要是集合动态图片、动态影视图像、文字、声音等为一体,为广大用户提供高质量、实时的、需要的多媒体通信业务。

校园网络交互式多媒体学习系统主要具有集体化教学、个别化教学等教学功能。所有的学习内容都会以文字与多媒体的形式呈现于网络上,学生通过网络可以进行预习或复习,对学习内容与方法也可以灵活地进行选择。同时,学生还可以将学习中遇到的问题投入服务器中,教师可以随时进行解答,并让学生可以随时看到自己留下的答案。另外,网上课堂点播教学还可以让学生随时快进、倒退、跳播、放慢速度等,提高学生学习的积极性。

(三)教育中的虚拟现实和人工智能技术

除了计算机技术、通信和网络技术,教育中还涉及虚拟现实与人工智能技术。

1. 虚拟现实

虚拟现实是一种人与虚拟环境进行自然交互的人机界面。虚拟现实的教育环境是运用多媒体技术、超文本技术实现一种新型手段,它可以使学生在计算机前观察和体验超越时空的显现和情境。因此,学生可以与仿真物体接触,在仿真空间中经历不同的时空,并且能够与虚拟环境中的各个部分进行接触。

2. 人工智能

人工智能是计算机科学的一个重要分支,其主要研究的是计算机系统的开发与设计,这些计算机系统能够呈现其与人类的智能行为的学习、理解、推理、语言、解决问题等类似的特点。20 世纪 70 年代,智能型计算机辅助教学系统的兴起更是体现了这一点。现如今,智能型计算机辅助系统能够根据学生的弱点、特点、学习风格等编制出一套教学软件。因此,计算机

教育与人工智能的结合为计算机辅助教学提供了一种新的学习环境。另外,当前的智能型计算机辅助教学包含了以下三个基本模块:

(1)专家模块或领域知识模块。所谓领域知识,是指与教学内容相关的专业知识与专业技能,其既包含说明事物概念的陈述性知识,又包含运用这些概念解决问题的过程性知识。但是,智能型计算机辅助教学更强调运用这些概念解决问题的训练。除此之外,领域知识还包含体现知识形成、技能运用的元知识。这些知识结合在一起就构成了一个领域知识库,被装入要教的所有知识中。与一般专家系统的知识库相比,智能型计算机辅助教学系统的领域知识库有明显特点,其除了要求知识的表达方式更容易规划、推理、获取与补充等,还要考虑是否有明确的教学范围及目标、是否形成了比较连贯的基础体系和关系等问题。

(2)学生模型模块。所谓学生模型化,是指生成一种可靠的表达方式来展示学生不知道什么、知道什么、不能做什么、能做什么、不想做什么、想做什么等。这一过程是根据学生的表现来预测其学习需求及对知识、技能等的掌控情况。而这种预测就是学生模型。理想的学生模型需要满足三个条件:一是学生模型应能够对学生对教材的掌握情况进行模拟;二是学生模型应能够对学生的背景情况进行模拟;三是模型应该易于建立,比较简单。

(3)教师模型模块或辅导模块。所谓教师模型化,是指通过对真实教师进行模拟,使智能型计算机辅助教学系统能够像真实教师那样,按照自己对教材领域知识的理解,从学生的状况出发选择对学生最有效的教学方法进行教学,监督和评价学生的行为,根据学生的要求对学生提供适时的帮助。因此,教师模块必须有完整的关于教学范畴、教学方法、教学模式、自然语言对话、教学题材等范围内的知识,能够告知智能型计算机辅助教学系统采用什么样的教学顺序、教学方法展开教学等。

第二节 网络多媒体技术在英语教学中的发展历程

网络多媒体技术不仅在人类教育发展的历程中起着重要的促进和支撑作用,还推动着教育模式的转变。网络多媒体技术与英语教学的结合是当前英语教学改革的核心问题。纵观英语教学的发展历史,每一种教学理论、教学流派在英语教学中的实践都与网络多媒体的发展有着密切的关系。首先,网络多媒体的每一次发展都会影响与改变着英语教学。其次,语言学习理论与教学理论的发展又为多媒体与英语教学的整合提供了重要的理论指导。很显然,网络多媒体技术在英语教学中的每一次应用都不断地拓展着信息的广度与深度。本节就来回顾和梳理 19 世纪末期以来网络多媒体技术在英语教学中的发展和应用。

一、19 世纪末至 20 世纪中期的状况

19 世纪末至 20 世纪中期,近代网络多媒体技术迅猛发展,其特点就是电能与信息的结合。在外语教学中,其主要的网络多媒体技术就是视听媒体的应用。这些新型的教学媒体向学生提供了生动的视觉、听觉信息,使外语教学取得了很大成就。其中,幻灯片、电视、留声机、录像、广播在这一时期使用广泛。下面主要对听觉媒体、视觉媒体、语言实验室这三种展开论述。

(一)听觉媒体

所谓听觉媒体,是指发出的信息主要对人的听觉器官产生作用的媒体,如收音机、留声机、录音机、电话等。[①] 20 世纪初期,与外语教学密切相关的留声机研究兴起,也产生了一定数量可观的文章。其中,克拉克(Clarke)曾发出了关于留声机的文章,论述了留声机对外语教学有着极大的帮助,且教学实验十分成功。在克拉克的试验中,也证明了留声机辅助教学比传统教学更能激发学生的好奇心和学习动机,从而增强学生的记忆能力。

1912 年,世界上第一教育广播的出现标志着收音机进入外语教学层面。作为留声机引入外语教学领域的延伸,收音机具有明显的优势,使其可以远距离展开教学。1920 年之后,广播教育也逐渐兴起,如马可尼剑佛电台播出的教育节目、美国俄亥俄广播学校的成立等。无论距离有多远,只要有收音机,人们就可以收听其教学。

电话是一种听觉媒体,随着它的出现和普及,其在教学中的应用也占据了一席之地。电话辅助语言教学与传统正规课程的区别在于:学生可以通过电话获取帮助或进行反馈,也可以通过电话对学生进行测评。之后,Teleprompter 出现,其可以大大提高电话辅助外语教学的功能,它主要由两个电话机和一个电子控制播放器构成,这种改进的电话能够在教师与学生之间创造真实的交谈环境,如可以将学生分入不同的房间进行电话交流,或者在同一房间内将学生分隔开进行电话交流。

[①] 戚梅,严炯.听觉媒体的教学功能及其在教学中的应用[J].工会论坛,2005,(5):117.

(二)视觉媒体

所谓视听媒体,是指发出的信息对人的视觉、听觉器官产生作用的媒体。[①]

19世纪末,受夸美纽斯(Comenius)直观教学理论的影响,有学者开始探索使用幻灯片展开外语教学。1906年,美国宾夕法尼亚州的一家公司出版了《视觉教学》一书,其主要内容是向教师介绍如何摄制照片,如何制作幻灯片、使用幻灯片。

1920年,无声电影在外语教学领域广泛使用,一些电影短片等被分配给学校使用。1929年,有声电影被应用到外语教学中。此后,随着无线电技术的发展,有声幻灯片、无线电播音也在学校广泛应用。

随着有声电影的发展,视听教学逐渐向前发展,电视、电影、录像等在外语教学中的应用也更为频繁。

(三)语言实验室

1939年,美国一些高校开始使用录音机辅助教学。之后,以录音机作为主要设备的语音实验室诞生,并在外语教学中广泛推广。20世纪50年代,听说教学法广泛运用,这时的语言实验室也进入了黄金时期。

著名学者安德森(Anderson,1964)指出:"语言实验室的主要目的是为学生提供一种学习经验,使学生能够毫不迟疑地自动输出口语内容,这就需要大脑辅以分析支持。"[②]洛奇(Lorge,1965)认为,"语言实验室就是为外语课堂发明的,其对于外语教学而言意义重大。"[③]他还指出:"在语言实验室中,为了能够实现学习目的,模仿式的练习可以被评判、录制和删除。"[④]

但是,伴随着语言实验室的蓬勃发展,有学者对语言实验室提出了某种质疑。学者基庭(Keating,1963)认为,语言实验室的建设是一种非常大的耗费。并且,在基庭的报告中也明确发现没有利用语言实验室的学生的成绩要明显好于使用语言实验室的学生的成绩。基庭的研究也受到了很多学者的批评。

---

① 蒋志辉,胡许平. 视听媒体在教育教学中的实例应用研究[J]. 湖南科技学院学报,2011,(4):148.

② Anderaon, E. Review and Criticism [J]. MLJ,1964,(48):197-206.

③ Lorge, S. Language laboratory research studies in New York City high schools: A discussion of the program and the findings [J]. MLJ,1964,(48):409-419.

④ 同上.

洛奇的实验证明：语言实验室应用于外语教学是具有积极作用的。通过比较三个年级法语班运用语言实验室的教学结果，比较的变量包含：朗读一篇法语报纸的短文时的发音是否流利，语调是否正确；用法语回答问题是否流利，结构是否正确；听语速慢和语速快的口语材料产生的区别等。比较的结果表明：一年级学生有良好的流利程度，二年级学生的流利和语调都比较好，三年级学生在慢速和快速听力材料上都表现良好。直到程度20世纪70年代，语言实验室仍然受到很多学者的推崇。

二、20世纪60、70年代的CALL

随着计算机的面世，人类进入现代信息时代，当时就有人提出将计算机应用于语言教学。20世纪50年代，计算机开始使用晶体管，虽然体积在逐渐缩小，运算的速度却大大提升。到了20世纪50年代末期，出现了第一个计算机辅助语言学习CALL程序。同时，以心理语言学家斯金纳为代表的行为主义理论在该领域盛行起来。

20世纪60年代是计算机应用于语言教学实践的开拓时期，而从20世纪60年代至70年代是以计算机为核心的信息技术的发展时期。很多教学研究者、语言学家、工作者等开始运用计算机，这都为计算机辅助语言教学的改革奠定了基础。这一时期也是网络多媒体技术发展的重要阶段。

（一）斯坦福计划

20世纪60年代，美国斯坦福大学社会科学系中数学研究学院开发了计算机辅助教学的项目。最初，这一项目是与IBM公司合作的，而后获得了联邦政府的帮助，尤其是其中的外语词汇学习研究对于CALL的设计有着极大的启发作用，因为其理论是建立在数学学习理论上的，而不是外语教学的操练上。1967年，理查德等人（Richard Atkinson et al.）建立了计算机课程公司，该公司将英语视为外语教学进行分析和探究。同一年，理查德等人又开发了一套一年级至六年级的计算机辅助教学程序，简称CAI程序，并使用这一程序对成千上万的学生进行测试，然后探究其学习效果。

在斯坦福计划中，斯拉夫语系的梵（Van Campen）主要负责CAI的子项目。在早期的研究中，梵从俄语计算机教学入门课程入手，将大部分的教学资料储存于计算机中，虽然这一练习方式与传统俄语教学类似，但是其学习资料呈现的是运用程序的方式，且具备补课程序和保存学生学习成绩的功能，这明显优于传统课堂教学。另外，梵还分析了计算机控制程序和学生控制程序的问题，在前者中，计算机控制学生的学习顺序和学习难度；在后者中,学生控制学习决策。根据梵的研究发现,计算机控制程序要比学生控制程序有效得多。这一研究成果为以后的个别化教学模式开辟了道路。

在这些课程的开发中,斯坦福的硬件设备也在逐步改善,电话被双语可视的播放系统,即 VDU 取代;录音机被计算机生成的听力系统取代。

(二)PLATO 系统

1960 年,美国伊利诺伊大学开发了 PLATO 系统,建立这一系统的目的主要是各大学开设基于计算机的外语教学课程。[①] PLATO 系统对于计算机辅助教学有着深远的影响。其教学功能包含:给学生以大量学习包;提供注释文件式的交际系统,从而支持师生间与生生间的交流与合作。科庭(Curtin,1972)是第一位使用 PLATO 系统进行语言教学的教师。科庭教授主要教授俄语翻译成英语的翻译课,且针对笔译。在他的研究中,基于计算机的学习系统会激发学生的视觉刺激,从而做出高频率的反应,且学会全神贯注于听课。在进行翻译训练时,该系统还可以为学生提供互动环境。

20 世纪 70 年代,PLATO 系统进行了重大的改进,且其覆盖语言教学的领域也逐渐广泛,教学内容以训练和练习为主。其中练习主要是根据某一种语言的特征来设置的。PLATO 制作语言学习资料的主要动机就在于语言学习的实践性,而不是为课程设计提供抽象理论。另外,PLATO 系统一直在不断向前发展,甚至从 20 世纪 60 年代末期就具备了互动特征,如其终端可以让教师自己制作各种图形,或者可以使用罗马字体之外的其他字体来演示。

(三)Dartmouth 系统

20 世纪 60 年代,Darmouth 学院建立了 Darmouth 程序,向使用者提供了互动支持的系统,该系统能够使计算机反应速度达到与使用者互动的程度。尤其是,Darmouth 专门为新手设计了一个 BASIC 程序,这在世界上意义重大。

Darmouth 程序的设计非常注重处理学生答案中的错误,他们开发了非常复杂的改错程序,从而帮助学生发现自己的打印错误,并将注意力集中于测试内容上。同时,Darmouth 的互动硬件与便利的软件资源结合,有助于让设计者更注重于学生的需求。

[①] 俞咸宜.计算机辅助教育的 PLATO 网络系统[J].计算机工程与科学,1983,(4):1-5.

(四)TICCIT 项目

1971 年 10 月,MITRE 公司向美国国家科学基金会提交了开发 TIC-CIT 的申请,其目的是利用 Texas 大学与 BYU 大学的资源传输系统进行全面的教学程序设计,便于向两所大学输送完整的英语语法、写作及几何课程等内容。这一项目虽然投入了大量的资金,但其硬件、软件、课件、辅助资料的开发也开启了 CALL 发展史上的里程碑。

1974 年,TICCIT 开发的课件与凤凰学院、弗吉尼亚大学等联合运用。20 世纪 70 年代,TICCIT 的研究者又开发了录像光盘技术,这一技术在当时 CALL 的发展历史上可谓是一个里程碑。

利维(Levy,1997)认为,TICCIT 是第一个真正意义上以一定教学理论为依据开发的多媒体系统,其核心在于学生控制性能。学生控制包含一些特殊的键,这些键上标注有"例句""规则""练习""目标"等,这些都能够帮助学生控制学习内容,并且可以选择适合自己的学习策略。

三、20 世纪 80、90 年代的 CALL

随着语言学理论的发展,CALL 到了 20 世纪八九十年代也得以发展,出现了一些新的程序和性能。

(一)交际机助时期

20 世纪 80 年代,随着认知科学与语言学理论的发展,行为主义时期的 CALL 模式由于缺乏交际功能,引起了很多学者的质疑。在这一时期,乔姆斯基的理论开始在语言学界盛行起来。1984 年和 1986 年,《语言学习中的计算机》(*Computers in Language Learning*)与《英语教学中的计算机:从课堂的角度看》(*Computer in English Teaching:A View from the Classroom*)两本专著的出现标志着 CALL 向着任务型教学与交际型教学的方向发展。

学者安德伍德(Underwood,1989)在对 CALL 的发展史进行研究时,为交际教学性能的 CALL 设计提出了以下几个前提条件:

(1)语言教学不是显性的,而是隐性的。
(2)强调的不是语言形式本身,而是语言形式的运用。
(3)学生不仅要使用预先规定的语法,也要能够创造语法。
(4)避免直接指出学生的错误,应该灵活做出反应。
(5)避免使用各种手段对学生的表现进行评价。

（6）尽量使用目标语教学，让学生可以感受目标语的学习环境。

这些条件与克拉申（Krashen）的创造语言学习习得环境条件一致。安德伍德的创造交际式 CALL 的核心在于：采用人工智能技术，对学习者输入的内容进行识别，并做出反应，以能够创造出人与计算机之间有意义的对话环境。此外，安德伍德还对基于合作学习的程序设计等提供了构想。

自此之后，CALL 的研究者更加注重如何设计基于学生学习任务的交际活动。虽然交际功能的 CALL 研究超越了程序教学的 CALL，但是也受到了很多批评，因为它未实现真正意义上的交际功能。个别学者甚至认为，CALL 已经失去了发展的潜力。同时，随着人们对交际教学法产生质疑，分离式的技能教学或结构教学已经很难满足当前语言学习的需要，因此综合式的教学方式开始进入人们的视野。

（二）综合机助时期

20世纪80年代末90年代初，外语教学的中心开始从交际教学的认知观向社会认知环境对学习的影响这一层面转变。社会认知理论强调语言在真实社会环境中的运用。这一时期，项目教学、任务教学、专业内容教学等兴起起来，这些教学方式努力寻求与真实环境的结合。因此，"综合机助时期"诞生。其目标是开发计算机辅助听力、口语、阅读、写作技能，使技术运用于语言教学的全过程。这一时期，多媒体技术是最重要的技术之一，因为多媒体技术以计算机为核心，将语言处理技术、视听处理技术、图像处理技术融合为一体，并将语言符号、图像符号转变成数字信号，由计算机进行储存、编辑、加工、控制、检索、查询等。

早期的综合机助教学的特点是：对不同媒体间呈现信息的方式进行分析和探究。佩德森（Pederson,1986）认为，计算机能够帮助学生有效完成某些特殊的学习任务，而这些任务在其他的学习环境中是几乎不能完成的。佩德森对软件内容以及使用这一软件呈现内容的方式进行了区分，即呈现内容的不同方式代表了不同的解码选择，如声音、色彩、反馈、图片、控制、分析等，这些解码选择可能是促使学生学习过程的重要因素。为了使评价解码更具有效性，佩德森还对解码选择的使用途径进行了分析和调查，发现计算机能够对学生是否重新检查并阅读文章进行控制。也就是说，当回答问题时，不进行重复检查并阅读的学生要明显比一边检查并阅读的学生能回忆出更多的阅读内容。

普拉斯等人（Plass et al.,1966）也分析了多媒体注释对于阅读中词汇效果的提升问题。测试结果表明，能够利用多媒体注释的学生比那些没有接触多媒体注释的学生能够得到更高的分数。因此,普拉斯等人认为多媒体注释能够使学生接触大量的词汇,提升自己的词汇能力。

进入 20 世纪 80 年代中期,随着计算机硬盘空间在逐步增大,CD-ROM 和光盘在市场上频繁出现,多媒体技术更加广泛应用于外语教学。超媒体的出现使多媒体具有了更强大的功能。这也意味着多媒体资源可以相互链接,学生只要按动鼠标,就可以寻找自己所需要的路径,并在该路径上航行。马克·沃沙尔(Mark Warschauer)将超媒体的优点描述成了四点。①

(1)使学习环境更加真实,因为音频和视频可以链接在一起。

(2)能方便地将听、说、读、写各项语言技能结合起来,使这些技能在一个学习活动中进行。

(3)学生对学习有更大的控制权,他们不仅可以按照自己的进度学习,还可以在自己的路径上选择前进还是后退,直至到达需要程序的不同位置。

(4)支持内容学习,但是不需要牺牲语言形式。

美国西北大学学习科学研究所研发的 Dustin 程序可以用于语言学习的超媒体系统,这一程序可以模拟一些真实的语言学习环境。例如,它可以模拟某一学生到达加拿大某机场、入关、乘坐交通工具、入住酒店等的全过程。虽然超媒体具有明显的优势,但是其软件仍未对外语教学的核心产生影响,即其智能化还存在明显的不足,还未能够实现真正意义上的交际互动。

(三)智能 CALL

20 世纪 80 年代以来,由于早期微型计算机应用于外语教学存在着某些局限性,更具灵活性、复杂性的计算机为外语教学服务已经成了一大趋势。人工智能计算机集认知科学、计算机科学、语言学等为一身,逐渐使该机器具有了人的某些智能行为。这就是智能 CALL。20 世纪 80 年代后期,在 CALL 领域,人工智能策划出智能自然语言处理系统已经可以实现安德伍德的设想,即人与机器之间实现智能的交流与互动。希金斯和约翰斯(Higgins & Johns,1984)在语法教学上提出了智能"语法园地"学习系统,这一系统创造的语篇可以使学生通过回答、提问等形式实现学习的目的。

20 世纪 90 年代初,智能 CALL 有了一定程度的发展,一些研究成果也相继问世。永田(Nagata,1993)指出,传统的 CALL 程序仅仅使用的是简

---

① Warschauer, M. & Healey, D. Computers and language learning: an overview [J]. *Language Teaching*,1998,(2):57-71.

单的模式与技术匹配,以将学生的答案与计算机存储答案比较为主;但智能CALL具有自然语言处理功能,能够对学生的答案进行分析,并将这些答案与目标语法规则进行比对,从而识别学生答案中的问题。

但是,智能CALL具有明显的局限性。首先,智能计算机还不能使用自然语言与学生进行对话,这就对学生的对话能力产生了严重限制。其次,覆盖模型要求学生的思维与专家思维模式相一致,但是这并不符合语言习得的实际,缺乏合理性。再次,这样的智能CALL需要投入高昂的人力、物力以及较长的研究周期,因此也就制约了智能CALL的发展。

(四)外语教学中的CMC

20世纪90年代之后,随着计算机的发展以及国际互联网的普及,CALL的教学活动已经不再局限于课堂中计算机与学生的互动,而是可以扩展到与世界上任何地方的学生进行互动与交流。外语教学CMC应运而生。一般认为,CMC是一种通过计算机与网络进行的交流,其目的主要是完成任务与实现交往。CMC的交流方式可能是同步的,也可能是异步的。同步的交流如利用Moos系统进行在线聊天;异步交流如通过电子邮件或BBS等进行交流。

CMC的最大优点在于教学活动是在匿名环境中进行的,这样的环境有助于营造更加公平的气氛。由于CMC过滤了文字符号以外的社交和情感暗示,使人们感受到在虚拟的环境中,学生可以按自己的方式进行思考,并以自主的身份与他人进行思想和情感的交流,而教学的目的就是帮助学生挖掘他们独立思考问题的潜能,并能自主地交流思想。

科恩(Kern,1995)认为,传统的CALL对个别化指导、学生与机器的交流进行了过分强调,却严重忽视了以计算机为媒介的人与人之间的互动与交流。在科恩的研究中,他分析了面对面课堂与电子课堂的差异,并从差异中总结出如下特点。[①]

(1)电子教学环境中的同步写作可以对面对面教学中的心理紧张和认知情况进行缓和。

(2)电子交流是一种新的交流媒体,它是对面对面环境中缺少的诗意和副语言特征的补充。

(3)"拐弯抹角"式的讨论表明了CMC交流的意义协商特征。

---

① Kern, H. Reconstructing classroom interaction with networked computers: Effects on quantity and characteristic of language production [J]. *MLJ*, 1995, (79): 457-476.

此外，科恩还提出了一个假设，即认为同步交流比非同步交流能使学生有更多的参与机会，产出更多的语言，也有更多的时间对语言进行润色，还能进行更多的合作、拥有更大的动机等。

但是，一些学者还存在着对 CMC 的质疑，如一些学者认为 CMC 不能像面对面交流那样实现即时传递学习任务及社会因素的信息等。另外，在 CMC 的虚拟环境中，社会准则对人的约束力也在逐渐减弱，致使 CMC 交流中出现了很多不规范的行为。同时，在 CMC 交流中，学生的注意力集中于文字、图像上，这种简化的社交信号使人与人的交流丧失了情感因素，因此也会降低协作性与自我规约意识，这些都不利于形成友好的人际关系。如果语言学习离开了社会情感因素，那么必然会对学生的社会交际能力产生影响。因此，对 CMC 与外语教学进行调整是未来 CMC 的发展趋势。

四、20 世纪 90 年代后的 WWW

1990 年 10 月，欧洲量子物理实验室的研究者提出了建设超文本的项目，这一项目的主要研究成果是 WWW（World Wide Web）的雏形。第二年，WWW 在 CERN 中心启动，其是作为因特网上基于 HTML 这一超文本形式的信息服务系统。1993 年第一界国际 WWW 大会召开以及 8 月在波士顿国际 WWW 委员会的成立都推动着 WWW 的发展。

WWW 环境应用于外语教学是从 20 世纪 90 年代早期开始的。与传统 CALL 环境相比，WWW 学习环境的信息资源形式更具有便捷性、多样性、时效性、共享性、丰富性、交互性等，且这些资源可以快速链接到专业学习网站上，因此 WWW 备受人们的欢迎和专家学者的关注。WWW 辅助外语教学的网站有 Italia2000 网站、German for Beginners 网站、以 WebCT 为课程模板的网站、Global English 网站等。WWW 对外语教学的影响主要归纳为如下几个层面：

（1）早期的 WWW 语言学习资料是以课本形式呈现的，但大量的资料集合语法练习并未设置结构去引导一些没有专业经验和知识的使用者，因此当前的 WWW 对这一现状进行了改善。

（2）语言虚拟课堂可以为学生提供更多可供选择的课件，学生使用这些课件可以进行自主学习。这一虚拟课堂趋于付费形式，使用时需要输入密码。

（3）WWW 上的大部分语法练习都是以结构课程的形式，这些练习大部分使用填空形式，有些是多项选择，有些是完形填空。

（4）当前，WWW 已经逐渐形成了现成模板，可以用来制作学习游戏和网上小测验。

（5）随着 WWW 语言教学的发展，学习活动开始从基于任务的学习活动转向要求学生详细说明所经历的探索和查询过程。

（6）WWW 发展最快的领域是资源的集合。当前，几乎每一个网站都能够大量地链接一种或者多种语言网站。

（7）虚拟链接能够使学生更容易地进入真实语言环境，并且在线讨论的界面也变得更加友好。

（8）基于 WWW 的合作学习系统更能体现出合作学习的优点，这是计算机支持合作学习的重大发展。

（9）WWW 环境中的外语教师的职业也在不断优化和发展，WWW 网站为教师提供了各种职业发展的需求。

综上所述，WWW 环境对外语教学而言有着重要的影响，也引导着网络时代的外语教学的发展。但是，如何充分利用 WWW 的优势来辅助外语教学，是 21 世纪网络多媒体技术与外语教学整合的一大课题，也将推动着网络多媒体技术的发展。

第三节　英语教学中的网络多媒体资源

随着网络多媒体技术的发展和普及，英语教学逐渐从依赖传统的纸质教材转变为使用网络多媒体信息资源。英语教学中的网络多媒体资源以其特有的资源全球化、学习自主化、教学个性化、教材多样化、任务合作化等优势，成了当前信息化时代英语教学改革的主流和趋势。因此，教师需要积极地创造条件，充分利用网络多媒体资源，使学生更好地完成学习任务，增强学习的开放性、真实性与实效性。

一、网络多媒体资源的特点

与传统信息资源不同，网络多媒体资源是将计算机技术、多媒体技术、通信技术等进行融合，逐渐形成具有发布、查询、存取信息的庞大资源。[①] 网络多媒体信息资源的出现，使人类信息资源的开发进入了一个新的时代。

---

① 孙延蘅.网络信息资源的特点与分类[J].情报资料工作,2002,(2):34.

作为新的信息资源形式,其在丰富性和复杂性的前提下,具有如下几大特点:

(一)时效性强

网络多媒体资源从本质上改变了信息的交流形式与获取形式,将传统的出版概念抛之于外,实现了无纸化的出版。也就是说,信息的查询、获取等都在网上进行,大大缩短了编辑出版的时间。因此,网络多媒体资源具有极强的、无可比拟的时效性。使用者也不必受时间、空间的限制,内容也更具有及时性和新颖性,便于使用者查询与共享新思想。

(二)功能巨大

网络多媒体资源具有多样化的表现形式,首先是图文并茂,这些信息既容纳了传统文字、图画信息,也包含了声音、立体动画等多媒体信息。网络多媒体将听、视等集合于一体,更具有直观性和吸引力。其次,网络多媒体资源具有超文本链接功能,便于人们快捷地获取所需信息。

(三)信息容量大

网络多媒体资源的载体是计算机,它可运用计算机进行查询、存储、处理海量的信息,这些载体与传统的文字载体相比,具有信息容量大、存取方便等优点。

(四)查询方便

网络多媒体资源的查询既不受图书馆开放时间的限制,也不会受地点及借阅数量的限制,只要通过电脑,用户就可以在家里或者其他任何有网络的地方自由地进行查阅。网络信息资源的检索可以使用超文本链接,形成一个网络链条,将不同国家、不同地区、不同服务器的结点联系起来,以便用户在复杂的信息中准确、快捷地搜索到自己所需的信息。

(五)交互功能强

网络多媒体资源具有强大的交互功能,这可以营造出一种广泛的论坛氛围。人们可以就某一主题开展电子论坛,在网上直接反馈读者信息,并参与到这一主题的交流和讨论中。如果用户对某些资源存在意见,可以随时在网上进行交流,便于提高资源的质量。

二、网络多媒体资源的优势

与传统的实体资源相比,网络多媒体资源具有无比的优势,[①]由于其在英语教学中有重要作用,因此英语教学中的网络多媒体资源的优势也凸显出来。

(一)有助于查询海量信息

在复杂的网络多媒体资源中,人们可以查询到任何题材、任何体裁的资料。例如,新闻报纸杂志、学位课程选修点、各种语言文学素材、各种文化素材、教案、英语教学素材、英语学习素材、教学游戏、教学研究论文、自学辅导材料等。因此,网络多媒体为英语教学提供了丰富的语言教学和学习材料。网络多媒体是一个无纸化的媒介,所有资料都可以在网络这一个巨大的图书馆中找到。教师和学生都可以根据自己的需要,对网络多媒体资源进行筛选与整合,从而形成自己的信息资源,建构自己的知识结构。

(二)促进传播,且更新速度及时

网络多媒体资源传播速度非常快,且更新速度也非常及时。虽然网络多媒体资源如此巨大,但也离不开时常的更新。就广义层面上来说,网络多媒体资源包含电子论坛、电子邮件、微博等各种交流手段。通过这些交流手段,人们可以获取自己所需的信息,并提高自身的交际能力。与传统的图书报纸相比,网络多媒体资源可以真正实现"及时"。无论是一条新的新闻信息,还是一项新的研究成果,人们都可以第一时间获知。这对于传统的图书报纸来说却是很难做到的。

(三)有利于凸显个性,因材施教

由于网络多媒体资源的信息量大、查找便捷,因此网络多媒体资源更适合教师开展个性化教学,为学生编写更符合他们的个性化素材。在准备教材时,教师可首先搜索一些关键词,通过对相应网站进行访问,轻松地找到自己的资料。经过下载、重新编排,形成富有个性的教材。

传统的纸质教材编写滞后于当前时代的发展,其统一编排的内容也难以符合当今学生的个性化学习,不符合因材施教的教学理念。因此,教师应该花费一定时间对所教的内容在网络上进行查找,对所搜集的大量教学内容进行恰当选择和调整,构建一个小型的语料库,从而便于实现因材施教。

[①] 许智坚.计算机辅助英语教学[M].厦门:厦门大学出版社,2015:246-247.

（四）提供了多维的资源，图文并茂

网络多媒体为教师和学生提供了多维的资源。网络多媒体资源是按照符合人类联想思维的超文本结构构建的，因而便于人们进行搜索。如果他们对搜索的信息不满意，还可以通过关键词相关链接继续查询，直到搜索到更满意的信息。教师在网络多媒体环境中展开英语教学，可以有效、快速地帮助学生认知，也可以满足学生不同层次的需求，从而提高自己的教学效果。

（五）有助于实现资源共享，经济便捷

大部分的网络多媒体资源可以实现全球共享，而且很多都是免费的。即使有些资源需要付费，也比传统报刊要便宜很多。英语教师只需要花费少许时间就可以运用网络多媒体资源建立一个中型或大型的虚拟图书馆。该虚拟图书馆的建立，有助于教师快速、省时地提取信息，甚至很多资料只在弹指之间就可以搞定。

三、网络多媒体资源的分类

网络多媒体资源纷繁复杂，因此其分类标准也不一。具体来说，可以分为以下几个标准：

（一）按表现形式来分

按照多媒体的表现形式来分，网络多媒体资源可以分为文本资源、视听资源、在线词典与翻译工具、百科全书、语料库资源等。

1. 文本资源

在网络多媒体技术发达的今天，大部分信息都是以文本形式发布出来的。文本资源是网络多媒体资源中最丰富、最常见的资源。在英语教学的研究中，要想了解语言的发展趋势以及语言最新的发展动态，人们只需要输入关键词就可以在搜索引擎中查询到。

网络多媒体资源具有传播速度快、信息量大、内容丰富等优势，当英语教师在教学中发现教材陈旧、题材有限等情况，他们就可以通过网上搜索新的文本资料以更新教学内容，紧跟时代的步伐。

例如，在英语阅读课堂中，教师可以在专门的阅读网站搜索各种题材（社会生活、经济发展、科技发展、教育文化、风俗习惯等）、各种体裁（故事、

记叙文、说明文、说明文、论说文、诗歌、散文和小说等)的最新文章,让学生充分了解英语国家的新闻、文化背景知识。

总之,利用网络多媒体资源对于教与学都有重要意义,其摆脱了传统书本知识的局限,尤其是那些陈旧的书本知识,让教师的教和学生的学都跟上时代的前沿。

2. 视听资源

英语教学的最终目的是让学生掌握语言知识和技能,培养学生正确的学习策略、文化意识、情感态度,不断培养学生的综合语言技能。也就是说,在具体的教学中,教师除了要向学生传授基本知识,还需要培养学生的基本技能。我国英语教学本身就缺乏真实的语境,学生的听说能力很难得到应有的训练。但是,网络多媒体上的资源广泛,具有极大的真实性,正好可以弥补传统英语教学的缺陷,对培养学生的听说能力有着极大的帮助。网络视听资源有很多,如 BBC、VOA、CNN 等,这些视听资源内容丰富、形式多样,并且内容新颖,时效性强,在发音上也比较地道,对于培养学生的听说能力和交际能力大有裨益。

另外,网络视听资源的下载是非常方便的,只需进入相关网站,点击所需材料即可,这已成为当今很多英语教师获取试听资源的渠道。

3. 在线词典与翻译工具

在线词典是建立在计算机的基础上,为用户提供词语查询的数字化参考工具。网络上的在线词典如万能词典、海词词典、谷歌词霸等数量巨大,且种类繁多,专业性强,更新速度快,因此逐渐形成了一个庞大的多学科、多语种的词典资源库。此外,有道翻译、金山词霸、Google 翻译等翻译工具对词语、句子、语篇的翻译提供了新途径。

4. 百科全书

网络多媒体资源除了有一些专业出版社出版的百科全书网络版外,还有很多免费的百科网站。例如:

百度百科 http://baike.baidu.com

维基百科 http://www.wikipedia.com

通过这些百科网站,教师和学生可以方便地搜索到自己需要的资料,为英语教学和学习服务。但是,免费的百科网站中的百科知识往往是由某个人或者某一组织免费提供的,他们对同一科目可能所下的定义不同,甚至有些是不全面、不准确的,因此需要教师和学生不断进行辨别,不能盲从。

第二章 网络多媒体与英语教学

事实上,网络本身就是一个巨大的百科全书。这一巨大的虚拟图书馆本身就是鱼龙混杂的,人生如果要想获取最权威的解释和词条,尤其是想要将其运用到学术上,一定要注意资源的出处。如果出处不明或者没有出处的,最好不要使用。

5.语料库资源

语料库在英语教学中发挥着重大作用。语料库以前所未有的巨量语言信息储备、高速精确的计算机提取方式和鲜明突出的语境共现界面取胜,一方面为语言教学提供大量的优质资源,另一方面可创设大信息量、多维演示的立体教学和人机互动的优质教学平台。[①] 通过检索网络语料库资源,教师能够得到更为地道、真实的语言例句或对比分析研究资料。当前,网络多媒体技术领域下的可供人们免费使用的语料库有两种:BNC 与 COBUILD。

BNC 是由朗文出版公司、英国牛津出版社、牛津大学计算机服务中心以及大英图书馆等联合建立和开发的大型语料库,该语料库不仅存在书面语,还存在口语,词容量也超过了一亿。其包含的内容主要有理论书籍、国家报刊、大学论文、地方报刊、通俗小说、谈话录音文本等。

COBUILD 是网络多媒体时代最早出现的大型英语语料库,其由伯明翰大学与 Collins 出版社合作完成,英语词容量达到了 4 亿多。

以上这两大语料库取材广泛,规模巨大,不愧为语言学习工具的经典。在英语教学中,纯粹的课本或者辅导书已经很难适应教师和学生的需要,教师需要更为真实和全面的案例。通过网络语料库,教师可以获取更真实、更丰富的语料资源,进而将这些语料运用到自己的教学实践中,使得语料库成了英语教学的一种资源选择。将语料库运用于英语教学可以大大改变传统的教学模式,构建纸质教材、电子光盘和互联网相结合的立体化教学资源,实施以学生为中心的教学理念,鼓励学生积极参与课堂教学,将学生的能动性、积极性发挥出来,帮助学生在丰富的语言案例中找出共性和规律,从而实现自身语言知识和语言能力的建构。

(二)按不同组织结构和呈现方式来分

根据多媒体的不同组织结构和呈现方式,网络多媒体资源可以分为在线数据库、教育机构网站、电子期刊和电子书、免费资源和有偿资源。

[①] 何安平.语料库辅助英语教学入门[M].北京:外语教学与研究出版社,2010:1.

1. 在线数据库

在线数据库通常有图书馆目录数据库和其他专门用途的数据库，如科技论文数据库、学位论文数据库、会议文献数据库等。很多数据库检索服务中心可以通过网络访问在线数据库的目录，如 ERIC 教育资源信息中心，这一数据库是由美国教育部资助的，是当前最权威、最全面的教育学数据库。

2. 教育机构网站

网络多媒体资源根据信息发布者的身份可以分为个人信息、政府教育机构信息、企业集团教育信息、科研院校教育信息、信息服务机构教育信息等。

政府服务机构教育信息的一级或二级域名是".gov"或者行政区域代码。例如：

美国教育部网址 http://ed.gov

中华人民共和国教育部网址 http://www.moe.gov.cn

此外，企业集团教育信息的站点往往以".com"作为一级或者二级域名；科研院校的信息站点往往以".edu"作为一级或者二级域名。例如：

中国科学院网址 http://www.cashq.ac.cn

中国教育和科研计算机网 http://www.edu.cn

比利时鲁汶大学网址 http://www.kuleuven.ac.be

3. 电子期刊和电子书

基于网络多媒体的电子期刊主要有三大类：电子杂志、电子报纸以及电子新闻和信息服务。大量的期刊在网上发行，其基本与印刷期刊大体相同。

例如，*TOSOL* 是一种很好的在线出版物，包含电子书和电子杂志等多媒体资源。教师可以从中选择作为自己教学的组成部分，并帮助学生进行订阅，作为他们的补充材料。电子书是一种按照一定的组织结构设计的计算机可视学习材料，其基本特点是具有反应性、超媒体化，其界面也非常复杂。当前，很多图书都包含纸质版和电子书两种形式，很多教育机构网站也包含了大量的电子书资料，这些对于世界上各地的教师来说都是一笔不小的财富。

4. 免费资源和有偿资源

网络多媒体资源有免费资源和有偿资源。一般的 WWW、BBS、FTP 等资源都是 24 小时免费的，教师和学生都可以免费浏览、查询、下载等。免费的网络多媒体资源是信息化学习的资源主体和主要对象,也是网络多媒体迅速普及的助推力。

但是,由于网络多媒体资源来源于各个数字化的数据库,它们在网络上保证运行还需要耗费大量的人力、物力等,因此也存在一些有偿资源。有偿资源与免费网络资源相互补充、长期共存,为英语教师和学生提供了所需的各种各样的资源。

第四节　基于网络多媒体的英语教学特征与原则

随着网络多媒体技术的不断发展,其应用于英语教学的研究也不断深入。网络多媒体技术与英语教学的整合,其目的主要是为了提升学生的英语综合运用能力。与传统教学手段相比,网络多媒体技术有其自身的优势。另外,在网络多媒体环境下的英语教学中需要坚持一定的原则,以做到有章可循。本节就来探讨基于网络多媒体的英语教学特征与原则。

一、基于网络多媒体的英语教学特征

(一)丰富的教学资源

基于网络多媒体技术的英语教学极大地丰富了英语教学的信息资源。语言的学习分为两大部分:一是输入,二是输出。其中,听力和阅读属于输入部分,以电子载体作为特征的网络多媒体技术为英语学习的输入部分提供了丰富的语料资源,如录像带、录音带、DVD、VCD等固定资源,以及电视、电影、广播、互联网等动态资源。尤其是计算机的出现,使得大量鲜活、真实的语料资源实现了网络化与电子化。这些都为学习者提供了独立选择语料的广阔天地,为自主学习创造了更多的条件。电子资源不仅在数量上应有尽有,在质量上也实现了"零时差",即教学内容不再是陈旧老化,也不再是单一匮乏的。同时,教师、同伴作为重要的学习资源,在网络多媒体时代具有了新的概念,他们超越了班级、学校,甚至是国界的界限。这一点对于学习者的英语学习是十分重要的,即它不仅扩展了知识、技能的传播源头,克服了"近亲繁殖"的不良结果,最终实现了语言的交际功能,而且使得学习者有充分的实践机会,实现外语素质的根本转变。

(二)灵活的教学手段

基于网络多媒体技术的英语教学变得更直观、便利、灵活和有效。一般来说,英语教学中常用的教育技术有电声技术、光学技术、语言实验室技术、影视技术、网络技术、计算机技术等。幻灯片、投影灯在英语教学中的运用有助于教师呈现文字、图像等信息,对解说重点与难点、看图说话等有着重要作用。广播、录音等技术是英语教学中应用最早且最广泛的技术,它们成为听力与口语教学与训练的必备。电影、电视等技术的发展不仅提升了学习者英语学习的兴趣和积极性,也为学习者生动地展现了语言学习的文化背景。可见,教学手段更灵活。

(三)真实的网络环境

基于网络多媒体的英语教学其环境更具有真实性。英语学习本身是一个实践性很强的学习活动,如果离开了实践活动,那么学习英语就会非常困难。很多学者也指出,二语习得需要让学习者尽可能地接触目的语,让其浸泡在目的语的氛围中来感知目的语,从而有助于更好地学习和运用语言。因此,通过网络多媒体技术可以更好地呈现真实的教学内容,其将文字、声音、图像等结合在一起,便于学习者对语言的理解和掌握。

(四)可选择的学习信息

在传统教学中,教师经验占据重要地位,教材、参考书等作为参考资源,学习者并没有多余的选择空间。但是,自由选择是学习者进行自主学习的关键和前提。在网络多媒体环境下,学习者不能被那些仅有的信息源牵制,需要在广泛的网络多媒体信息源中寻找丰富的学习资料。在网络多媒体资源中,学习者可以根据自身情况来设计、安排学习,从而使自己成为学习的主体。在网络多媒体学习中,学生能够从信息的接受、表达与传播的集合中获取一种成就感,进而激发自己的自主性和学习积极性。[①]

(五)可互动的学习过程

基于网络多媒体的英语教学在学习过程中具有互动性。所谓互动性,是指将人的活动作为一种媒介来传播信息,使信息的发出者和接收者都可以参与其中,且参与方都可以编辑、控制、传递信息。互动性有助于学习者在获取信息以及使用信息时都能发挥学习者的主观能动作用,增加学习者

---

① 牛红卫.网络教学特点与模式探讨[J].中国成人教育,2006,(7):133.

对信息的注意与理解。这比传统的英语教学要更有效,因为传统的英语教学以教师为中心,属于单向的知识辐射,因此单位时间内传输知识有限并且教学具有很大挑战性。

在网络多媒体教学环境下,教师可以对语言学习顺序进行人为的变更,随机更改操练的矩形,从而更好地实现因材施教。同时,学习者可以进行主动检索,查询自己感兴趣的内容和知识,而不像传统英语学习中只能被动地接收知识。

二、基于网络多媒体的英语教学原则

从网络多媒体应用于英语教学的特点中不难看出,网络多媒体教学要比传统教学更具优势。但是,网络多媒体教学手段在应用于英语教学时也需要遵循一定的教学原则。如果没有这些教学原则的指导,那么网络多媒体教学也就很难实现事半功倍的效果。

(一)多媒体呈现原则

如前所述,声音加图像的形式要明显比单独表述方式有更大的优势。根据网络多媒体的学习理论,学习者需要同时接收言语信息与形象信息,这比单纯接收单一的信息更有意义。例如,在英美文学的学习中,学习者一边听解说,一边通过幻灯片、录像、动画等看到与材料相关的视频信息,其学习效果会比单独听录音、单独看文字材料更好,这就是梅耶所谓的"多媒体效应"。在这一环境下,学习者能够同时建构两种心理表征——言语表征与视觉表征,并能够建立起言语表征与视觉表征之间的联系。

(二)时空同步原则

如前所述,言语信息与视觉信息相结合的呈现要比两者分散呈现的形式更有优势。换句话说,相关的言语信息与视觉信息出现在同一时空,而不是分散的或分开的,因此会更有利于学习者接收和理解教学内容。例如,学习者在了解自行车打气筒的工作原理时,如果一边听声音解说,一边观看动画演示就能够很容易让他们掌握,梅耶也指出这一学习效果能够提高50%,这就是所谓的"时空同步效应"。在这一环境下,相关的言语信息与视觉信息需要同步进入工作记忆区,便于二者建立联系。

(三)注意分配原则

在网络多媒体环境下,言语的呈现需要通过听觉信道,而不是视觉信道。例如,学习者通过听解说、看动画来了解材料内容。当解说词与动画都以视觉形式呈现时,学习者不仅要对动画信息加以注意,还需要对文字信息进行关注,因此会导致视觉负担加重,造成部分信息的丢失。但是,当文本信息和图像信息分别以听觉、视觉呈现时,学习者可以在听觉工作记忆区加工言语表征,而在视觉工作记忆区加工图表征,这就大大减轻了学习者的视觉负担,从而均衡分配,利于学习者对信息的理解和接收。因此,网络多媒体英语教学还需要坚持注意分配原则。

(四)个体差异原则

与基础好的学习者相比,如上三条原则对于基础差的学习者更有效;与形象思维差的学习者相比,上述三条原则对形象思维好的学习者更有效。因此,这些效应的产生都与学习者的个体差异有密切关系。基于网络多媒体的英语教学应该坚持个体差异原则,注意区分学习者的原有基础知识能力及形象思维能力,使不同差异的学习者都能够实现最好的言语与图像的结合,从而获取所需英语知识。

(五)紧凑型原则

基于网络多媒体的英语教学需要坚持紧凑型原则,这样有助于言语信息与图像信息的应用。在网络多媒体环境下,学习者接收短小精悍的言语信息和图像信息其学习效果会更好,这就是所谓的"多余信息效应"。

第五节 基于网络多媒体的英语教学前景展望

网络多媒体技术的应用打破了传统的英语教学的时空界限,建立了开放的教学网络环境,不断提高英语教学的质量。因此,在信息技术发展的今天,要牢牢抓住网络多媒体技术带来的机遇,力求突破传统的英语教学模式,同时需要创造出有效的教学模式,在培养学生知识能力的基础上促进学生的全面发展,这也正是网络多媒体技术带来的挑战。本节就来分析基于网络多媒体的英语教学的前景。

一、网络多媒体技术为英语教学带来的机遇

著名学者沃特斯(Warschauer)指出:"无论是今天的教育,还是未来的教育,教师是其中的组织者、督促者、向导和咨询人,学习不再是为了学习而

第二章　网络多媒体与英语教学

学习,而是为了满足需要而学习。"①网络多媒体技术应用于英语教学是为了满足未来的需要,而应用的关键在于对这种机遇的了解和把握。那么,网络多媒体技术给英语教学带来什么机遇呢?

(一)能够提高学生学习的积极性和主动性

基于网络多媒体的英语教学,可以将学生的主体地位充分地发挥出来。学生从自己的需要出发,选择恰当的上课时间,采用适合自己的教学进度和方法,在网络多媒体的指导下进行练习。当遇到困难时,学生可以随时放缓速度,随时进行补充,随时增加信息量;当学生感到能胜任学习任务时,经"网络多媒体教师"的检验与测试,学生可以加快进度,减少练习量。

在这一过程中,学生能够及时巩固自己的语言技能,改正学习中的失误和不足,形成正确的语言习惯。同时,学生可以随时运用多种教材和课件,或者访问、查询、下载网上的信息和资源,进行个别化的学习。如果遇到问题,他们可以通过 E-mail 等与教师进行沟通,让教师帮忙答疑解惑。因此,网络多媒体的应用使学生的学习不再受到干扰,也可以使他们及时了解自己的学习情况,将自己的主观能动性发挥出来,激励自己的英语学习。

英语教学属于一门能力课,光靠理论学习是不行的,还需要大量的操作训练。在传统的教学中,学生并没有充足的自信心,在公共场合羞于表达自己的观点,上课状态也非常焦虑,担心被教师提问,担心丢面子。相比之下,在网络多媒体辅助英语教学中,由于教师与学生的交流是通过在线交流、电子邮件或微博,学生不必担心因回答不对问题而丢面子,情感层面的焦虑也会被释放,此时他们便愿意提出问题、回答问题。因此,网络多媒体创造的这种宽松的环境有助于提升学生的学习效率。

另外,由于网络多媒体环境本身是一种交互式学习环境,动态与静态结合、图片与文字结合、声音与情感融合、视觉与听觉并用,其表现效果也更逼真,因此学习也就不再是一件枯燥的事情,而能够引起学生的兴趣,更好地发挥自己的智力因素,调动自己的学习潜能和积极性。

(二)能够提高教师的工作效率

如前所述,计算机作为一种工具,可以大大提升教师的工作效率,如教师教案的设计、学生成绩的记录、教学资料的查询等都可以通过计算机轻松

---

① 肖亮荣,俞真.论计算机网络技术给大学英语教学带来的机遇和挑战[J].外语研究,2002,(5):66.

地完成，从而大大减少了教师的工作量。

在英语课堂教学中，教师可以通过工作站、服务器等对自己的备课内容进行讲解，并可以随时检察学生的学习情况，如将全班学生的整个操练过程记录下来，及时了解学生的实际语言情况，最后对测试结果进行分析和统计。

在批改作业上，客观性的题目也可以通过计算机来处理，主观题可以由学生通过电脑操作，然后教师利用文字处理软件进行整理和批改。这样不仅从根本上解决了学生数量多、教师数量少的矛盾，而且可以让教师从琐事中解脱出来，让他们将更多的精力放在教学内容、教学环节的设计和教学内容的讲解上。这些教学内容和教学环节的设计包含对教学大纲的理解、教学方法的研究、教学内容的组织等。

试题库的建立在一定程度上允许学生自行选择时间进行测试，如果通过了考核，那么他们可以进入下一阶段的学习。只有这样，才有可能实现真正程度上的学分制管理，做到因材施教，因为这一模式将学生从传统固定的教室、固定的教学模式、固定的教材中解脱出来。在这种环境下，教师可以根据社会需要进行教学的自我调节，学生也可能运用最合适的方式使自己尽可能地达到自己想要达到的水平。

除此之外，教师与教师之间、教师与不同班级的学生间还可以进行教学成果共享。某位教师备课的成果通过电子处理后上传至网络，其他教师可以下载学习，促进水平不高的教师的成长，也促使水平高的教师不断进步与提升。

（三）能够提供丰富的信息量

利用网络多媒体技术辅助英语教学，除了传统文字教材外，教师首先可以从学生的基本情况出发，调用各种资料编辑与制作各种教学课件，既要符合教学风格，又要符合学生的需求。教师还可以根据需要在网上进行选择和搜集学习材料，不断更新和丰富自己的教学内容。例如，在阅读课上，教师可以在不改变该课程要求的前提下，运用网络上与该课程内容相关的新资料代替其中的部分，如课文内容是 transportation，教师则可布置任务让学生上网查询下载与该主题相关的资料，使课程符合时代发展的特征，激发学生的学习主动性和积极性，实现既定的学习目标。

其次，教师可以利用与文字教材配套的电子教材。例如，上海外语教育出版社与华南理工大学外语系合作开发的《大学英语·精读》多媒体光盘。教师还可以选择适合我国国情的光盘，如外语新闻、任务传记、原版电影等。这些软件具有地道、纯正的发音，使学生有更多的机会接触英语本族人所讲的英语,通过这样不断的模仿有利于提升学生的口语水平。

此外,由于国际互联网的通用语言也为英语,因此在网上存储着应有尽有的多媒体形式的英语资源,有专门的教学资源,有实时性极强的报刊资源,这些资源都为学生提供了原汁原味的资料。

(四)能够提供多种教学模式

网上学习交流可采用虚拟教师、电子白板、参加新闻组、加入电子论坛、发送和接收 E-mail 等多种教学模式,实现不同时间、不同位置的信息交流,可以是一对一交流,可以是一对多交流,也可以是多对多交流等,通过声卡、计算机、数字视频等的交流,使学生在虚拟教室中完成学习任务。学生还可以通过万维网交谈、网页讨论版、在线交流等方式,与世界各地的英语本族语者进行交流,锻炼自己的口语能力、写作能力、分析与逻辑思维能力,同时还能促进人际间的交往。

在这一过程中,学生运用网络多媒体技术的能力也会不断提高,能熟练使用计算机软件,并掌握快速搜索功能。

二、基于网络多媒体的英语教学面临的挑战

之前已经提到,网络多媒体技术打破了时空的界限,建立了一种开放性的教学环境,这就使得传统的密集型教学转向分散化、个别化、社会化的教学,教学活动的时间和范围都在向外扩展。但是,如何利用有效的网络多媒体手段,创造先进的基于网络多媒体的英语教学模式,是当前英语教学需要面临的重大问题。

(一)对学生的独立学习能力要求更高

网络多媒体技术使学生的学习不受时间、地点的限制,充分体现了网络自主学习模式下以学生为学习主体的个性化学习。它要求学生要有很高的自控性,主动性要较强,能够根据教学要求,认真完成教学任务而不是偏离学习要求沉迷于网络游戏。这一方面需要端正学生的学习态度,明确学习目标,另一方面需要教师加强指导和监控,以科学的评价体系和标准完善教学监督和管理,确保学生完成教师规定的学习任务,并合理利用学习时间。

此外,网络多媒体技术下的英语学习对学生掌握和使用计算机的能力提出了更高的要求。特别是网络提供的信息都是各个领域的新信息,但是对信息的控制很大一部分掌握在学生自己手中,因此学生需要根据自己的

需要对信息进行不同的组合,通过重组、添加将新旧知识组合在一起。也就是说,学生决定着自己学习什么、怎么学习以及什么时候学习。可见,基于网络多媒体的英语教学对学生的学习能力提出了更高要求,他们需要充分发挥主观能动性,对知识进行选择,制订适合自己的学习计划。

(二)对英语教师的素质要求更高

网络多媒体技术是一把双刃剑,既有利,也有弊。一方面,它对教师来说提高了教学的效率;另一方面,它对英语教师的素质提出了更高层次的要求。

在教学过程中,教师的作用发生了一定变化。传统教学中教师的地位是占主导,教师想讲什么就讲什么,想怎么讲就怎么讲,因此教师就是知识的传授者,学生是被动的接受者。而在网络多媒体环境下,教师的作用并未弱化,教师起着协调、组织的作用,并且有时会充当学习者,学生不再是被动的接受者,而变成了协作者。可以看出,这时候师生关系变成了平等的关系,在这种关系中,师生之间能够通过各种形式进行交流,教师也会在交流中不断鼓励学生进行尝试和探索。

(三)对学生甄别信息、正确利用信息提出了挑战

网络多媒体技术为学生提供了丰富多彩的信息,但其中不可避免地会掺加一些错误的或者无用的信息。因此,教师需要引导学生提升甄别信息的能力,并教育学生正确利用网络信息,将自己的时间与精力真正应用到知识的积累与学习上,而不是浪费时间玩游戏、看网页,忽视对英语课程内容的巩固和复习。

此外,学校的管理部门需要对校园网络进行监管,制订严格的规章制度,对学生的上网情况进行监控,这都有助于保证学生正确上网。

三、基于网络多媒体的英语教学的应对策略

网络多媒体技术为英语教学既带来了机遇,也提出了挑战。因此,当前的英语教学只有顺应时代的变化,紧紧抓住这些机遇,并且正视这些挑战,才能更好地推动英语教学的发展,培养出社会需要的英语人才。那么,如何才能以网络多媒体技术作为依托,推动英语教学走向一个新台阶呢?笔者认为,可以采取如下几点应对策略。

第二章 网络多媒体与英语教学

(一)加强对学生学习的指导,正确处理传统课堂教学与多媒体教学的关系

网络多媒体技术提供的学习具有开放性,因此教师是否进行网上学习、在多媒体教室做什么、花费的时间到底多少是很难确定的,尤其是在开始时,学生面对浩瀚的资料,常常会感到无所适从,有的学生甚至开始玩游戏、看电影,而没有进行有意义的学习。因此,教师需要对学生进行指导,在课前要告诉学生每个单元的课时,如何安排,实现什么教学目的;要告诉学生网上学习的内容,完成哪些作业,同时检查学生的学习效果。

教师要时刻注意学生的学习进展情况,尤其要加强师生之间的沟通和交流。教师应根据实际情况、学生的实际表现对每一部分内容的比重进行调整,不能放任学生,也不能让多媒体完全取代课堂教学,而应该将多媒体与课堂教学结合起来,并协调好二者的比例关系,对新型教学方法进行科学的实施,这样才能真正地发挥网络多媒体技术的作用。例如,要围绕课堂内容组织课堂讨论、组织讲座等,让学生主动上台演讲,提高自己的表达能力和严谨的交际语言能力。

(二)保证硬件设备能够到位,并且运转顺畅

网络多媒体技术的一大优势是实现资源共享。网络多媒体技术应用于英语教学应该贯穿于教学工作的全过程,其建立在校园网的基础上,主要由智能计算机辅助系统、网上交流系统、多媒体课件等硬件设备构成。在硬件设备的建设上,学校应为教学提供技术保障,要利用好校园网和多媒体网络教室,保证学生可以在不同时间、不同地点展开上机学习,保证网络的顺畅运转。此外,教师要注意对硬件设备进行改进和维护,加强对多媒体教室的维护和管理,提升硬件设备的质量。

(三)制订政策,鼓励一线教师参与教学软件的制作和设计

硬件是网络多媒体辅助英语教学的基础,而软件是其保证。文字教材、电子课件等教学材料的建设要做到统筹兼顾、统一规划,同步进行。同时,应该鼓励既具有丰富教学经验、又能熟练操作使用计算机的外语教师、科研人员、计算机专业人员和电教工作人员积极参与教学课件的编写与制作,可制作投影片、录像片以及各种微课视频等,对参与人员应该设置一定的教学工作量,对优秀课件进行奖励,并在物力、财力方面给予相应的保证和投资。此外,英语教师在教学的过程中也可通过与学生进行探讨,不断获得新的启发,再将这些信息融入软件的建设中,不断改进和完善教学软件和课件,为英语教学的顺利实施奠定良好的基础,做一个软件开发的有心人。

第三章 基于网络多媒体的当代英语教学模式

随着信息技术的快速发展,网络和多媒体开始广泛运用于人们的社会生活和教育,并发挥着重大的作用。将网络、多媒体运用于英语教学,使得当代英语教学模式发生了显著改变,最为明显的体现就是微课教学模式、翻转课堂教学模式和慕课教学模式开始在英语教学中广泛运用。这些先进的教学模式不仅更新了当代英语教学的理念,也改变了传统"满堂灌"的教学模式,对促进英语教学质量的提高具有重要意义。本章将从微课教学模式、翻转课堂教学模式和慕课教学模式三个方面来探讨基于网络多媒体的当代英语教学模式。

第一节 微课教学模式

信息技术的发展促使人们的学习方式发生了改变。在网络及"微时代"的双重影响下,微课模式已经悄然进入英语教学领域,并成为探索新型教学模式的一个重大突破口。微课是一种新的网络学习资源,并在国内迅速发展,成为新兴的英语教学模式。本节将对微课教学模式进行详细说明。

一、微课教学模式的定义与构成

(一)微课的定义

就"微课"的字面意思而言,可以对"微课"的定义做三个层面的解释。第一,从"课"这一层面来看,微课是"课"的一种,是一种课式,也体现微课是一种短小的教学活动。第二,从"课程"这一层面来看,微课是有计划、有目标、有内容、有资源的。第三,从"教学资源"这一层面来看,微课具有丰富的教学资源,如数字化学习资源包、在线教学视频等。

第三章　基于网络多媒体的当代英语教学模式

深入探究微课的内容可以发现,微课是一种具有单一目标、短小内容、良好结构,以微视频为载体的教学模式。通过正式或者非正式的学习方式,人们不断对短小、主题集中、与实践紧密结合的专业知识进行学习,从而提高学习效果,促进知识的内化,这是微课的最初理念。

在这一理念基础上,我国学者对微课模式展开了重点研究,很多学者提出了独到的见解。

黎加厚认为:"微课是时间在十分钟内,教学目标明确、内容短小,能够对某一问题集中说明的微小课程。"[①]

焦建利认为:"微课是以某一知识点为目标,其表现形式是短小精悍的在线视频,主要应用于教学和学习的一种在线教学视频。"[②]

胡铁生、黄明燕、李民认为:"微课又可以称为'微型课程',是建立在学科知识点的基础上,构建和生成的新型网络课程资源。微课以'微视频'作为核心,包含很多与教学配套的扩展性或支持性资源,如'微练习''微教案''微反思''微课件'等,从而形成了一个网页化、半结构化、情境化、开放性的交互教学应用环境和资源动态生成环境。"[③]

上述这些学者的概念各有针对性,并在一定程度上反映出微课教学模式的基本特征,虽然具体内容存在某些差异,但是其理念和核心基本一致。总之,微课从本质上是一种对教与学进行支持的新型课程资源,而且微课与其他与之匹配的课程要素共同构成了微课程。

这里有必要区分一下微课与微课程。就两者的关系而言,微课包含于微课程之中,微课程包含着微课,二者不可分割,但又并不等同。微课与微课程的关系通过图3-1就能看出。

(二)微课的构成

概括而言,微课教学模式主要由四大要素构成,即目标、内容、活动、交互和多媒体,如图3-2所示。

1. 目标

目标是指教师预期微课教学模式的适用教学阶段,以及期望教学所要达成的结果。因此,微课教学模式主要包含以下两层含义。

---

① 黎加厚.微课的含义与发展[J].中小学信息技术,2013,(4):10-12.
② 焦建利.微课及其应用与影响[J].中小学信息技术,2014,(4):13-14.
③ 胡铁生,黄明燕,李民.我国微课发展的三个阶段及其启示[J].远程教育杂志,2013,(4):36-42.

（1）应用目的，即设计开发微课模式的原因。这与微课模式是在课前、课中还是课后运用有关，如为学生的课后练习提供指导而制作的相关练习讲解的微课。

（2）应用效果，即教师在使用微课教学模式后期望学生所能够解决的具体问题，如掌握某一题目的解题技巧、引发学生思考等。

一般来说，微课教学模式的目标是具体、明确、单一的，其对于微课内容和应用模式的选择起着重要的指导意义。

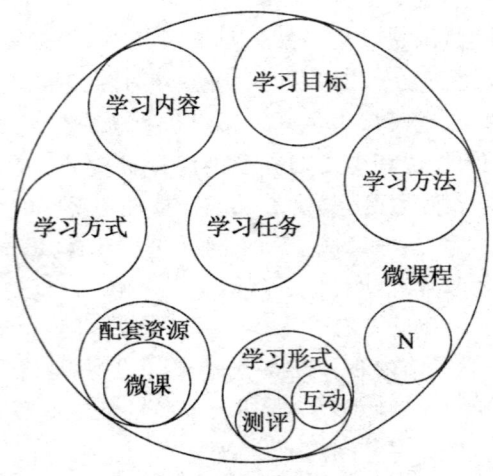

图 3-1　微课与微课程的关系

（资料来源：金陵，2015）

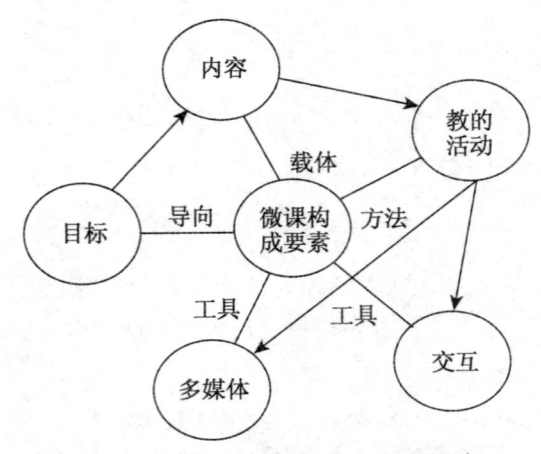

图 3-2　微课教学模式的构成要素

（资料来源：苏小兵、管珏琪、钱冬明、祝智庭，2014）

第三章　基于网络多媒体的当代英语教学模式

2. 内容

微课内容是指为微课模式预期服务的，与特定学科相关的有目的、有意义传递的信息与素材，也是教师实现预期目标的信息载体。在具体的教学中，教师应根据微课的目标，结合学生的学习情况以及准备应用的教学阶段等教学实际来设计微课模式的内容。微课内容不同，教师对教学活动的设计也不相同。但是，由于微课的时间很短，其内容往往具有主题明确、短小精悍、独立的特色，因此需要教师进行精心选取。

3. 活动

活动是主体与环境的相互作用过程，其中的环境涉及主体本身、其他主体以及客体。① 具体而言，微课中教的活动是指教师这一活动主体与特定微课内容这一客体之间的相互作用过程，通过这种相互作用，帮助学生对课程内容进行理解与思考。教的活动是实现微课目标的一种有效方法，教的活动可以分为教师的演示、讲授、操作以及与其他主体间的互动等活动类型。

4. 交互和多媒体

要想完成微课教学中教的活动，教师必须借助某些特定工具来保证学生能够正确理解微课内容的意义，从而实现学生与微课的相互交流。在微课教学模式中，这种工具主要包含以下两种：

（1）交互工具。学生进行微课学习，能够促进学生与微课间进行操作交互和信息交互，其交互的类型与形式如表3-1所示。

表3-1　微课的交互类型与形式

类型	形式	直接交互对象
概念交互	引发认识冲突的言语	学生与多媒体信息
	引发认识冲突的画面	
	具有提问性质的言语	
信息交互	叙述性的言语	
	叙述性的画面	

---

① 李松林,李文林.教学活动理论的系统考察与方法论反思[J].外国中小学教育,2008,(1):10-15.

续表

类型	形式	直接交互对象
操作交互	人与机器间的交互工具	学生与交互界面

（资料来源：苏小兵、管珏琪、钱冬明、祝智庭，2014）

（2）多媒体。多媒体是一种呈现工具，能够更好地帮助教师对教学内容进行表达和解释，提高学生在进行微课学习时与学习资源间交互的有效性，如微课中课件、动画、图形、图像等的呈现。

总之，微课教学中这四大因素是相互影响、相互关联的。通过对这几大要素的设计，教师可以构建一个具有一定结构化程度的数字化课程资源体系。

二、微课教学模式的类型与特点

（一）微课的类型

由于国内外学者对微课教学模式没有一个统一的界定，因此其划分的标准也存在明显差异。目前，在我国较有代表的是张一春教授于2013年提出的分类标准，具体如图3-3所示。

图3-3 张一春的微课教学模式的类型

（资料来源：于永昌、刘宇、王冠乔，2015）

第三章　基于网络多媒体的当代英语教学模式

1. 讲授类

讲授类的微课常见于微课教学平台和大赛,其主要适用于教师使用生活化、口语化的方法向学生传授知识与技能。就英语这门学科来说,主要可以给学生介绍语篇作者和重要人物简介、背景知识、文学常识等。

2. 问答类

问答类的微课就是教师根据教学设计向学生提出问题,也存在一些自问自答类的。当教师提问完之后,让学生暂停视频的观看,学生思考一段时间后得出自己的答案,进而继续观看视频。问答类的微课可以用于课前导入和课后的练习或复习,主要是为了引导学生进行自主学习或者对学生的知识掌握情况进行巩固。

3. 讨论类

讨论类的微课在课堂教学活动中是非常适用的,通过围绕某一主题或者中心主旨,让学生发表自己的看法和观点,这样有助于学生与教师思维的碰撞,大大开拓学生和教师的思路。

4. 启发类

启发类的微课教学模式要求教师根据学生的实际学习水平和情况,结合当前的教学目标、重点与难点、教学任务等创设适合学生学习的环境,调动学生的学习兴趣和积极性,从而让学生能够独立思考,解决自己学习中的问题。

5. 演示类

演示类的微课教学模式适用于教师的课堂教学中,通过将教具或者实物清晰地展现给学生,给学生做示范性实验,让学生通过观察逐渐获取感性知识。在这一过程中,学生可以逐步验证和说明教师所讲授的知识。

6. 实验类

实验类的微课教学模式在英语教学中并不多见,而常见于物理、生物、化学等学习中。在教师的指导下,学生通过使用一些材料和设备改变某些参数来使得实验对象发生改变,学生对这些改变进行观察,最后得出结论,验证自己所学的知识。

7. 练习类

练习类的微课主要是为了检测和巩固课堂教学的成果或者学生的自主学习情况。学生只有通过反复性的完成某一动作，才能掌握其技能或者自己的行为习惯。

8. 表演类

在英语教学中，教师还可以使用表演类的微课教学模式，即让学生进行角色扮演，将课文内容呈现出来，通过这种创设情境的娱乐性方式，学生不仅可以大大加深对文章的理解，而且能够提升自己的审美能力。

9. 自主学习类

自主学习类微课教学模式也是一种常用的教学模式。在这一类模式中，学生占据主体地位，在学习过程和任务中发挥自己的主观能动性和自主能力，通过自主的分析、探索、实践等来达到自主学习的目标。

10. 合作学习类

合作类微课在学生与学生之间、小组与小组之间是非常适用的，主要是为了彼此之间可以相互交流和促进，从而提升学生个体的自觉性和参与性，提高学习的效果和质量，扩展学生的个体思维，增强学习的有效性。

11. 探究学习类

在探究学习类微课中，学生发挥自己的主动性，对于新知识或者未知的领域开展猜想和探索，再加上现有条件和资源的辅助来获取知识和技能。

通常，一节微课作品只使用一种微课类型。但上述分类并不明确，也不是绝对的，微课可以适用于两种及其以上的组合类型。

（二）微课的特点

微课的特点十分显著，这些特点也是微课优势的一种体现。具体而言，微课的特点包含以下几个方面：

1. 主题鲜明，内容具体

微课的开展往往建立在某一主题上，而且研究和探讨的问题也主要来自具体、真实的教学实践。例如，教学实践中关于教学策略、学习策略、重点难点、教学反思等问题。

第三章　基于网络多媒体的当代英语教学模式

2.教学内容少,符合教师需要

微课教学模式主要是对课堂教学中某一知识点教学的凸显,或者是对教学中某一环节、某一主题活动的反映。与传统教学内容相比,英语微课教学内容精简,更符合教师的需要。

3.教学时间短,具有针对性

通常,英语微课教学视频时长为 3~8 分钟,最长也不应超过 10 分钟。相比之下,传统课堂教学时间长,一般为 40~45 分钟。因此,微课常常被称为"微课例"或"课堂片段"。在目前的英语教学中,使用微课模式有助于针对教学难点开展教学,使学生能将这些注意力集中在教学的黄金时段,通过与教师的互动解决学习上的困惑。

4.资源容量小,利于互动交流

通常,微课教学模式中的教学视频及配套资料的容量约为几十兆,容量一般比较小。视频格式多为支持网络在线播放的流媒体格式。在英语教学中,微课这一模式有助于教师与学生间流畅地展开交流。

5.资源构成情境化

教学视频片段是微课的主线,并以此对教学设计及其他教学资源进行统整,从而构筑成一个类型多样、主题凸显、结构紧凑的"主题单元资源包",创造出一个真实的教学资源环境,这就使微课资源具有了视频教学案例的特点。这样真实、具体的情境不仅有助于学生提升思维能力和学生水平,还有助于提升教师的教学技能。

6.反馈及时,针对性强

微课教学内容少、教学时间短,可以在短时间集中开展"无生上课"活动,因此教师和学生都可以迅速获取反馈信息。此外,每一位学生都可以参与课前组织预演,相互学习与进步,这在一定程度上有助于减轻教师的压力,保证英语教学活动顺利开展。

7.成果简化,多样传播

由于微课教学内容主题鲜明、内容具体,因此其成果易于转化和传播。同时,微课教学时间短、容量小,其传播的方式也是多种多样的,如网上视频传播、微博讨论传播等。

三、微课教学模式的实施

英语教学中的微课教学模式实际上是一种微型化的网络英语课程教学,一门完整的网络英语课程可以由众多的与知识相关的微课教学环节组成。英语微课教学模式的设计与制作的流程包含以下几个方面:

(一)微课选题

微课的开展是以某一特定主题为基础的,这些特定的主题可以是某个知识点、某个核心的概念、某一教学活动或者某一教学环节,其具有明确的教学目标和内容,并且能够在较短的时间内解释清楚,激起学生的学习兴趣,较快掌握该特定主题的内容。

微课教学的内容可以是技能演示型、知识讲解型、知识拓展型、题型精讲型、方法传授型、总结归纳型、教学经验交流型或者教材解读型等。

微课选题还应该具有生动性、有趣性、准确性和实用性,形式上也应短小精悍。而对于那些与主题不相关、凸显主题不明显、没有任何特色的内容或活动,在设计和制作中可以摒弃。

(二)教学设计

在设计微课教学时,要注意尽量降低学生的认知负荷。根据认知负荷理论,学习材料的组织方式、呈现方式、复杂性以及个体的先验知识是影响学生认知负荷的基本要素。但是,由于微课具有内容短小、主题明确等特点,因此要想保证能够在较短时间保证内容的清晰和生动,就需要将复杂问题简单化,避免给学生带来太大的压力,即适度安排原生性认知负荷,将无关性认知负荷做到最低程度,实现认知负荷的优化。

(三)视频制作

微课教学的核心就是视频的制作,微课多采用视频的形式呈现教学过程。微课视频的过程要尽量简短,这是与记忆的信息加工理论相符合的。

在制作微课视频之前,可以开门见山地引出主题,或者采用承上启下、设置悬疑等形式,也可以从学生熟悉的视角出发引入主题。相比较而言,后者的效果更好。在内容讲解上,微课视频应该明确、清晰,随着教学主题逐步开展,突出重点。在教学过程中,教师应该采用恰当的方法集中学生的注意力,使他们不被外界干扰。在收尾上,微课视频应该确保简洁明了,给学生留下足够的回味、思考空间,这样可以减少学生的记忆负担,加深学生的印象。

(四)辅助材料

除了视频之外,微课的开展还需要准备与之相关的支持材料,以对微课视频教学进行辅助。通常,这些支持材料包括教学设计的教案、教学设计的学案、课程教学内容简介、教师课后的教学反思、学生的反馈、专家的点评等。但是,这些支持材料并不是都包含在内,也不一定样样都有,教师应该从教学内容、教学目标出发,进行选择。

(五)上传与反馈

微课视频与相关支持材料设计与制作完成后,应该将其上传到网络。如果是为了专门的教学而设计与制作的视频,那么就应该传到教学网络平台,并且按照平台对用户的评价进行回答、反思或者做出反馈等。

现在与微课教学相关的网络平台并不是很多,大多是为了参加微课视频设计与制作的竞赛而设立的,这呈现了明显的评比色彩。但是,针对微课教学特点的网络学习环境,还需要进行深入的研究与开发,以便为英语教学模式提供指导。

(六)评价与修改

微课教学的评价需要考虑三个层面:教育性、技术性以及应用性。

1. 教育性

微课教学的教育性主要包含教学目标的设定、教学内容的组织、教学策略的使用等层面。具体而言,教学目标应该设定明确,教学主题应该明确凸显;教学内容应该进行有序组织,并且每一环节都应该安排恰当、承接自然,单元知识应该有完整明确的说明;教学策略上应该更新颖,表现形式恰当、生动、有趣;配套的学习资料不宜太多,要把握适量原则,并且能够与教学主题紧密结合。

2. 技术性

微课教学的技术性主要涉及微课本身的艺术性、微课平台的共享性等。微课视频应该确保技术规范性,即码流的速度和分辨率都是严格按照规定设计的。在布局上,应该保证美观、协调,文字与色彩有合理的搭配,与学生的认知风格相符合。

3. 应用性

微课教学的应用性是建立在其教育性与技术性的基础上的,如果微课教学具有良好的教育性和技术性,那么必然能够保证良好的应用效果。

总而言之,教师应根据具体的教学内容、学生的学习情况等设计有效的微课,以便更好地服务于英语教学,提高教学的质量和学生的学习效率。

第二节　翻转课堂教学模式

网络多媒体的发展也促进了翻转课堂教学模式的产生与发展。翻转课堂是一种新兴的教学模式,与以往的传统教学模式完全不同,是对传统教学模式的一种颠覆。本节将对翻转课堂教学模式进行详细探究。

一、翻转课堂教学模式的起源与定义

(一)翻转课堂教学模式的起源

追溯翻转课堂的起源会发现,有两个差不多同时开展的翻转课堂典范。一个是美国林地公园高中的实验,代表人物为乔纳森·伯尔曼(Jonathan Bergmann)和亚伦·萨姆斯(Aaron Sams),另一个是可汗学院实验,代表人为萨尔曼·可汗(Salman Khan)。

2006年,乔纳森·伯尔曼和亚伦·萨姆斯在美国科罗拉多州落基山的"林地公园"高中任教,他们在长期的日常教学观察中发现,给缺课的孩子补课是一件特别耗时费力的事,于是他们使用录制视频的软件录制简易PPT视频,传到网上,给缺课的学生补课。他们的学生在家看教学视频,到课堂上完成相应的练习,随后他们对学习中碰到难题的学生进行及时的讲解。在实施了一年的翻转课堂后,他们发现学生在翻转课堂的环境中比传统课堂环境中学习得更多,而且学生的成绩不断提高,得到了学生和家长的肯定。

2011年,随着萨尔曼·可汗创立的可汗学院的成立,翻转课堂教学模式应运而生。萨尔曼·可汗在TED所做的《用视频再造教育》的精彩演说,可以说为翻转课堂做了经典的注解。他提出用技术帮助教学走向人性化的理念,倡导学生在家通过观看教学视频有一个自定进度的学习,到课堂完成作业,当做功课有困惑时,教师会及时介入给予面对面的个性化辅导。

第三章　基于网络多媒体的当代英语教学模式

他首次利用网络视频展开翻转课堂授课,并取得了巨大成功。可以说,萨尔曼·可汗是翻转课堂模式的创始人。

(二)翻转课堂教学模式的定义

总结而言,翻转课堂是指学生在课前利用教师给出的音频、视频、电子教材或共享开放网络资源地址等数字化学习材料,自主学习课程内容,然后在课堂上参与由教师组织的同学间的讨论探究等互动活动,并完成课程学习任务的一种教学模式。[①]

翻转课堂又可以称为"颠倒课堂",其教学过程包含两大阶段:一是知识传授,二是知识内化。在翻转课堂教学模式中,教师根据自己的教学计划对课前预习的内容进行布置,学生则主动利用各种开放资源来获取知识,在课堂上通过与教师进行探讨完成任务,最后内化为自己的知识。

在传统的教学模式中,知识习得需要经历知识讲授、知识内化、知识外化三个步骤。通过课堂,教师完成知识的讲授,而学生在课后任务和作业中完成知识的内化。但是,在当前云教育、云学习的技术条件下,学生可以通过"云课程"及媒介来展开教学,当学生在学习中遇到困难时,教师可以对其进行排解和启发,既保证了师生之间的平等交流,也保证了学生知识的进一步深化。简单来说,从先教授后学习转向先学习后教授,这就是所谓的课堂翻转。

随着翻转课堂的发展,其在国内产生了巨大反响。作为一种基于信息技术的新型教学模式,翻转课堂颠覆了传统教学结构,大力引导学生展开自主学习。作为一种新颖的成功授课模式,翻转课堂为我国英语教学改革提供了有益的借鉴。需要指出的是,翻转课堂并不是在线课程,也不是利用视频来代替教师,它只是一种师生之间互动学习的方式,为学生进行自主学习提供了充分的时间与空间,学生在教师总体学习进程的控制下获得个性化发展。

二、翻转课堂教学的构成与意义

(一)翻转课堂教学模式的构成

关于翻转课堂的构成要素,很多学者经过研究后提出,其构成要素包含

---

① 周文娟.大数据时代外语教育理念与方法的探索与发现[M].上海:上海交通大学出版社,2014:34-36.

以下三个方面：

1. 课前内容传达

在翻转课堂模式中，其教学的基础在于课前内容的有效传达。就目前来说，我国翻转课堂模式往往会采用教学视频与纸质学习材料这两种模式来传达教学内容。其中，教学视频被视为最基本的形式。对于教学视频的来源，主要有以下两种途径。

(1) 使用现有的教学视频

使用现有的教学视频是教师的最佳选择，主要基于以下两个方面的考虑。第一，教师在面对视频录制仪器时可能会产生紧张心理，这会严重影响教学的进程与效果。因为视频录制通常是教师面对机器自言自语，这与传统授课形式带来的心理感受完全不同。第二，教师的教学任务十分繁重，没有时间、精力来制作视频。因此，如果可以在网上找到该门课程的高质量教学视频，那么教师就可以省去很多的精力。当前，网络上关于教学的视频是多种多样的，教师可以自己下载并在教学中使用。

(2) 制作新的视频

对于翻转课堂模式中运用的视频，教师除了运用现有视频外，也可以进行录制。当然，这需要教师有多余的时间和精力，他们可以运用电脑、录音软件、麦克风、手写板等进行制作。具体可以从如下几点着手：教师可使用录屏软件来捕捉电脑屏幕上幻灯片演示和电脑操作轨迹；利用麦克风来录制讲述的音效；利用手写板实现平常书本上的书写效果；利用音频编辑软件加工录制声音。

除此之外，教师还需要关注视频的画面质量。对此，建议制作短小精悍的视频。当代学生的生活是快节奏的，视频只有短、快才有可能受到他们的欢迎。如果视频太长或内容太过复杂，往往会引起学生的反感。

2. 课堂活动组织

在翻转课堂模式中，教师需要对课堂活动进行组织。在组织课堂活动的过程中，教师需要注意如下几点：

(1) 对于英语教学而言，导读类课程比较适合翻转课堂教学，这类课程通过网络多媒体展开。在课下，学生按照教师的安排习得内容；在课上，教师解释重难点问题，进而通过网络多媒体实现在线测试。完成测试后，学生可以即时获取网络背景知识和学习资源，同时能与自己之前的测试结果进行比对，从而加深和巩固自己的知识。

(2) 英语课程包括语言、文化两方面因素，教师在安排学生学习时要按照从初级认知的识记理解到高级认知的综合应用这样一个逐步递增的过程进行。教师在安排学生学习语言知识、文化现象的同时还需要组织与此相配合的学习活动,让学生在已有知识的基础上加深对不同文化知识的理解。

(3)在合作学习的基础上应结合个体学习,因为个体学习有助于学生充分领会和识记。

3.课后效果评价

在翻转课堂教学模式中,同样需要重视对学生学习结果的评价。对于翻转课堂中所采用的个性化学习测评,主要依靠教师在平常与学生接触的过程中所形成的评价。教师需要依靠自己的教学经验来判断学生对知识的掌握程度。这种即时测评的优点是利于纠正学生对知识的误解,并根据学生的认知差异为学生提出合理性的学习指导。

因翻转课堂兴起时间较短,其评价与测试形式并不完善,所以翻转课堂模式的学习评价主要是要求教师与学生之间进行及时交流与沟通,并根据学生的不同个性特征加以引导。此外,教师需要通过更多渠道为学生展示学习成果,让学生建立起足够的成就感和自信心,激发他们学习的积极性和动力。

(二)翻转课堂教学模式的意义

在传统的课堂教学中,为了促使学生学习和掌握知识,教师需要密切注意课堂纪律与学生的注意力,以免学生因某些事情分心而影响学习进度。但在颠覆了传统教学模式的翻转课堂教学中,这些问题都不存在,而且更能显著提高学生学习的效率。以下就具体阐述翻转课堂教学模式的意义。

1.有助于扭转传统的学习观念

翻转课堂扭转了传统的学习观念,学生有了自我学习的机会和空间,这主要体现在以下几个方面:

(1)翻转课堂有助于学生合理安排学习时间,对于即将毕业的大学生,他们需要在实习工作上花费很多时间,因此并没有充足的时间置于课堂学习。这些学生需要的是能够迅速传达知识的课程,让他们在闲暇时间学习知识。对于这些学生来说,翻转课堂模式是非常适合的,能够有利于他们对自己学习时间的安排。

(2)翻转课堂有助于师生互动。翻转课堂改变了传统教学模式中师生之间的相处方式,翻转课堂中,教师与学生之间形成了一对一的交流。如果学生对某一知识点存在质疑,那么教师可以将这些学生集中起来,对他们进行特别指导。另外,在翻转课堂中,教师不再是学生知识的唯一来源,学生与学生之间还可以进行互动学习。

(3)翻转课堂有助于差生的反复学习。在传统课堂教学中,教师总是习惯将关注的重心放在成绩优秀的学生身上。他们可以跟上教师讲课的步伐,积极主动地举手回答教师的问题。其他差生则往往被动听课,有的完全跟不上教师讲课的速度。对于这种不良局面,翻转课堂教学模式可以有效解决。在翻转课堂中,学生可以随时暂停、重放视频,直到自己看懂、理解为止。另外,翻转课堂模式可以节省教师的大量时间,让教师将更多精力投注于成绩不好的学生。

2. 有助于提升学生的主动意识

通过翻转课堂,师生和生生之间的互动更加频繁,学生的主观能动性得到了最大限度的发挥,掌握了学习的主动权。在当前的时代背景下,网络、计算机技术的飞速发展颠覆了传统课堂的教学方式,从而使翻转课堂教学模式获得了名正言顺的教学地位。在翻转课堂教学模式中,学生根据教师提供的资源首先进行自主学习,有效体现了学生的主体地位,然后在课堂上与教师展开探讨,进一步深化与掌握知识内容。

3. 有助于课堂管理的人性化

在翻转课堂中,其管理要比传统课堂管理更加人性化,这主要体现在以下两个方面:

首先,翻转课堂将学习的主动权归还给了学生。虽然传统课堂中教师也会辅导学生,但由于受传统理念的影响,这些教学改变只存在于形式上,教学活动仍侧重于讲授,学生完全没有占据主体地位。但在翻转课堂中,学生可以根据教师提供的资源进行自主学习,这体现了学生的主体地位,而在课堂上与教师的讨论中,学生可以深化自己的知识。

其次,翻转课堂淡化了学生对教师的依赖性。这是因为翻转课堂中知识的习得置于最前的位置,学生的自主性逐渐提高,有效淡化了学生对教师的依赖。在自主学习中,学生不得不将自己获取帮助的想法转向其他同学,经过一段时间后,学生便形成一种习惯,即主动学习知识,并与其他同学进行探讨和交流,这在提升学生知识水平的同时能提升其交际能力。

三、翻转课堂教学模式的特点

（一）教学视频短小、针对性强

翻转课堂采用的视频往往只有几分钟的时间，最长的也仅有十几分钟。同时，视频具有较强的针对性，一个视频针对一个问题，便于查找。此外，由于通过网络发布的视频可随时暂停、回放，因此学生可以根据自己的实际情况来进行控制，从而有利于培养学生的自主学习能力。

（二）教学信息清楚明确

与传统的教学录像相比，翻转课堂教学视频中的教学信息更清楚、更明确。以萨尔曼·可汗的教学视频为例，在这一视频中，唯一可以看到的就是萨尔曼·可汗的手，不断地书写数字符号，并使屏幕逐渐被填满。除此之外，就是配合书写进行讲解的画外音。

（三）重建学习流程

一般而言，学生的学习过程包括两个阶段：信息传递与吸收内化。第一个阶段是通过师生互动、生生互动来完成的，第二个阶段则是学生在课后自己完成的。学生在吸收内化阶段往往会有一种挫败感，容易丧失学习的积极性，其主要原因在于缺少教师的帮助与支持。而翻转课堂对这一学习过程进行了重新建构。学生在课前就进行信息传递，教师既提供视频，又提供在线的辅导；吸收内容则是通过课堂上的互动来实现的，教师可以提前对学生的学习困难有所了解，在课堂上进行有针对性的辅导，同时学生与学生之间互相学习、互相帮助，对知识的吸收内化具有积极的促进作用。

（四）复习检测方便

翻转课堂的教学视频后面有四到五个小问题，便于学生在观看视频之后及时进行检测，以判断自己的学习情况，同时教师可以根据检测结果了解学生的学习状况。除此之外，翻转课堂的教学视频还有利于学生以后的复习和巩固。

四、翻转课堂教学模式的实施

翻转课堂自产生到现在已经得到了广泛的关注，并受到众多学校的青睐和推行,包括中国在内的很多国家已经开始进行翻转课堂教学模式的实践行为。但因翻转课堂还未形成统一、全面的教学模式,关于翻转课堂的实践操作也未统一。很多学者经过研究后,提出了翻转课堂教学模式应用的基本流程。其中,汪晓东、张晨婧仔(2013)提出了如图3-4所示的翻转课堂教学基本流程。

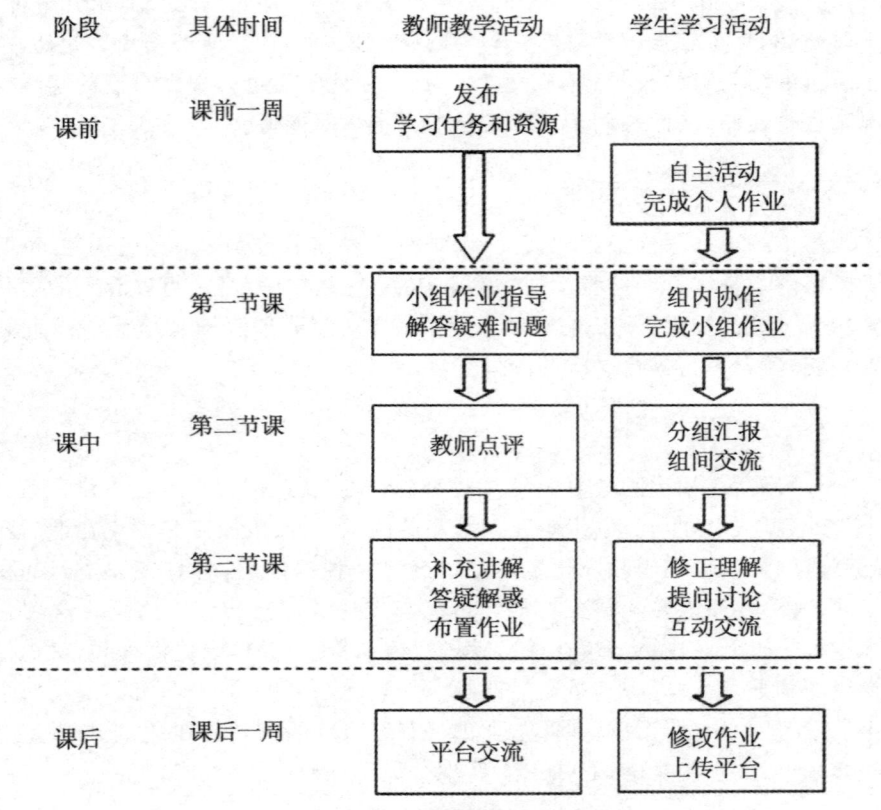

阶段	具体时间	教师教学活动	学生学习活动
课前	课前一周	发布学习任务和资源	自主活动 完成个人作业
课中	第一节课	小组作业指导 解答疑难问题	组内协作 完成小组作业
课中	第二节课	教师点评	分组汇报 组间交流
课中	第三节课	补充讲解 答疑解惑 布置作业	修正理解 提问讨论 互动交流
课后	课后一周	平台交流	修改作业 上传平台

图 3-4　翻转课堂教学的基本流程

(资料来源:汪晓东、张晨婧仔,2013)

在综合翻转课堂教学基本流程及教学理念的基础上,英语教师根据具体的教授内容形成了多种教学流程。但总体而言,主要涉及以下两个层面:

(一)课前安排

课前安排方面,教师要为学生准备充分的学习资料,如英语参考书籍、电子教材、微视频教程、国内外相关英语专题的网址等。下面以微视频的设计为例进行说明。微视频是目前翻转课堂常用的学习资源,它具有很

第三章　基于网络多媒体的当代英语教学模式

强的针对性,是课前学习的核心内容。教师可以根据每堂课的课堂学习目标准备两三个微视频,一个微视频仅介绍一个知识点就足够了,如果内容太多会影响学生的学习与理解。对于微视频的设计,教师需要注意以下几个方面:

1. 电子教材的设计

在设计电子教材时应注重内容的完整性。也就是说,纸质教材的内容及附加的包含音频、录像、解释材料等在内的内容应包含在电子教材中。此外,还有语料库数据、相关网站等资料,可以运用链接形式注入电子教材,以便教师和学生使用。

除具备完整性外,电子教材的设计还应遵循以下几项原则。

(1)模态协作化原则。由于电子教材的设计涉及多模态形式,在运用多模态时需要考虑以下几个因素:一是现有的设备条件是否适合使用多模态,能否为教师留有选择的空间;二是运用多模态能否产生正面效应,其教学效果的大小如何;三是多模态的运用是否会出现冗余,避免产生浪费;四是多模态形式是否能够进行强化和互补。

(2)模态分配分类化原则。模态分配分类化是指根据不同的教学条件和教学对象来分配不同的模态组合。著名学者陈敏瑜在对多模态进行研究时,发现高校教材中的绘图大多为纲要式或者抽象式图表,而小学教材多为漫画式,这就说明教材的编写是根据学生的认知能力和基础知识界定的。因此,教师在设计电子教材时同样需要考虑学生的认知能力和知识水平,如文科生适合形象化的模态,而理科生适合抽象化的模态。

(3)模块化。模块化是指电子教材的设计以阶段性目标为核心,根据这一目标为学生设计教材,并在此基础上设计完成任务和目标的措施和方法,指导学生根据步骤来学习,为实现自己的目标努力。

(4)协作化。在多模态学习的环境下,学生要进行协作,以小组的形式来完成学习任务、实现学习目标,进而提升整个小组成员的知识水平。

(5)个性化。电子教材设计的个性化是从学生的个性特点出发来组织教学的。由于学生的起点不同,其使用的模态必然不一样。为学生提供多种可供选择的教学模态,有助于提升学生的学习兴趣。

2. 微视频的设计

在翻转课堂教学中,微视频是最常用的学习资源,其具有很强的针对性,是课前学习的核心内容。对于微视频的设计,教师需要注意以下几点。

(1)英语教学视频的视觉效果、互动性、时间长度等都会对学生的知识习得产生影响。在微视频中,教师要对学习内容进行合理设计,并设计课前练习的难度与数量等,以帮助学生将新旧知识结合起来。

(2)学生在课前学习的过程中可以利用网络软件与其他同学展开积极的沟通与交流,排除自己学习过程中的疑问与难题,促进彼此学习成绩的共同提高。

(3)在设计微视频时,教师还需要顾及学生的适应能力,学生在刚接触视频学习时往往很难集中注意力听讲,只是专注于笔记的写作。为了改善这种局面,教师可为学生提供视频的副本,解除学生的后顾之忧,引导学生关注档期视频中的学习内容。

(4)在微视频的制作上,教师要重视整体上的视觉效果,还要突出学习的要点和主题,根据知识结构来设计活动,为学生构建内容丰富、形式新颖的平台,让学生对微视频学习产生更大的学习积极性。

(5)微视频制作完成后,教师可以将视频上传到学校的网络上,方便学生随时下载学习。

(6)当学生完成微视频的学习后,需要对自己的学习情况进行总结。如果遇到问题,可以将这些问题反馈给小组长,然后由小组长向教师汇报。

(二)课堂教学

翻转课堂教师模式的教学过程大致可分为五个步骤:合作探究、个性化指导、巩固练习、反馈评价和课程总结。

1. 合作探究

首先,要将学生进行合理分组。合作学习实际上就是小组学习,合作学习中组员之间的结构是十分重要的,因此教师在分组时要注意各小组成员在能力水平、知识结构上的多样化。合理分组可以均衡小组成员自身的各项特点,从而有利于他们开展良性的合作与竞争。一般来说,各小组成员应该遵循"组间同质,组内异质"这一原则,保证小组成员具有不同层次的知识水平,提升小组内能力欠佳学生的积极性,促使任务的完成。另外,在小组内部,各位成员都有自己的位置,在不同的任务阶段发挥不同的作用,从而顺利解决问题和完成教师安排的学习任务。

其次,策划和提出学习过程中的问题。小组和合作的内容要具有操作性,即设置的问题能够进行讨论。在课堂开始之前,教师应该根据不同的学习内容和任务明确分组的原则,明确规定小组内各个成员任务以及完成任务的时间。在合作学习中,教师处于引导者的地位,为不同学习小组设置不同的学习任务,使各个小组间能够相互合作、共同学习、共同进步。

第三章 基于网络多媒体的当代英语教学模式

最后,学习任务的合作应用与过程控制。小组合作学习并不是在任务开始时就要求一起完成任务。事实上,在任务刚开始时,教师应该让小组各成员根据任务的要求开展讨论与研究,让他们进行独立思考,这有助于他们形成深刻、独创的思维能力,之后小组各成员之间开始就自己思考的结果展开交流,在讨论中发表自己的观点,最终就所有的观点与看法经过汇总后达成一个每位成员都满意的结果。当然,小组内还需要一个发言人,这一发言人需要将观点和看法反馈给教师。

2.个性化指导

个性化指导指的是教师为小组成员解答问题。在小组成员合作探究学习的过程中难免会遇到各种各样的问题,教师可以针对这些问题展开具体化、个性化指导,帮助他们扫除学习进程中的障碍。当然,如果各小组遇到的一些问题具有普遍性,那么教师可以集中予以回答。

3.巩固练习

教师为学生进行个性化指导之后,各小组成员对学习任务的结果进行总结和归纳,然后通过一定的练习来加深印象,对学习进程中的重点、难点及时进行巩固。另外,这一阶段需要各个小组之间进行学习与交流,实现经验与知识的共享。

4.反馈评价

在完成合作学习之后,还需要对小组合作学习的结果进行评价。对小组合作学习结果的评价主要包含两个方面:一是对学习过程和结果进行评价,二是对小组及小组内成员进行评价。也就是说,教师不仅要评价学生的学习过程以及结果,而且要对小组之间以及小组内部各位成员的表现进行评价。在对各学习小组进行评价时,教师需要将重心放在整个小组任务的完成情况上,而不是放在某一小组成员的成绩上。同时,教师需要评价小组内成员参与的主动性、积极性,这样既可以为其他小组成员树立榜样,还可以激发小组成员的热情,调动学生学习的积极性,防止学生产生依赖,更好地实现合作学习。

5.课程总结

课程总结是指各小组间进行交流与信息沟通。在这一阶段,教师安排各个小组之间展开交流,彼此沟通学习进程中的信息,同时对这些小组成员的具体表现给予合理评价。需要注意的是,教师应尽量给予学生积极向上的评价和鼓励，不要打击、批评他们，从而确保每个小组都能圆满完成学习任务，达到既定目标。

总体而言，英语翻转课堂教学不仅是对课前预习效果的强化，更是对课堂学习效率的提升。对于教师来说，通过课堂活动设计来使学生知识内化是教师的重要任务，也是英语翻转课堂教学的目的。对此，教师在设计课堂任务时应充分利用情景、写作、会话等要素，引导学生体验知识，实现知识的内化。

第三节 慕课教学模式

慕课教学模式是在信息技术发展作用下，以关联主义学习理论为基础展开的大规模在线教学与学习的方式。在信息化时代，慕课教学模式是我国英语教学发展的重要举措，也是培养新型英语人才的重要手段。本节将对慕课教学模式进行探究。

一、慕课教学模式的定义与特点

（一）慕课教学模式的定义

随着信息技术的发展以及信息传播速度的加快，知识呈现出爆炸式和集聚式的发展势头，因此世界上不同国家的人可以同时共享重要的信息。这种信息的全球化促使不同文化背景、习俗的人们可以分享社会进步的成果，感受人类发展的进程，慕课正是在这种时代背景下形成的。

慕课最早兴起于美国，是网络远程教育和视频课程的演变，这种教学和学习方式被盛誉为"印刷术发明以来教育最大的革新"。2011年，美国斯坦福大学教授史朗在网上公开了自己的课程《人工智能导论》，这一行为吸引了全球众多国家和学生的目光，自此慕课开始广泛传播。

慕课，即大型开放式网络课程（Massive Open Online Courses，MOOC）。它是一种在线课程开放模式，是基于以前那种发布资源、学习管理系统以及将学习管理系统与多种开放网络资源等课程模式而建立起来的。慕课主要是由具有分享与协作精神的个人组织的，他们将课程发布在互联网上，供有兴趣的学习者学习，旨在扩大知识传播。

百度、维基百科对慕课的概念进行了界定，即慕课是以开放访问、大规模参加作为目的的一种在线课程。慕课的英文字母是MOOC，这四个字母各有其代表的含义。

M:代表参与这种开放性课程的人数多,规模大。

O:代表这一课程具有开放性,只要是想学习的人都可以参与其中。

O:代表这一课程学习的时间是非常灵活的,想学习的人可以自主选择。

C:代表课程包含的种类众多。

关于慕课,有三个著名的平台,即 Udacity、Coursera 和 edX。

Udacity 是创立最早的慕课平台,主要以计算机类课程为主,数量不多,但是质量却较高。Udacity 以具有许多为在线授课而设计的细节著称,因此得到了很多学生和教师的喜爱。

Coursera 是美国最大的慕课平台,资源丰富、门类齐全,是美国斯坦福大学的两名电脑科学教授安德鲁·恩格(Andrew Ng)和达芙妮·科勒(Daphne Koller)创办的。

edX 是哈佛大学与 MIT 共同出资组建的非营利性组织,与全球顶级高校结盟,其系统代码开放,课程形式设计自由灵活。[1]

(二)慕课教学模式的特点

关于慕课的特点,《纽约时报》(2012)进行了总结,集中体现在以下几个方面:

(1)网络平台,资源丰富。慕课的出现解决了教育资源不均衡的问题,在很大程度上能够提高我国英语教学的有效性。我国的英语教学由于地域发展和教育水平的不同,来自不同地域的学习者英语水平也明显不同。来自我国东部省份、城市的英语学习者,由于教育水平良好,经济发展水平高,因此其英语水平明显比中西部地区学生高。慕课通过网络平台的方式进行教学,打破了地域的限制,使不同地区的学习者都有机会接触优质的课程资源。

(2)互动性强,形式新颖。慕课通过上传短视频的方式进行教学,并在视频后附有测验等,这种教学形式能够促进师生之间的互动,便于交流与沟通,能够使学生真切地感受到自己的学习成长。

(3)名师教育,免费教学。通过互联网,世界名师上传自己的教学视频,从而解决了教育资源分配不均所产生的教育差距,使学生可以接触到更多的教学资源。同时,这些资源是免费的,提高了学习者的兴趣与关注度。

---

[1] 周文娟.大数据时代外语教育理念与方法的探索与发现[M].上海:上海交通大学出版社,2014:106.

随着慕课的快速发展,很多慕课平台被建立起来,大大便利了学生的学习。我国于 2013 年成立了东西部课程共享联盟,并将这年称作"中国慕课元年"。我国的慕课平台有 Ewant 等,Ewant 由国内五所交通大学联合组建,即上海交通大学、西安交通大学、西南交通大学、北京交通大学、台湾交通大学。同时,上海交通大学加入 Coursera,成为加入此组织的中国内地第一所高校。我国慕课平台具有以下三个方面的特点:

(1)集约性。"中国大学 MOOC"在线学习平台上收集了全国各地的优秀教育资源,在国内著名高校所引领教学团队的用心打造下,形成了目前国内相对成功的一个教学范式。从教师的角度来看,慕课教学团队在设计教学的过程中、布置课后作业的角度上、评定学生成绩等方面都给予教师很大的启发,促进他们不断提高自己使用信息技术的能力,从而改进教学,找到最适合学生发展的教学模式。从学生的角度看,不管是国内重点大学的学生还是普通院校的学生,都可以通过慕课学习平台获取最优秀的学习资源。

(2)广普性。科学技术的发展将人类社会带入互联网时代,同时伴随着数字革命的兴起,促使着世界各个国家的教育进入"在线"状态。基于网络多媒体的慕课教学模式下,学生的学习不受时间、地点、人员等因素的限制,一些著名教师线上所开设的慕课有时候甚至可以吸引几万人同时观看和学习。在我国当前的英语教学中,学生人数非常庞大,而慕课教学模式本身所具有的广谱性就很好地解决了这一问题。

慕课作为一种新型的教学形式是对全世界所有人开放的,不管学生身在何处,只要有互联网的地方就可以随时加入学习的进程。可见,慕课自身所具有的自主性也十分符合英语课程教学的要求。学生在慕课教学模式下可以自由选择学习的时间、方法、步骤等,自主完成慕课课程的在线学习。

(3)交互性。慕课具有交互性特征,慕课教学是一种在线课堂,虽然是虚拟的,但教师与学生可以实现彼此互动。另外,慕课教学过程中所设计的进阶作业为学生的学习带来了更大的动力,因为学生只有完成一定的进阶任务,才能继续观看教师的在线讲授。这一设计形式不仅为学生安排了具体的学习任务,同时教师可以在教学过程中得到及时的反馈。

二、慕课教学模式的分类与意义

(一)慕课教学模式的分类

国外学者丽萨·慕·莱恩根据实践经验,将慕课教学模式分为以下三种。

第三章 基于网络多媒体的当代英语教学模式

1. 基于网络的慕课教学模式

基于网络的慕课教学模式是建立在网络基础上的,重在强调给予学生充分的学习自主性。以网络建立为主的慕课课程中,学生可以自由决定是否参与和如何参与,还可以自主决定利用何种技术来建立自己的学习空间与分享学习内容。该模式鼓励来自世界各地的学习者利用自己所知道的软件来建立联系、分享学习内容、贡献学习成果、合作探究学习或者拓展自己的个人网络以及专业网络。该课程模式相对比较复杂,允许学生建立自己的学习空间。

社会交互性是基于网络的慕课课程开发模式最为关注的重点。在该模式下,课程一般以周为学习单位,学生可以在每周内基于特定的主体进行学习,通过大量的互动与参与活动来获取知识,其中所有的学习过程都是开发式的。由于这种慕课模式没有明确的学习结果,因而在学习结束之后也不会有十分正式的评价形式。

2. 基于任务的慕课教学模式

基于任务的慕课教学模式主要强调学生通过完成任务来获取知识和技能,学习是分步进行的,学生可以采取多种多样的学习方式进行学习,不受任何约束。学生可以通过自己阅读文本材料或者录制视频材料等来共享学习成果,通过视频、音频、作品设计等手段来展示自己某一方面的技能。这种以任务完成为主的慕课课程开发十分强调学习社区在学生学习过程中所起的重要作用,因为社区是展示学生学习案例与学习设计的地方,主要用来传递学习内容,对学生的学习结果不太重视,即不对学习者进行评价。

3. 基于内容的慕课教学模式

基于内容的慕课课程开发模式主要强调学生对学习内容的掌握,往往会通过形成性评价与总结性评价等形式对学生的学习结果展开评价。当然,这一课程开发模式同样看重学习社区的建构与学生的参与,与课堂教学过程的网络化更加相似。该模式以名校教师录制的讲课视频以及文本内容为基础,同时伴有网络化测试平台。学生可以免费注册与学习,在获得证书后会收取一定的费用。这类慕课课程开发模式吸引了大量的投资,受到多数人的关注。

三种慕课课程开发模式各有特点,但也存在以下一些共同特征。

(1)课程设计、组织、应用以及评价都是建立在网络环境的基础上的。

(2)课程设计面向大多数学习者,具有大规模性,并且学习目标具有多样性。

(3)课程内容在设计上都包括视频、课程资源、学习社区、师生互动以及学习评价等部分。

(4)在交互学习过程中,课程的内容具有开放性以及持续创新性。

(5)视频通常都保持在8~15分钟之内。

(6)学生在课程选择方面具有较大的自主性。

(二)慕课教学模式的意义

慕课教学模式在我国的兴起必然引发重大的教学理念革新、教学方式变革,其对于英语教学的影响极为深远。慕课教学模式对于英语教学的意义主要体现在以下几个方面:

1. 创造语言使用环境

英语是作为我国学生的第二语言来学习的,学生学习英语时本身缺乏语言学习的环境,导致学生在课堂上学到的知识很难在现实中应用。这降低了学生学习英语的成就感,也对学生日后语言能力的提升十分不利。慕课的出现能够为学生创设良好的语言学习环境,即学生可以接触到真实的语言,甚至可以与世界上其他国家的人们进行交流,这都有助于提升学生的交际能力。

2. 扩大学生知识储备

课堂教学是我国学生学习英语的主要方式和途径,面对繁重的课业压力与紧张的教学时间,课堂教学所能带给学生的英语知识实在有限。而慕课教学以网络为平台,向学生提供了更为丰富的知识储备,方便学生及时更新自身知识。同时,慕课的在线课程还包含在线论坛与小组讨论,极大地丰富了学生的学习兴趣,也提高了学习的效率。

3. 提供能力培养平台

我国的英语教学虽然一直在不断变革,但总体上还是将重心放在基础知识教学上。这种教学模式必然阻碍学生将英语教学与专业结合起来,也就很难实现自己综合能力的提升。受这种教学背景的影响,很多学生忽视了英语的学习,并没有意识到英语这一工具的作用。慕课的出现能够为学生提供最新的发展评估和专业动向,有助于激发学生的学习动机和兴趣,促使学生提升自己的专业能力,解决英语教学与自己专业的问题。

4.平衡不同学生水平

就大学英语教学而言,学生来自不同的地区,各地学生的教学水平存在差异,因此学生的学习能力和学习基础也高低不同。在统一的大班英语课堂上,教师很难实行一对一教学,只能从宏观上对学生进行指导。在这样的教育现实下,很多学生已经追赶不上教学的进度,或者不满足于当前的教学水平。慕课模式通过开放性的网络平台,给学生提供了有针对性的教学,便于缓解教师教与学生学的矛盾。同时,慕课不受时空限制,既能促进基础差的学生知识的巩固,也能促进基础好的学生能力的发展。

三、慕课教学模式的实施

在英语教学中运用慕课教学模式时,应注意以下几个方面的内容:

(一)课程设置体现多样性

就目前的英语教学而言,慕课改变了传统英语教学模式单一的状况。就师资力量来说,传统的英语教师资源非常有限,所讲授的课程针对性也不明确。就教学材料来说,当前大多数高等院校使用上海外语教育出版社出版的《大学英语》《新世纪大学英语》和高等教育出版社出版的《大学体验英语》以及外语教学研究出版社出版的《新视野大学英语》等,教材品种相对单一。就课程设置来说,虽然各大高校都设置选修课,但是这些选修课大多是为英语四、六级考试设置的。

时代的发展促使着英语选修课程的指导思想向着分类指导、因材施教的方向发展。而网络时代的发展能够为英语选修课程提供不同层面和环节的支持。通过网络,教师可以了解学生选修课程的偏好,利用大数据技术便可以做出学生的偏好分析,获得学生的需求数据,从而调整相应课程内容来满足学生的需要。基于此,在信息化时代下采用慕课教学可以有效吸引学生的注意力,提高学生学习英语的兴趣,使学生根据自己的需要和兴趣来选择课程,从而提高自身英语学习的效率。

(二)上课方式多样化

英语教学改革的不断推进使得现在的教学形式不再像以前那么单一,但是仍旧以教师的教授为主,只是利用多媒体形式而已,即多媒体就是黑板的延伸。但是在信息技术普及的时代下,实施慕课模式要求上课方式要多元化,可以是围坐在电脑前,也可以是每人手拿 Ipad 等。

(三)考核方式多样化

在英语教学中运用慕课教学模式要注意考核方式的多样化。如果仅仅依靠传统的笔试或者论文式教学,那么就很难将学生的实际水平测试出来。在慕课教学模式下,考核方式的多样化主要涉及两点:一是探索个性化考核方式,即根据不同层次的考生设置不同的测试题目;二是探索开放性的考试方式。总而言之,无论是个性化考核方式还是开放性的考核方式,其目的都是激发学生的学习积极性和学习兴趣。

(四)教师积极发挥作用

慕课教学模式的意义与优势是显而易见的,但是在肯定和适应慕课的同时需要注意两点问题。首先,英语慕课教学模式还有待完善,因为需要对教师进行培训,还需要准备与之配套的教学硬件设备。其次,学生自身水平存在差异,因此要想让不同层次的学生适应慕课模式,也需要很长一段时间。如果将所有的教学内容置于网上,那么那些本身自制力差的学生就更容易放弃。

所以,在慕课教学模式中,教师仍旧扮演着重要角色。首先,教师应该积极探索能够激发学生主动性和积极性的慕课课件。其次,教师需要对学生的基本情况有一个清晰的了解,保证慕课课件能够被大多数学生理解和把握。最后,教师需要了解不同学生的自主学习能力,锻炼学生的心理素质,使他们尽快适应新兴的教学模式。

总体而言,信息技术的发展、网络多媒体的广泛运用推动新的教学模式的产生和发展。在英语教学中,教师应紧跟时代发展的步伐,更新教学理念,根据教学以及学生的具体情况,合理并充分利用微课、翻转课堂、慕课等新型的教学模式,从而提高英语教学的效率,提升学生的英语综合能力,促进英语教学的发展。

第四章 基于网络多媒体的当代英语学习模式

当前,随着网络多媒体技术的发展,其逐渐影响和改变着人们的生产、生活方式,对于教学领域来说也不例外。网络多媒体技术冲击着传统英语教学的理念和方式,给英语教学带来了新的活力。加上英语教学改革的推进,学生逐渐确立了自己的主体地位,因此英语教学中传授相应的学习技巧就成了学生英语素质和能力提升的重要途径。网络多媒体背景下的英语学习模式与社会发展的实际需求相结合,顺应了时代发展的动向,对于培养学生的英语学习兴趣和积极性,拓宽学生的认知领域,提升学生的综合英语能力意义非凡。基于此,本章从项目式学习、体验式学习、自主学习三种学习模式入手,对基于网络多媒体的英语学习模式进行探索。

第一节 项目式学习模式

项目式学习模式强调将学生置于教学与学习的中心,从而培养学生的英语综合运用能力。基于网络多媒体的英语教学也是着眼于学生应用能力与自主能力培养的教学方式。因此,将二者结合有助于从整体上提升我国英语教学的科学性与实用性。

一、英语项目式学习概述

语言是随着社会的发展而不断演变的,英语教学也随着语言与社会的变化而进行着不同阶段的革新,在教学目的、教学定位、教学模式上都有着不同的发展。在全球化和国际化的时代下,英语教学的目的是向社会输送更多具有国际化视野、了解跨文化交际规则、具备国际竞争能力的英语人才。

项目式学习模式(project-based learning)和上述英语教学目的契合。这种学习模式强调学生的主体地位,主张学生通过完成项目来积累自身知识、提高学习能力。我国英语教学开展项目式学习能够提高学生的自主学习意识和观念,培养其合作意识和语言综合应用能力。

(一)项目式学习的定义

项目式学习中的"项目"是管理学中的项目在教学领域的延伸与运用。具体来说,项目式学习是"以学科原理为中心内容,使学生在真实世界中借助多种资源开展探究活动,并在一定时间内解决一系列相互关联着的问题的一种探究式学习模式"。[①]

项目式学习主张,通过探究不同的问题,学生能够获得一定的知识与技能,这是一种系统性的教学方式。

(二)项目式学习的特征

项目式学习的特征主要表现在以下几个方面:

(1)项目式学习对学习环境有一定的要求,一般需要在真实、具体的环境中展开学习。

(2)项目式学习要求按照学习的需求设定不同的项目。

(3)项目式学习的内容需要以现实世界为依托,学习的问题需要注重实用性,要求学生在任务完成过程中了解问题解决的理论以及实际解决问题的技巧。

(4)项目式学习主张学习的手段可以数字化,如利用网络多媒体技术。通过数字化的途径拓展学习资源,提高学生自主学习的意识与能力,从而在解决问题的同时锻炼自己的实践能力与创造能力。

(5)项目式学习注重合作性。由于项目式学习任务十分丰富,因此需要学生综合利用书本知识、自身经验、创造思维以及相互协作才能完成,这就需要使学生学会在不同的任务阶段与不同层次的同学进行合作交流。

(6)项目式学习的基本主张是以学生为中心,因此教学的重点是锻炼学生的自主性,挖掘学生的主动性,发展学生的学习能力、解决问题能力、批判性思维能力等。

(三)项目式学习的理论

项目式学习既是一种学习模式,也是一种多用途的教学方法。[②] 总体来说,项目式学习的理论基础包括以下几个方面:

[①] 霍玉秀.基于"项目式学习"模式与学生综合能力的培养[J].语文学刊·外语教育教学,2013,(11):96.

[②] 同上.

第四章　基于网络多媒体的当代英语学习模式

1. 建构主义理论

建构主义学习理论重视对知识的积极建构,认为学习的过程是学习者在主观能动性的作用下进行的知识内化与吸收。学习者通过主动建构自己的知识体系来不断丰富与改造之前的知识经验。

从教学上说,学生对教学知识的吸收不仅源于教师的教授,还依托于学生已有的知识和主动建构。建构主义理论指导下的教学重视学生对知识的理解,了解学生的观点。在吸收学生学习观念的前提下,教师引导学生调整或者丰富自身的见解,最终将知识内化为自己的知识框架。

需要注意的是,教师对学生的引导并不是一种自上而下的强硬改变,而是需要教师和学生针对某个问题进行共同的探索,并提出各自的见解。这种教学和学习方式不仅能够增进师生之间的理解,而且能够尊重学生的个体差异。由于学生的知识背景、经验背景不同,因此这种指导性、建构性教学能够丰富学生的学习资源,并根据个体差异建构符合自身的知识体系,让学生真正发挥自身的主动性习得知识。

2. 多元智能理论

多元智能理论主张在学习中要重视个体的智能强势与优势,学生完成学习项目的过程也是自我智能发挥的过程。在多元智能理论指导下的体验式学习过程中,教师主要承担着开发学生智能潜力的作用。

项目式学习主张将学生的学习和社会实践相结合,让学习的过程变为社会体验的过程。学生通过完成一个个项目,能够不断发挥自身的智能优势,并在其中积累学习经验。这种学习经验的积累能够为日后的工作与学习打下基础,因此真正将英语学习的实用性提高了。

3. 终身学习理论

终身学习理论也是英语项目式学习的重要理论之一。终身学习理念认为学生要具备一定的自主学习能力,从而应对社会发展和个人发展的需要。

因此,在英语项目式学习中,教师应该以真实的任务为依据,并给学生创设有利的学习条件与机会,锻炼与提高学生的自主学习能力。

(四)项目式学习的意义

项目式学习符合当今英语教学改革的方向,能够体现以学生为中心,对学生综合能力的培养以及创新能力的提高都大有裨益。具体来说,项目式学习的意义主要体现在以下几个方面:

1. 帮助学生建构知识基础

通过项目式学习,学生能够在自主性的前提下对项目进行分析、合作、解决。这是一种积极的知识自主建构,能够为日后的生活与学习打下良好的基础。

项目解决中需要学生进行信息的收集与获取,并找寻适合项目解决的方法。从整体上看,项目的完成不仅需要学生动用自身的思维与能力,还需要不断提升自己的知识,建构更为完善、系统的知识框架。

2. 能够培养学生的合作意识与情感能力

在项目式学习过程中,学生面对的是真实、有意义的学习任务。一般来说,项目式学习任务对于学生来说都带有挑战性,因此需要学生结成项目小组展开合作。

这种学习方式能够使组员之间相互帮助,发挥各自的优势促进项目的完成。在项目进行过程中,小组成员之间会进行积极的鼓励与沟通,还会就项目问题展开积极的探讨,这对于学生的语言交际能力和情感能力的增长也大有裨益。

3. 能够发挥学生的自主性

项目式学习并不是一种自上而下的知识硬性灌输,其主张发挥学生的自主性,让学生自主选择自己感兴趣的主题与内容,并决定学习的方式与进程。

在项目进行过程中,学生需要自己制订计划、研究、合作、激励、思考、解决、反思,这一系列的过程都和学生的自主意识息息相关。因此,项目式学习能够培养与提高学生的自主学习意识,锻炼学生的主观能动性与创造性,对于学生的信息检索能力、归纳总结能力、逻辑分析能力、合作学习意识等都有重要的促进作用。

(五)项目式学习与传统教学

项目式学习是在传统教学基础上发展出的新的学习方式,二者之间的差异主要表现在以下几个方面:

1. 教学目标的差异

传统英语教学重视的是基础语言知识的教授,强调硬性记忆知识来获取一定的英语技能。项目式学习则重视对学生自身知识的技能进行培养,提高学生的自我学习能力、解决问题的能力、分析与综合的能力等。

2. 教学内容的差异

传统英语教学主要以教科书内容为基础展开教学，教学内容的灵活性较差。同时，由于教材的更新速度跟不上社会发展速度，因此会在一定程度上出现教学内容老旧的问题。项目式学习模式中教师扮演的是指导者的角色，教学内容为贴近学生现实生活的学习项目，这种教学内容的设定更容易使学生产生英语学习的兴趣。

3. 教学模式的差异

传统英语教学进行大班式教学，是一种自上而下的知识灌输。英语项目式学习则主要是通过合作学习的方式，让学生在完成项目的过程中不断进行学习。

4. 教师角色的差异

传统英语教学中的教师带有主导性、权威性，全权掌握教学节奏，控制学生的学习过程。英语项目式学习中教师的角色带有指导性、引导性，是辅助学生英语学习的角色。在学生项目完成过程中，教师需要给学生一定的引导与建议，并及时进行学生能力发展的记录与评估。

5. 学生角色的差异

传统英语教学中学生的角色为被动的知识接受者，在学习中处于从属地位，很少有发挥主观能动性的空间，且很多人并不具备主动学习的意识。项目式学习重视学生的主体地位，认为学生是学习的中心，通过让学生完成项目来发挥自身的主观能动性与相互合作精神。

6. 评价方式的差异

传统英语教学对学生的评价主要是通过测试、考试等，这种阶段性或总结性的评价以学生的考试结果为评价标准，较为片面。项目式学习主张多样化的评价方式，注重学生在项目完成过程中的表现以及对知识的内化质量。

二、基于网络多媒体的英语项目式学习

由于网络多媒体带有学习资源丰富、自我选择空间大的特点，将其与英语项目式学习相结合，能够更好地提升我国学生的英语综合能力。项目式

学习要求学习任务要有真实性,因此将学习内容进行任务式呈现,能够锻炼学生的自主能力、综合能力与思维能力。网络多媒体环境下的项目式学习不仅能够发挥上述项目式学习的优点,还能丰富项目类型,提升英语学习的多样性,并能够为学生提供项目完成的有利环境。

(一)基于网络多媒体的英语项目式学习的特点

基于网络多媒体的大学英语项目式学习模式的特点主要表现在以下几个方面:

(1)网络多媒体环境下的信息带有丰富性和多样性。项目式学习的展开需要以一定的教学资源与教学活动为根基,因此网络多媒体环境为教学的展开提供了充足的资源需求。同时,由于网络多媒体环境不受时空、人数的限制,便于信息与资源的共享,能够满足不同学生发展的个性需求。

(2)网络多媒体能够为英语项目式学习创设逼真的学习环境。网络多媒体在不同的技术支持下能够以多样的角度呈现问题,从而为学生的项目式学习提供情境。受社会环境的限制,我国的英语教学与学习缺乏一定的语言使用环境,这种环境的缺失影响了我国学生对语言的习得。而网络多媒体环境能够根据不同的项目,为学生提供丰富多样的情境,便于学生对项目的理解与接受,从而更好地发挥主观能动性去完成学习项目。

(3)网络多媒体环境的一大优势是信息沟通的即时性。通过网络多媒体,信息传递的速度加快,这就在很大程度上便于学生之间的协作与交流。在项目完成过程中,教师和学生也能进行快速的沟通,这也有助于拉近师生之间的距离,便于整体教学效果的提升。

(4)传统教学大多以大班的模式展开,教师很难和学生进行一对一的沟通与交流。通过网络多媒体,教师可以随时了解学生的项目完成情况,掌握学生学习过程中的难点,从而更有效地进行疏导与解惑工作。这种环境下的教学较传统模式更为灵活,也更加便于教师的管理。

(5)网络多媒体的出现为师生之间的交流提供了更为便利的条件,学生可以根据自身情况灵活安排学习计划和学习地点,不受传统课堂教学模式的限制,这种开放性与自由性也十分便于学生间协作的展开。

(二)基于网络多媒体的英语项目式学习展开的原则

基于网络多媒体的英语项目式学习模式的展开既需要符合网络多媒体教学的相关原则,也需要以项目式学习的相关原则作为指导。具体来说,应该遵循的原则包括以下几个方面。

第四章　基于网络多媒体的当代英语学习模式

1. 以学生为中心原则

项目式学习模式要求正视学生在教学中的中心地位,因此教学活动的开展需要严格遵循以学生为中心的原则。

语言能力的提高需要大量的练习作为保证,这种练习应该以学生为中心,发挥学生的主观能动性。教学模式、教学手段、教学活动的设计都应该是在学生主体地位的作用下完成的。

基于网络多媒体的英语项目式学习模式能够让学生以更加积极的心态参与学习活动,主动建构自身的知识体系。由于学生的主动性增加,因此其会根据自身的学习水平与特点进行学习内容的选择,合理安排学习进度。

2. 目的性原则

基于网络多媒体的项目式学习模式是在英语教学的总体教学目标之下展开的。因此,在学习模式展开过程中需要以英语教学的相关目标作为展开依据。

在这一原则的指导下,教师应该科学设计项目,保证项目从总体上是在教学目标的大范畴内,从微观上保证每个项目都包括明确的教学目标。

由于网络多媒体资源带有繁杂性,教师可以对网络多媒体资源进行筛选,将一些有利于项目完成的教学资源传递给学生,调动学生完成项目的积极性,并在总体教学目标的指导下展开项目。

3. 情境与交际性原则

英语学习的目的是进行语言的应用。利用网络多媒体给学生创设真实的语言交际情境有利于激发学生的思维,从而利用已知经验去建构新的知识体系。

网络多媒体技术现在已经渗透到英语教学的方方面面,通过网络多媒体资源可以为外语项目式学习创设真实的语言情境与交际情境。

4. 情感与合作学习原则

情感因素(包括动机、态度、兴趣、注意力等)是影响学习质量的一个重要方面。一般而言,积极的情感因素能够促进英语学习,而消极的情感因素则会阻碍语言的学习。

基于网络多媒体的英语项目式学习能够激发学生的学习动机,提高学生语言学习的主动性与创造性,从而提升英语学习的兴趣。在网络多媒体的帮助下,英语知识以更加立体、多样的方式呈现,更加便于学生对知识的吸收与内化。教师需要有意识地加强师生之间的情感沟通，并教导学生掌握一些具体的合作学习方式，从而便于项目的完成。

5. 系统性与最优化原则

语言能力的提高需要不断地练习与发展，是一个循序渐进的过程。基于网络多媒体的英语项目式学习也应该遵循系统性与最优化原则，不断丰富学习内容，实现识记、感知、理解、运用、创新的递进。

目前，我国的网络多媒体系统可为师生提供丰富的具有渐进性和系统性的教与学的资源。教师需要在考虑学生当前学习水平和学习需要的基础上科学设计学习项目。

（三）基于网络多媒体的英语项目式学习展开的步骤

基于网络多媒体的英语项目式学习模式展开的步骤主要包括以下几种：

1. 项目设计

项目设计是基于网络多媒体的英语项目式学习模式展开的基础，需要教师在研究教材、搜寻资料等基础上科学设计。教师需要利用网络多媒体教学资源，进行线上、线下的项目重构，并基于教学内容进行学习资料的组织与加工。

2. 确定项目

项目实施是基于网络多媒体的英语项目式学习模式的中心环节，师生需要以网络多媒体资源为平台进行交流与沟通，不断扩展学习资源、认知工具等。学生需要充分发挥自己的主观能动性与综合应用能力，对信息资源展开查询、重构，从而更好地完成学习项目。项目的完成不仅是对学生学习能力的考验，也开拓了学生的思维，便于学生能力的提高。

确定项目需要教师充分利用网络多媒体资源创设真实的语言场景，从而激发学生对学习项目的探究兴趣。学生通过教师的引导初步感知项目，明确项目的要求，从而为下一步骤的实施打下基础。

3. 制订计划

在此环节中，学生已经通过自由组合形成了学习小组。教师可以向学生介绍项目完成的要求与形式，指导学习小组分析项目中包含的英语知识。在交流与总结过程中，师生可以共同确立项目完成的计划，分析项目完

第四章　基于网络多媒体的当代英语学习模式

成所需要的步骤,并明确不同阶段的任务、时间等具体细节。

4.活动探究

活动探究中教师的角色为资源提供者与指导者,需要在项目进行中适当给学生提供一些学习资源,并根据不同学生的表现给予一定的指导。

学生通过网络多媒体进行学习资源的浏览,并与小组成员进行探索完成阶段性项目。此阶段,教师需要对学生学习状况进行观察与调解,从而为后续的评价做准备。

5.作品制作

通过网络多媒体资源,项目式学习的成果可以以不同的形式体现,如情景剧、微电影等。

在作品制作的环节,教师可以提供一些合适的信息技术工作,指导学生利用网络多媒体制作项目产品。不同的项目学习小组可以根据学习要求进行制作,对搜集到的资料进行重组与加工。

6.成果交流

成果交流环节指的是教师组织项目小组进行学习汇报展示。小组成员需要汇报项目完成的计划、合作情况、成果等。在网络多媒体环境的支持下,成果交流的方式更加多样,可以进行 PPT 展示,也可以进行动态展示。通过成果交流,各小组能够取长补短,共同进步。

7.总结环节

教师在基于网络多媒体的英语项目式学习模式中发挥着重要的作用,在项目完成后需要进行一定的总结。例如,指导学生进行自我评价;指导学生进行小组互评。一般来说,基于网络多媒体的英语项目式学习模式的成果评价包括个人、小组、教师三个方面。

第二节　体验式学习模式

体验式学习模式在 20 世纪 80 年代提出后得到了迅猛发展,对我国教学工作产生着重要的影响。在网络多媒体环境下,将体验式学习和网络多媒体相结合能够提高教学的有效性与多样性。本节就对基于网络多媒体的英语体验式学习模式展开论述与分析。

一、英语体验式学习概述

英语体验式学习模式是英语教学改革与发展的产物,也是一种新型的外语教学方式。

(一)体验式学习的定义

体验式学习通过关注学生英语学习的动机,使学生在学习中获得一种心理和情感上的体验,并扩大积极情感在体验学习中的作用范围,从而提高教学与学习效果。

国外对体验式学习研究较为系统的为美国的哲学家、心理学家、教育家、实用主义哲学的创始人之一的杜威(John Dewey)。他认为:"自然和经验是和谐并进的——经验表现为认识自然、深入自然奥秘的方法,并且是唯一的方法,而经验所揭示出来的自然则使经验的进一步发展深刻化、丰富化,并得到指导。"[①]

我国学者方红(2002)指出:"体验式学习是个人在形体、情绪、知识上参与的所得。"

学者盛爱军(2005)认为:"教育应该通过创设开放的、个性化的情境,让学生通过各种体验方式,对自己的潜能和周围的世界有深切的体悟,并通过多种体验渠道发挥自己的潜力,使学生的心灵得以充分发展。"

具体来说,体验式学习需要教师根据学生的认知特点进行教学情境的设计,从而呈现与还原教学的内容。学生在体验过程中建构知识,从而发展自己的能力,产生情感并最终生成意义。体验式学习尊重学生对知识的获得过程,体现出教学的人文性。

学生在体验式学习过程中并不是简单地获得知识,而是更加关注对经验的总结与反思,因此带有实践性与思考性。美国社会心理学家、教育家、体验式学习大师大卫·库博(David Kolb,1975)认为,体验包括以下四个阶段的模型:

(1)具体的体验(Concrete experience)。
(2)观察与反思(Observation and reflection)。
(3)形成抽象的概念和普遍的原理(Forming abstract concepts)。
(4)在新的情境中检验概念的意义(Testing in new situations)。

---

① 王雷.体验式学习在初中英语教学中的应用研究[D].长春:东北师范大学,2007:3.

库博的体验学习循环模式如图 4-1 所示。

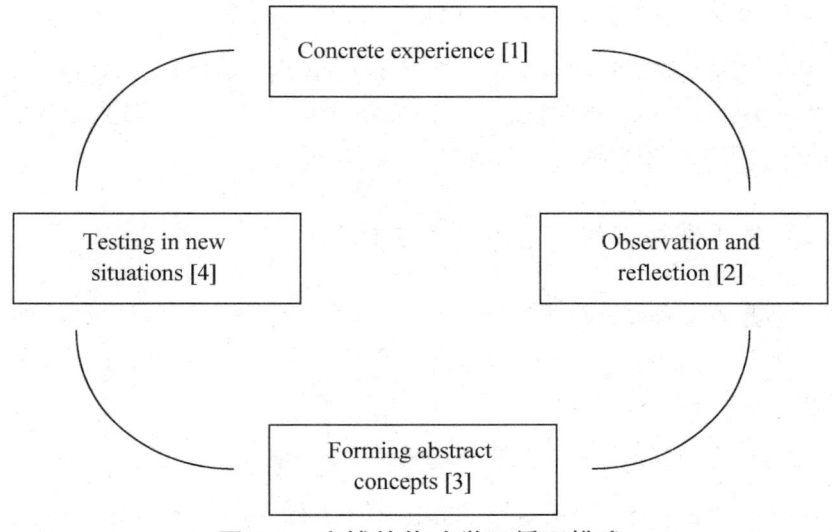

图 4-1　库博的体验学习循环模式

（资料来源：王雷，2007）

（二）体验式学习的特征

体验式教学主要是"以外部事物对学生思维的影响度为出发点，采用相关情景呈现等方法，调动其语言学习的自主性和积极性，从而达到提高英语水平的目的"。[①] 具体来说，体验式学习的特点主要包括以下几个方面：

1. 强调个体参与

体验式学习注重学生在做中学、在乐中学，因此产生积极的情感体验成为体验式学习的重要特征。

这种学习方式强调个体的参与性，注重学生情感体验的获得。因此，教师需要以此为根据设计丰富多样的教学情境，从而激发学生的学习兴趣，让学生获得愉快的学习感受。

2. 强调真实语境

体验式学习主张要将学习活动置于真实的语言环境中，学生在这种场

---

① 谢大滔.体验式教学在大学英语自主学习中的应用[J].教育探索，2012，(9)：70.

景中来感知自身角色,学习一系列与生活相关的语言知识。

3.注重学习者对经验的获得与利用

体验式学习把需要熟悉的未来场景引入学习者的视线。[①] 学生通过场景的反复模拟,能够积累自己的生活与交际经验,这种知识的积累带有乐趣性,能够使学生产生积极性与主动性。

二、基于网络多媒体的英语体验式学习

在信息技术日新月异的发展下,将英语教学与网络多媒体相结合也引起了众多教育工作者的关注。基于网络多媒体的体验式学习主张以学习者为中心,通过真实或虚拟事件来使学生获得知识。

(一)基于网络多媒体的英语体验式学习的特点

基于网络多媒体的体验式学习较传统英语学习方式相比更加重视主动经验的生成,因此是一种带有主动性的学习方式。在学习的过程中,学生可以进行人格塑造,对自己的心智和潜力也有重要的挖掘作用。通过积极有趣的体验,学生会认识到知识的重要性,树立正确的价值观、人生观,提高自身对环境的适应能力与明辨是非的能力。

现如今,基于网络多媒体的英语体验式学习模式有助于我国教学改革的推进,是传统英语教学模式的有力补充。

(二)基于网络多媒体的英语体验式学习展开的策略

基于网络多媒体的英语体验式学习模式能够通过不同的文本信息、虚拟形式、音频对话等与学生进行交流,从而丰富了学生学习的体验。下面对基于网络多媒体的英语体验式学习的设计与实施的注意点进行总结与分析。

英语学习需要真实的语言情景作为依托,下面结合体验式学习理论和网络多媒体学习的特点,设计一个基于虚拟环境的英语体验式学习空间。

1.网络游戏化教学

网络游戏化教学指的是借鉴游戏的自主性、挑战性、悬疑性等理念,将

---

① 梁为.基于虚拟环境的体验式网络学习空间设计与实现[J].中国电化教育,2014,(3):82.

第四章 基于网络多媒体的当代英语学习模式

具体的大学英语教学目标隐藏在游戏关卡中。教学者可以根据不同的学生年龄阶段和学习情况，采用相应的游戏化教学策略，从而寓教于乐，使学生在放松的心态下掌握一定的英语知识，提高自己的技能。

游戏化教学的实施是以网络环境为基础的，在网络虚拟现实技术的应用下，能够构建更为有趣、逼真、丰富的学习空间，使学生在网络环境中扮演不同的角色，体验语言交际所能使用到的交际规则和语言知识等。

2. 实时交互与协作

由于网络多媒体的便利性，师生之间可以在网络多媒体环境中进行随时的交互与协作。学生可以在网络多媒体上发布自身学习中所遇到的心得与感受，或者吸取他人的学习经验，教师可以根据学生的反馈信息掌握学生学习中的难点与体验点，从而更好地帮助学生掌握知识，并给予学生更有针对性的指导。

由于网络多媒体不因时间、地点影响学习者的沟通，因此学生之间也能进行即时的沟通，并组成相应的学习小组，从而取长补短、分工合作。网络多媒体实时交互的平台有很多，如微博、微信等。

3. 个性化的学习环境

基于网络多媒体的英语体验式学习模式主张发挥学生的个性特点，使学生在学习中成长。网络多媒体资源的利用可以给学生的个性化学习体验打下良好的基础。

由于不同学生个体的差异性，因此其学习所需要的具体学习资源也不尽相同。传统英语课堂教学由于条件的限制无法照顾到每位学生的个体需要，致使教学处在一种硬性统一中。在网络多媒体环境下，教师可以设计满足不同学生学习体验的活动，从而使学生掌握学习的主动权与自主权，能够根据自身的兴趣和长处展开学习。这种学习能够增加学生的成功体验，从而增强学生学习的自信心与自豪感。

第三节 自主学习模式

现如今，利用网络多媒体进行自我提高已经成为人们学习的重要方式。基于网络多媒体的英语自主学习模式可以不受时间与空间的限制，因此能够带动学生学习的积极性。这种学习模式是实现终身教育的有效手段，是以自主学习理论为基础，结合英语教学的相关实践对学生展开的网络多媒体化自主学习能力的培养。

一、英语自主学习概述

自主学习是学习者对自己的学习进行主动性构建的过程,是基于教育的民主化、终身化、个性化等理念而发展起来的教育策略。随着英语教学实践的开展,加之语言学习"终身教育"理念的兴起,英语教学已经不再仅仅局限于课堂之上,其在课外也是可以进行英语学习的,这就是所谓的英语自主学习。当前,自主学习已经成为英语学习的一种有效方式。

(一)自主学习的定义

英语教学过程是教师与学生相互合作的过程,因此教师与学生都必须积极地发挥其自身的能动性。事实上,自主学习是一种语言学习的方法,也是一种语言学习目标。国内外学者都对自主学习进行了深入的研究。

在国外众多研究学者中,亨利·霍莱克(Henry Holec)最早将"自主性"(autonomy)这一概念引入英语教学。他在《外语学习中的自主性》(Autonomy in Foreign Language Learning,1981)一书中将自主学习解释为一种"能负责自己学习的能力(the ability to take charge of one's own learning)"。这一能力主要体现在:自主确定学习目标;自主选择学习内容,确定学习进度;自主选择学习方法;自主监控学习过程;自主评估学习结果。[①]此外,他认为自主学习的能力是通过系统的、有意识的学习获得的,并不是天生就存在的。

美国学者齐莫曼(1995)认为:"自主学习是学生在学习过程中认知、情感和行为处于活跃的一种状态。"[②]他指出,自主学习中含有三个要素,分别是元认知、动机和行为。动机产生于学习者的自我激发,元认知和行为共同创设出最佳的有利于自主学习的物质环境和社会环境。他还提出了一个系统的自主学习研究框架,主要研究了"为什么学""如何学""何时学""学什么""在哪里学""与谁一起学"这六大问题,并针对这几大问题提出了学习者

[①] 转引自崔燕宁. 大学英语自主学习理论与实践研究[M]. 成都:西南财经大学出版社,2013:10.

[②] Zimmerman,B. J. & Risemberg, E. Investigating self-regulatory processes and perceptions of self-efficacy in writing by college students [A]. *Perspectives on Student Motivation,Cognitive,and Learning* [C]. P. R. Pintrich, D. R. Brown & C. E. Weinstein. Hillsdale NJ:Erlbaum,1995:239.

第四章　基于网络多媒体的当代英语学习模式

的任务条件、心理维度、自主过程以及实质。

迪金森(1987)认为:"自主学习是学习者在学习过程中负责所有策略,包括学什么、如何学、学习的时间、方法、地点等,并实施这些策略的一种能力。"[1]自主学习者需要承担七个方面的学习责任,即决定学习的内容;确定学习的方法为个人自学;选择自己的学习进度;决定自己的学习时间与地点;选择适合自己的学习材料;监控自己的学习过程;在现实中展开自我测试。此外,迪金森还指出,自主学习是一种"对待学习的态度",即对自己做出的学习决策负责,同时还是一种"独立学习的能力",即能够在学习过程中自己进行决策并在不同阶段进行自我反思。

利特尔(1995)将自主学习解释为"学习者不依靠教师而使用所学知识和能力,即学习者能够在学习中独立自主、快速决断、评判反思"。[2]

利特伍德(1996)认为:"自主学习主要是学习者具有独立的态度以及独立的学习能力。"[3]

班森(1992)认为:"自主学习是学习者在学习过程中对自己的学习进行控制的能力。但是,这种控制能力并不仅仅依靠学习者自身的喜好,控制不是个人做选择的问题,而是集体做决定的问题。"[4]他还将自主从不同的角度定义为"技术自主""心理自主"和"政治自主",并将它们分别与三种相应的学习方法(实证法、构造法和批评理论)联系起来。总结来说,自主学习是一种多维度的能力(multidimensional capacity)。

相较于外国学者,我国外语界从 20 世纪 80 年代中后期才逐步展开对自主学习的相关研究。一些学者结合我国当代英语教学的实际,并在总结国外相关研究的基础上,从不同的角度对自主学习进行了界定。

程晓堂(1999)将自主学习的含义解释为以下三个方面。第一,自主学习是学习者指导和控制自己学习的能力。例如,选择不同学习方法的能力、针对不同学习任务采取不同的学习活动的能力等。第二,自主学习可以理解为教育机制(教育行政部门、教学大纲、学校、教师、教科书)给予学习者的自主程度,或者是对学习者自由选择的宽容度。第三,自主学习有两个必要

---

[1] 转引自崔燕宁.大学英语自主学习理论与实践研究[M].成都:西南财经大学出版社,2013:10-11.

[2] Little,D. Learning as dialogue:the dependence of learner autonomy on teacher autonomy [J]. *System*,1995,(2):175-181.

[3] Littlewood,W. Autonomy:an anatomy and a framework [J]. *System*,1996,(4):427-435.

[4] Bason,P. Self-access for self-directed learning [J]. *Hong Kong Papers in Linguistics and Language Teaching*,1992,(15):31-38.

前提：一是学习主体要具备自主学习的能力，二是在教育机制提供的自主学习空间中。①

彭金定(2002)认为，学习主体的自主学习应该涵盖五个方面的内容，即有学习责任心；有明确的学习目的；制订学习计划；评估学习进步；调整学习策略。②

学者庞维国从横向和纵向两个角度来研究自主学习，将自主学习解释为"能学""想学""会学"和"坚持学"，他认为"自主学习是建立在自我意识发展基础上的'能学'，建立在具有内在学习动机基础上的'想学'，建立在掌握一定学习策略基础上的'会学'，建立在意志努力基础上的'坚持学'"。③

总体而言，无论将自主学习视为一种学习能力，还是一种学习行为，都有一个共同点，就是强调学习者的主体地位，学习者要"能学""想学""会学"和"坚持学"，它与传统的英语教学法中学习者被动接受知识的角色有着本质的区别。

(二)自主学习的特征

自20世纪80年代以来，国内外众多学者都围绕自主学习进行了不断的研究和探索，尽管他们研究的角度和方向不同，有的学者将自主学习看作一种学习活动，有的学者将其视为一种学习过程，还有的学者认为其是一种模式。但是，无论持何种观点，他们对自主学习的特征分析都存在一些共同之处。

齐莫曼认为自主学习有三方面的特点。④

(1)自主学习能够有效地对元认知、动机和行为等方面进行自我调节。

(2)自主学习能够对学习方法或学习策略进行有效的自我监控，并根据自我监控的结果对学习活动进行反复调整。

(3)自主学习能够科学、有效地使用某种特定的学习策略，或者做出合适的反应。

---

① 程晓堂.论自主学习[J].学科教育，1999，(9)：32-35.
② 彭金定.大学英语教学中的"学习者自主"问题研究[J].外语界，2002，(3)：16-20.
③ 庞维国.自主学习：学与教的原理与策略[M].上海：华东师范大学出版社，2003：3.
④ Zimmerman, B. J. & Risemberg, E. Investigating self-regulatory processes and perceptions of self-efficacy in writing by college students [A]. *Perspectives on Student Motivation, Cognitive, and Learning* [C]. P. R. Pintrich, D. R. Brown & C. E. Weirstein. Hillsdale NJ：Erlbaum，1995：239-255.

第四章　基于网络多媒体的当代英语学习模式

奥德曼(Alderman,1999)认为学习者只有具备以下特征,才可以称得上自主学习者。①

(1)能够对学习的成败正确归因,并对学习自我负责。

(2)拥有强烈的学习自信心。

(3)相信努力就会成功。

(4)学习目标科学、有效,符合自身学习情况。

(5)关注自主学习对未来的影响。

(6)拥有符合自身学习特点和个性特点的学习策略,对学习过程自我监视、自我调节。

(7)对学习时间与学习资源能够有效管理和使用。

美国密执安大学的宾特里奇(Pintrich)则将自主学习者的特征归结为以下四个方面。②

(1)自主学习者能够在学习过程中主动创设学习策略,树立学习目标,探索学习的意义。

(2)自主学习者能够正视由个体差异而产生的缺陷,并自主监控和调节学习行为。

(3)自主学习者能够对自己学习的效果进行自我评估,对学习目标和学习标准进行必要的调整。

(4)自主学习者能够合理调节由外部情境和个体差异所产生的影响,以提高学习效果。

综合以上学者们的观点可以看出,自主学习具有"自主"性,这是学习的本质,同时具有"能动"性,这是自主学习主体的品质。因此,可以将自主学习的基本特征概括为三方面:自立性、自为性以及自律性。

1.自立性

自立性可以说是自主学习的前提和基础,其不仅体现在学习主体的个性品质上,在自主学习过程的各个方面都能体现出来。甚至可以说,自立性是自主学习的"灵魂"。下面就来具体阐释自立性的四层含义。

首先,学习主体具有独立性。在自主学习活动中,每个学习者作为自主学习的参与者和承担者,都是具有相对独立性的人。自主学习活动需要学

---

① Alderman,M. Goals and Goal Setting [A]. *Motivation for Achievement* [C]. M. K. Alderman. Lawrence:Lawrence Erlbaum Associates,Inc.,1999,(a):88-111.

② 转引自崔燕宁.大学英语自主学习理论与实践研究[M].成都:西南财经大学出版社,2013:15.

习者亲身参与,是"自己的事",通过"自己的"行为取得更好的学习效果,不可被任何人代替。

其次,心理认知结构具有独特性。每个学习主体都是通过自我分析、自我思考、自我领悟、自我反思来进行自主学习的,因此每个学习者的心理认知系统都是独有的、自我独立的。独特的认知方式是自主学习的思维基础,这也是自主学习的意义所在。

再次,每个学习主体都有渴望独立的欲望。自主学习的目的便是培养学习者的独立自主性,而每个学习者内心中争取自我独立的欲望便是实现这一目的的内在根据和动力。可以说,争取自我独立的欲望是自主学习的动力基础。

最后,每个学习主体都有一定的独立能力。每个学习主体都是一个独立的、具有自我意识的个体,因此都具有一定的独立能力。此外,每个学习主体都具有一定的学习潜能。独立能力与学习潜能相结合,才能够实现自我调整、自我监控,这是自主学习的能力基础。

2. 自为性

"自为"可以理解为"自我作为",体现在自主学习活动中,便是学习主体自我探索、自我选择、自我建构、自我创造知识的过程。

首先,自为性表现为自我探索。学习主体的自我探索过程往往是由好奇心引起的。好奇心是每个人的天性,它是人们内心中渴望探索事物、获得认知的需求,同时也是一种学习的动力。在学习活动中,便体现在对"文本"知识的渴求上,只有通过自我探索,才能间接地获得前人对客观事物的认知,因此自我探索是一种"自为"。

其次,自为性表现为自我选择。在经由好奇心产生了自我探索的需求后,便进入了自我选择的过程。当一种外部信息与学习主体的内在需求相一致时,才会引起学习主体的注意,进而被纳入认知领域。因此,可以说,"视而不见、听而不闻"这种现象就是因为与学习主体的内在需求不一致而产生的。学习主体由内在所求引起的对信息选择的注意,对头脑中长时记忆信息的选择提取运用从而发生的选择性学习,是另一种不同形式的"自为"。

再次,自为性表现为自我建构。学习主体对由选择性注意所提供的新信息、新知识进行建构,也就是新的认知结构建立的过程。这一过程是以学习主体头脑中原有的经验和认知结构为基础的,通过原有知识的联合和加工,发生了新旧知识的整合和同化,实现了新知识系统的建立。因此,自我建构既是对原有知识和经验系统的保留、改造,同时又实现了重组和超越,是一种"自为"。

第四章　基于网络多媒体的当代英语学习模式

自为性表现为自我创造。自我创造是更高层次、更重要的"自为"。学习主体在经过自我建构后,形成了新的认知系统,此时又产生了强烈而明确的对某一新事物的内在需求,因此学习主体在遵循事物发展的客观规律下,通过对事物真理的超前认识,最终超越了这一真理,产生了创造性的思维结果。在这一创造性思维活动中,学习主体头脑中的信息库被充分地调动起来,实现了学习主体的目标价值。

通过上述分析可以看出,从自我探索到自我选择到自我建构再到自我创造的过程,实际上就是学习主体自我生成、实现、发展的自为学习过程。

3. 自律性

"自律"指的是学习主体在自主学习中对自我的约束和规范,表现出相当高的自觉性。

学习主体在英语自主学习中通过严格要求自身的学习行为,做到规范、自觉,体现出一种充分的自我觉醒。这种觉醒促使自己主动、积极地学习,并保持学习过程一直处于一种不断进取、持之以恒的状态。

此外,自律还体现在学习主体清醒的责任感上。责任感是学习主体积极探索、主动建构知识的精神动力。

综上所述,自立、自为、自律的学习才是自主学习。三者在相互区别的同时,又存在着联系。自立性是自主学习的基础,自为性是自主学习的实质,自律性则是自主学习的保证。在自主学习中,三者缺一不可。

(三)自主学习的意义

在高校英语教学的过程中,自主学习有着十分重要的意义,对学生英语水平的提升及教学过程的深化有着重大作用。

1. 提高学生的英语学习水平

在高校英语教学的过程中,实行自主学习最为直接的意义就是提升学生自身的英语水平。通过教师英语基础技能的传授,学生可以了解和把握英语教学中的重点和难点,从而在课下的自主学习中进行有效复习和掌握。

2. 促进学生英语学习技能提高

学生通过运用自主学习技能,不仅能够提升自身的英语水平,还有助于促进其他相关技能的提升。例如,通过对单词的自主总结和归纳,有助于学生提升自己的整体单词掌握数量,这对于英语词汇学习、阅读、写作、翻译等都大有裨益。

3. 深化教师教学质量

在传统的教学中,虽然教师在课堂之前做好了精心的准备,对讲解的内容也做好了计划,但是由于学生本身缺乏一定的自主学习能力,导致学生很难进行自主的预习与总结,这就使教师的教学质量很难得到巩固,其教学效果也不尽如人意。

通过实行自主学习,学生在课堂开展之前可以对教学材料的背景、技巧等进行一定的准备,从而更好地完成英语教学与学习任务,提升教师的教学效果。

(四)自主学习的影响因素

自主学习是一种将学习者个体需求、个性特点、主观能动性等充分体现出来的学习方式,也可以被认为是一种学习能力,或者是一种学习活动或过程。自主学习与其他心理行为、思维活动等关系密切,其程度的大小也会受到多重因素的影响。

1. 学习策略

陈琦教授指出,学习策略是一个包含主动意识的过程。她的观点具体如下:

(1)学习策略决定了学习行为的先后顺序、学习方法以及学习程度等。

(2)学习者需要了解学习任务和自身特点,然后据此制订相应的学习计划,经过多次实施计划,学习者就达到了自动化的水平。

(3)学习策略是达到效率和目标的方案。

(4)有效学习必须要一些学习策略作为支撑条件。

比亚韦斯托克(Bialystock,1978)则认为,提高二语习得能力有多种方法,学习策略作为提高二语习得能力的方法,是一种理想的选择。

总体而言,英语学习策略包含认知策略与元认知策略。

(1)认知策略。认知策略又包括三种构成要素:注意策略、记忆策略、提取策略等。

①注意策略。在注意策略的运用过程中,英语学习者对课堂中的问题进行积极思考,然后积极回答这些问题,在课堂上认真做笔记,仔细记下教师强调的重点项目内容,这些学习行为对于保持注意力是极有好处的。

②记忆策略。记忆策略主要包括以下几个要素:

复述策略。该策略表现为口头和默想两种形式,经过复述的英语知识才能长时间地储存在头脑中。

第四章　基于网络多媒体的当代英语学习模式

精加工策略。该策略可以表现为写内容提要和内容摘要的方式,前者是用自己的话概括中心大意,而后者是用原文的部分语言概括中心思想。

多重编码策略。它主要是指通过语言和图表等多种形式进行记忆,这样的记忆更加深刻。

过度学习策略。如果花费10分钟能记忆有关知识,那么最好花费10分钟以上的时间去学习它,这样的记忆效果是最好的,这就是过度学习策略。

复习策略。该策略主要包括及时复习、间隔复习、分散复习。根据艾宾浩斯遗忘曲线,学习材料在刚开始时遗忘得最快,所以及时复习就能事半功倍。

另外,每隔一段时间对已经学过的知识进行循环复习,能加强记忆效果,当然间隔的时间需要不断调整,这就是间隔复习。再者,有时候利用零碎的时间复习知识,比集中在某一大段时间复习能取得更好的效果。在实际的学习中,要根据需要灵活地选择复习方式或者将它们结合使用。

③提取策略。该策略主要分为三种。第一,联想追忆法,指基于事物的相似性和对立性由一种知识联想到另一种知识的学习策略。第二,推理促进法,根据事物之间的本质联系,运用推理来联想到另外一种知识。第三,再认助忆法,通过不断接触已经学过的知识来增强学习者对知识的熟悉程度。例如,对电视中出现的英语内容以及商品说明书上的英语内容进行思考和反应就是再认助忆法。

(2)元认知策略。在自主学习过程中,学生仅仅知道认知策略是不够的,还应该能根据不同的学习任务选用最合适的策略,这就涉及元认知策略的问题。具体来说,元认知策略的应用表现在以下几个方面:在英语学习过程中,理解知识是需要一些手段的,非语言信息就是一种手段,如图表;先制订学习目标,然后形成详细的学习计划;对学习中的优势和弱势有一个清晰的认识;发现或者创造英语学习的机会,通过多种途径学习英语;在英语学习中遇到困难时,能够镇定地寻找解决的渠道和帮助;经常和同学就英语学习进行交流,借鉴彼此的经验;在评价自己的学习效果时要保持客观的态度,总结学习方法。

既然自主学习同时受认知策略和元认知策略的影响,那么教师不仅要让学生掌握大量的认知策略,使得学生明确认知策略使用的条件,激发学生运用策略的动机,还要训练学生对元认知策略的实际运用,使他们清楚自己所使用的策略后,主动尝试其他策略,以便可以选择最佳的策略。

4. 学习风格

在语言学习的过程中，学习风格发挥着十分重要的影响。很多学者都对学习风格进行了界定，下面是一些有影响力的观点。

帕斯克(Pask,1976)指出："在学习过程中，学习风格是学生倾向于采用某类学习策略的方式。"[①]

丽塔·邓恩(Rita Dunn,1986)认为："学习风格是学生对新知识进行记忆和掌握时所呈现出来的一种方式。"[②]

我国学者谭顶良先生(1995)也指出："学习风格对于学生而言具有持久性，是学生一种个性化的学习方式，同时也是学习策略和学习倾向的统一体。"[③]

概括来说，它可以按照以下标准来进行划分。

(1) 以认知方式为标准。根据认知方式，学习风格可以分为以下几种：

第一，以学生接受信息的方式划分为整体型与细节型。整体型学生具有较高的直觉性和模糊性，善于从全面、整体的角度来解决问题，但准确性与深刻性较低，遇到学习困难时会从他人处寻求帮助。细节型学生从细节上着手分析和思考，善于对具体信息的把握和记忆进而发现不同实体间的差异性，理解具体信息时常采取精细的形式，遇到问题时会将其切分成细节来理解。

第二，以学生对自身情况是否依赖划分为场依赖型与场独立型。场依赖型学生习惯于从整体上进行思考，由于易受外界干扰，常常离不开教师或其他学生的帮助。此外，场依赖型学生不善于独立的思考和解决问题。相比较而言，场独立型学生善于独立思考和解决问题，通常不需要教师和他人的帮助，也不会受外界干扰。实际上，无论是场依赖型还是场独立型，二者都是截然不同的信息处理倾向，大多数学生的状态都是介于二者之间的。

第三，以学生处理左右脑信息的强弱划分为左脑主导型与右脑主导型。左脑主导型学生擅长逻辑性分析，更加关注细节信息，取得的学习效果通常比较理想；右脑主导型学生十分确信自己的直觉，习惯抓主旨大意，灵活性

---

① 转引自胡继渊，沈正元，张玉昆.中外学习风格研究现状综述[J].外语中小学教育，1999,(3):16-20.

② Rita Dunn. *Teaching Students to Read Through Their Individual Learning Styles* [M]. NJ:Prentice Hall,1986:2-20.

③ 谭顶良.学习风格论[M].南京:江苏教育出版社,1995:322-359.

第四章　基于网络多媒体的当代英语学习模式

较强。

（2）以个性特点为标准。按照个性特点的不同,学习风格可以划分为以下几种类型:

第一,开放型与封闭型。开放型学生不受实践和规则的限制,习惯顺其自然。他们善于收集和总结外部的信息,而且常常在收集足够的资料之后才会做出结论,属于发现式的学习。封闭型学生希望能够得到明确的指令和解释,不能接受模糊式学习,因此他们习惯于制订计划,并且在规定的期限之内完成任务。

第二,外向型与内向型。外向型学生兴趣广泛,善于交往。在课堂上能够积极参与讨论、回答问题。一旦有接触英语的机会,他们会克服困难,勇敢表达自己的思想。内向型学生兴趣较少,善于独处,比较惧怕学习过程中遇到的问题,在课堂上不愿意参与问题的讨论,而是更习惯于独立思考问题。

第三,直接型与程序型。直接型学生习惯于从推测或抽象思维的视角来发现事物的规律。程序型学生善于严格按照指令做事,常常从传统记忆的角度来发现事物的规律。

（3）以感知方式为标准。不同的学生具有不同的感知偏好,因此在学习过程中,学生必然会运用到感知方式。按照感知方式的不同,学习风格通常可以分为以下三个类别:

第一,动觉型学生主要采取实践学习的方式。具体来说,学生主要在实践过程中获取新的知识和信息。在亲身的实践过程中,这类学生能体会到无比的快乐,而且他们习惯于挑战性的活动,并愿意去执行计划。

第二,听觉型学生主要通过耳朵来进行学习。因此,他们不擅长书面表达,而是更习惯于教师的口头传授。

第三,视觉型学生主要运用眼睛来进行学习。所以,他们不习惯口头传授的形式,而是更习惯于教师利用板书或者多媒体工具展开教学。

3. 教师

教师对学习者学业的支持是影响其自主学习能力的显著因素,教师的支持作用不容忽视,尤其体现在学习者对学习目标的把握上以及学习策略的灵活使用方面。因此,教师的关心、鼓励和帮助在促进学习者自主学习能力发展上发挥着重要作用。

为此,英语教师在教学中应重视对学习者提供学业指导与帮助,可以通过开展学习策略培训的方式,适时给予学习者鼓励、关怀、尊重与友情,改善当前英语教学中教师情感支持缺失的状况。同时,教师还要积极构建和谐融洽、团结友爱、平等互助的英语学习氛围。

4. 学校

学校是学习者接受教育、习得知识最主要的场所。因此,学校要尽可能为学生提供充足的学业支持,具体可以包含以下几个方面:

(1)提供必要的学习场所和便利的学习辅助设备。例如,图书馆、自习室、实验室、机房、体育场所等。

(2)提供充足的图书资料和音像资料以供学习者自主学习使用。

(3)提供学生需要的生活设施。

5. 同伴

学习者自主学习能力的提高离不开同伴的情感支持。一方面,在团结互助的同辈关系中,学习者的年龄、性格特征大致相同,容易交朋友,坦诚相待,沟通障碍少,在进行学业求助时没有过于沉重的心理负担和压力,因此会获得更多的学业帮助。此外,同辈间的榜样示范作用对自主学习也有重要的促进作用。另一方面,学习者在与同伴的朝夕相处中时刻感知到同伴的支持、情谊、鼓励、关心和帮助,这种情感支持时刻推动其主动学习、内化和发展,促进自身英语自主学习能力的提高。

6. 班级

班级归属感也是一种重要的情感支持,它是指学习者对自己的班级在思想上、感情上和心理上的认同和投入。因此,愿意承担作为班级一员的各项责任和义务,乐于参加各种班级活动。班级归属感是学习者对于自身作为班级一员,能够被他人接受和认可的价值的肯定。这种自我肯定对于激发学习动机,加大学习投入,努力解决学习困难有显著影响。

自主学习既具有个体性,同时具有社会性。这是因为,自主学习也是一种集体行为。只有在集体的合作、协商中才能有效促进个体的自主学习。与教师的帮助和支持相比,集体中同伴间的学业支持和情感支持与自主学习能力的关系更为密切。

7. 家庭

家庭可以看作个体社会化的一个重要动因,是个体社会化的环境基础。家庭环境是学习者接触最早的环境,其中的诸多因素必然会影响学生的自主学习水平。

首先,父母的价值观念会间接影响学习者自主学习的学习动机和学习

第四章 基于网络多媒体的当代英语学习模式

态度,并最终影响学习者自主学习能力的提高。

其次,不同的家庭环境影响着学生的自律水平。学习者自主学习的能力是外部调控和自我内化的结果。在缺少控制的前提下,外部施加的调控会逐渐变成学习者的自我调控。因此,只有外部调控者,即父母逐渐放松对学习者的控制,使他们能够自我负责,才能做到自我调控,成为真正的自主学习者。

最后,家庭环境中的父母受不同的价值取向和期望的影响,会选择不同的教育方式。具体可以分为四种类型,分别是专制型、溺爱型、放任型和民主型,不同的教育方式对学习者自主学习的影响也是存在很大差异的。

(1)专制型的家庭教育方式对子女的关爱较少;对子女的行为提出高期望和高标准;在确立行为标准时,很少考虑子女的需要;在讨论问题时,也很少与子女交换意见。在这样的教育方式的影响下,学习者多表现出胆怯、恐惧、焦虑、忧愁的情绪,缺乏自信心,不善于与他人进行合作学习,防御性强。

(2)在溺爱型的家庭环境中,父母对子女的行为很少提出期望和标准;很少惩罚他们不良的行为;允许他们做出一些自己的决策。在这种教育方式的影响下,学习者多表现出独立性较差、依赖性较强、容易冲动、注意力不够集中等行为。这种家庭教育方式不利于培养学习者的学习主动性和责任感。

(3)放任型的家庭教育方式很少给子女情感上的支持;对子女的行为很少提出期望和标准;对子女的生活也很少关心。这种家庭教育方式容易使学习者呈现出懒散、轻浮的状态,自由放任、自我约束力差。

(4)民主型的家庭教育方式有利于学习者的自主学习,主要表现在提供关爱的、支持性的家庭环境;对子女的行为提出高期望和高标准;在家庭中推行的准则具有一致性;允许子女参与家庭决策。在这种教育方式影响下,学习者与父母之间是平等、独立的关系,学习者多具有责任感和自信心,独立性强,自信、快乐,能够积极主动地参与到自主学习中,对自主学习能力的培养有很大帮助。

二、基于网络多媒体的英语自主学习

我国《大学英语课程教学要求》在 2007 年便明确提出各高校应该利用网络技术改变单一的教师授课模式,主张将网络多媒体作为支撑,促进学生形成自主学习能力与个性化的学习方式。可以说,网络多媒体的出现为我国学生的自主学习提供了良好的条件,也为英语教学提供了新的思路。

基于网络多媒体的英语自主学习主要借助认知心理学和人本主义心理

学的相关理论来指导教学与学习实践。

随着计算机技术在外语教学中的运用,将网络多媒体用来辅助教学成了英语教学改革的重要方向。基于网络多媒体的英语自主学习指的是利用网络多媒体技术的便利性,在教师的指导下确定学习目标、制订学习计划、采用一定的学习策略展开的英语学习活动。

从本质上讲,基于网络多媒体的英语自主学习是以学生为中心进行的学习活动,通过让学生参与学习活动,解决自己在学习中遇到的问题,发挥自身的主动性与积极性。网络多媒体技术及教学模式的运用能够为英语学习提供更为丰富的信息,是一种师生双向交流和及时反馈的教学形式。

(一)基于网络多媒体的英语自主学习的特点

伴随着网络多媒体在学习中的普遍应用和推广,基于网络多媒体的外语自主学习也越来越普及。网络多媒体作为一个多语言的媒体,为外语的自主学习起到了空前的支持作用。这种支持不仅体现在学习者对学习时间、学习空间、协作方式、学习资源的自由支配上,还体现在能够促进学习者自主完成信息表达、构建知识结构的能力。换句话说,网络多媒体环境为学习者规划学习目标、调节学习方式、组织学习内容、评估学习结果提供了有效的支撑。细化来说,主要体现在以下三个层面:

1. 学习主体自主性增加

基于网络多媒体的英语自主学习可以让学生自主选择学习的时间、地点、内容、方式,因此学生的英语学习由传统教学中的"要我学"变为了"我要学"。

在这种主动心理的驱使下,学生会更加积极地投入学习,对自身的学习行为有所思考,并全权负责。可以说,这种学习模式是学生主体带动,教师科学指导的学习活动,在学习中不仅能够提升学生的语言综合应用能力,对学生自主学习能力的发展也大有裨益。

2. 学习环境灵活度提升

我国传统的英语课堂教学主要是为了进行语言学习,所教授的知识较为死板,无法满足现实交际的真实环境的需要。基于网络多媒体的英语自主学习能够为学生提供更为灵活的学习环境,从而为学生的个性化学习打下基础。

网络多媒体环境下的英语学习完全不受时间和空间的限制。现在我国很多高校都已经具备了网络多媒体自主学习的条件,如多媒体教室、网上图

第四章 基于网络多媒体的当代英语学习模式

书馆、校园网络等,这些开放的网络多媒体学习环境能够激励学生的自主学习活动,拓展课堂教学,使学习环境的灵活度提升。

3. 学习资源海量性支持

网络多媒体拥有着丰富的信息资源,而且信息庞大、易于检索和查询,因此便于自主学习者充分发挥其主观能动性,进行知识结构的创建和资源的有效储备。可见,网络多媒体为外语自主学习者提供了丰富的资源支持。

同时,网络多媒体提供了大量真实的语言资料,从一定程度上来说,克服了真实语言环境给学习者带来的困扰。这种图、文、声、像并茂的语言媒介和多形式的信息输入,使教学内容更加丰富多彩,教学形式也更生动、形象,有助于提高自主学习者的学习兴趣,提高学习效率。

4. 学习形式多样化发展

基于网络多媒体的英语自主学习能够为学生提供一种交互式的学习环境,利用丰富的学习形式呈现学习内容,如图像、声音、视频、文字等。这种多样化的学习形式有利于提升学生英语学习的兴趣,便于学生对知识的建构。

智能化的网络多媒体可以帮助自主学习者监控和评价自己的学习效果,从而不断改进自己的学习策略,实现自身的个性化学习。目前,有各种各样的学习软件、测试工具、在线专家等,这些都可以帮助自主学习者随时掌握自己的学习情况。

(二)基于网络多媒体的英语自主学习开展的策略

基于网络多媒体的英语自主学习在实施过程中,需要教师发挥积极的引导作用,同时需要学生发挥主动性,有效处理自主学习过程中出现的问题。具体来说,基于网络多媒体的英语自主学习应该注意以下几个方面。

1. 教师合理监控自主学习行为

由于我国学生从小就是在灌输式教学模式下学习的,因此进入大学之后,学生学习的自主性提高,但是很多学生无法有效利用这种自主性,导致学习效率低下。

网络多媒体环境更为开放,因此基于网络多媒体的英语自主学习更需要教师合理监控。具体来说,教师对学生自主学习行为的监控主要包括以下几个要点。

(1)引导学生制订学习计划,选择适合自己的学习方法。

（2）要求学生填写自主学习报告，提高学生对自身学习情况的认知。

（3）布置合作学习任务，对学习目标具象化，提升学生自主学习的认识。

（4）进行阶段考试、口语活动和管理模块，从而监督学习过程。

（5）定期组织学习经验的交流讨论活动，增加学生之间、师生之间的交流。

2. 培养学生的批判性思维能力

我国学者王守仁（2008）指出："自我效能感、目标设置、信息搜索、交流协作、网络多媒体条件及网络多媒体资源都对学生自主学习效果起到显著的正向影响。"[1]

因此，基于网络多媒体的英语自主学习中应该培养学生的批判性思维能力，从而应对复杂的网络多媒体环境与交际环境。对学生批判性思维能力的培养可以在元认知策略、目标性策略、情景性策略以及教育学互动反思策略的指导下进行。

3. 提升网络多媒体环境下的自我效能感

自我效能感是指个体相信自己有能力完成某种或某类任务，是个体的能力和自信心在某些活动中的具体体现。表 4-1 是国外学者对高自我效能与低自我效能学习者的研究结果对比。

表 4-1　不同自我效能学习者的学习特征

	高自我效能学习者	低自我效能学习者
任务定向	接受富有挑战性的任务	回避挑战性任务
努力	面对挑战性的任务付出更大的努力	面对挑战性的任务时付出的努力较少
意志力	不达目标不罢休	达不到目标会放弃
信念	相信自己会取得成功；没有达到目标时能控制自己的焦虑与紧张；相信自己能控制环境	不能实现目标时紧张、焦虑；认为自己对环境无能为力

---

[1]　郑茗元，汪莹. 网络环境与大学英语课程的整合化教学模式概论[M]. 北京：中国水利水电出版社，2015：194.

第四章 基于网络多媒体的当代英语学习模式

续表

	高自我效能学习者	低自我效能学习者
策略运用	放弃无效的策略	坚持使用无效的学习策略
成绩	与同样能力的低自我效能感的同学相比,成绩更好	与同样能力的高自我效能感的同学相比,成绩要差

(资料来源:庞维国,2003)

通过表4-1可知,自我效能感对网络自主学习的重要影响。

(1)影响学生对学习任务的选择。当学生可以自主选择学习任务时,一般都倾向于选择自己有把握的学习任务。高自我效能感的学习者乐于选择与自己能力相当同时又带有一定挑战性的任务,并在选择完成后尽力完成任务。

(2)高自我效能感的学生对自身学习目标制订得更高,他们希望通过自己的努力来实现较为困难的学习目标,并在这种效能感的影响下监控自身的学习行为,及时调整学习计划。

(3)高自我效能感的学生在遇到学习问题时所坚持的时间更久,能够更好地调节自身从而完成学习任务。

(4)高自我效能感的学生较低自我效能感的学生而言,其学习的焦虑性较低,在遇到棘手的学习任务时会保持冷静的头脑,更加专注问题的解决。

针对网络多媒体环境下的英语自主学习中的自我效能感,教师可以从以下几个方面进行调节。

(1)帮助学生建立英语学习目标与学习方法。

(2)帮助学生对学习结果进行分析与归因。

(3)针对不同的学生给予不同的指导与关怀。

基于网络多媒体的英语学习模式是时代发展的必然,也是英语改革和人才培养的有效途径,在教学中教师应该改变传统的角色设定,发挥自身的指导作用。学生也应该明确自己在英语学习中的地位,提高学习的主动性与积极性。网络多媒体技术的出现为新型的师生关系、学习模式的形成提供了有效支持,应该对其进行充分利用,从而提升我国英语教学的效果。

第五章 基于网络多媒体的英语词汇教学新探

词汇是语言体系的基本要素,是构成语言整体的细胞,更是语言系统赖以存在的支柱。语言学家威尔金斯(Wilkins,1972)指出:"没有语法很多东西无法传递,没有词汇任何东西无法传递。"由此可见词汇以及词汇学习的重要性。目前,随着教学改革的深入和不断发展,英语词汇教学有了较大发展,但也存在一定的问题,如教学方法陈旧,教学效果不佳等,这些都阻碍着英语词汇教学质量的提高。随着信息技术的发展,网络多媒体开始广泛运用于教学,并在教学中发挥着巨大的作用。将网络多媒体运用于英语词汇教学,对于英语词汇教学而言意义重大,不仅能更新英语词汇教学的理念,改进英语词汇教学的方法,提高英语词汇教学的效果,还能促进英语词汇教学的进一步发展。对此,本章将对基于网络多媒体的英语词汇教学进行探究。

第一节 词汇与词汇能力

开展英语词汇教学,目的是丰富学生的词汇知识,培养学生的词汇能力,使学生能够在将来的交际实践中有效运用词汇。因此,在进行英语词汇教学时,教师首先应让学生对词汇以及词汇能力有一个大致的了解和认识。

一、词汇

在英语词汇教学中,教师首先要让学生明白什么是词汇。对于这一问题,《辞海》的解释是:"词是语言组织中的基本单位,能独立运用,具有声音、意义和语法功能。词汇指一种语言中所有词的总和,也指某一范围内所使

第五章 基于网络多媒体的英语词汇教学新探

用的词的总和。"①

《朗文当代高级英语辞典》对词汇的定义为:"all the words that someone knows,learns,or uses"(某人知道、学过或使用的词的总和)。②

《牛津高阶英汉双解词典》(Oxford Advanced Learner's English-Chinese Dictionary)对 vocabulary 的解释是:"total number of words that make up a language"(一种语言全部的单词)。

对于词汇的定义,各个语言学家也发表了自己的看法。哈奇和布朗(Hatch & Brown)指出:"The term vocabulary refers to a list or set of words for a particular language or a list or set of words that individual speakers of a language might use."(词汇指的是一种特定语言中所包含的或某个个体可能使用的一系列的词。)③

路易斯(Lewis)则站在更高的角度对词汇进行了解释,他将词汇称为"词块"(lexiealchunk),并把词块分为四种类型:单词(words)和短语(polywords);搭配(collocations);惯用话语(idioms);句子框架和引语(sentence frames and heads)。④

我国学者陆国强指出,词是语音、意义和语法特点三者相统一的整体,是语句的基本单位,而词的总和构成了词汇。

胡春洞(1990)认为,词汇是语言的建筑材料。这不仅说明词汇是语言的基础,也说明词汇不是孤立的,而是与语音、语法、句型等相结合,同时说明词汇在听、说、读、写中有所体现。

陈仕清(2006)指出,语素是语言中表意的最小单位,词是能够独立运用的最小的表意单位,词汇是由语言中所有的词的总和构成,人们日常所使用的句子就由词汇构成,所以词汇教学历来都是外语教学中的重要组成部分。

总结上述定义可以看出,词汇是一个集合概念,不仅包括词,还包括词组。词汇不仅可以指某一语言中的全部词和固定词组,还可以指具体的某个词或固定组词,又可以指某一类别或某一范围的词语。

---

① 辞海编辑委员会.辞海[M].上海:上海辞书出版社,1980:375.

② 英国培生教育出版有限公司编.朗文当代高级英语辞典(英英·英汉双解)[Z].北京:外语教学与研究出版社,2004:2221.

③ Hatch,Evelyn and Brown,Cheryl. *Vocabulary, Semantics and Language*[M]. Beijing:Foreign Language Teaching and Research Press,2001:1.

④ Lewis, M. *Second Language Vocabulary Acquisition*[M]. Cambridge:Cambridge University Press,1997:255.

二、词汇能力

词汇学习的目的就是培养和提高词汇能力,而且作为语言综合能力的基础和语言交际能力的重要组成部分,词汇能力一直都是诸多学者研究的重点。

理查德(A. Richard,1976)认为,词汇能力不仅指懂得词汇的含义,还包括许多其他的内容,如同义词之间的区别,词的基本意义,由一个词派生出来的其他词,词与词典中的其他词条的联系,词的句法作用以及在不同情景下的使用范围等。概括而言,词汇能力不仅包括懂得词汇,还包括词的应用能力。

马可尼(Marconi,1997)认为,词汇能力是关于语言词汇的深层知识,可将其看作人类认知能力的一部分,包含指称能力和推理能力两个方面。指称能力是指能够实现词汇与客观世界存在物之间的正确映射能力。推理能力指的是能够形成词汇与词汇之间的网络关系,并据此实现语义推理和解释,定义并根据定义提出词汇信息,同时找出同义词的能力。

由此可见,词汇能力具有不同的维度。关于词汇能力维度的描述,最早可追溯至 Cronback(1942)的五纬度说,即概括能力、应用能力、知识广度、精确能力和检索能力。其中,概括能力是指定义单词的能力,应用能力指的是识别一个单词适用的语境的能力,知识广度指的是能够掌握单词的多种含义,精确能力是指在不同的情形下均能正确使用单词而且能够识别对单词使用不当的能力,检索能力指的是在思考以及会话中提取单词的能力。米拉(Meara,1996)从总体描述角度提出了词汇能力发展的两个维度,即词汇量和词汇组织,之后又增加了自动化这一维度。里德(Read,1997)从测试的角度来研究词汇知识,认为词汇能力包含词汇量和词汇知识深度两个方面。卡特和理查兹(R. Carter & J. Richards)对词汇能力进行了概括,具体包含以下几个方面:掌握一定量的词汇;了解构词法;知道多义词所表达的多种含义;懂得词所包含的深层意义;能够明确区分同义词、近义词;了解词的搭配;清楚词的造句能力;能够掌握单词的使用频率和使用场合;明白词在语篇中的相互联系,也就是词的连贯性。

随着时间的推移,对词汇习得理论的研究也不断深入,很多学者开始以词汇库为中心来解释词汇能力概念。Jiang(2004)借鉴心理语言学和认知心理学的研究成果对词汇能力维度进行了界定,他从词汇量和词汇深度知识等表象出发,深入地描述了心理词汇库组织模式以及词汇语义提取的自主性。Jiang 对词汇能力的研究更能立体地描述词汇,而且对词汇教学以及词汇能力的测量具有重要的指导意义。

第二节 英语词汇教学的内容与现状

在英语词汇教学中,教师要明确教学的内容,这样可使教学更具有针对性。此外,还要充分了解英语词汇教学的现状,从而据此有效调整词汇教学,改善词汇教学现状,提高词汇教学的效率。

一、英语词汇教学的内容

英语词汇教学的内容并不固定,而是根据词汇本身所涉及的内容来定的。哈默(1991)指出,认识一个单词意味着对其意义、用法、相关信息、语法的了解和掌握。因此,英语词汇教学的内容基本包含以下四个方面。

(一)词汇的意义

很多英语词汇都有着丰富的内涵意义,而且词汇意义的理解与语境有着密切的关系,语境不同,词汇的含义也会有所差异。因此,在词汇课堂教学中,教师还应通过各种手段使学生理解语境与情景之间的关系。例如:

a treacherous friend 背信弃义的朋友
a treacherous stone 石头不稳
work on a novel 写小说
work on the house 建(修/粉刷)房子
work on a branch of a tree 削树枝
get rid of the rubbish 清理垃圾
get rid of the old TV set 处理旧电视机
get rid of the uninvited visitor 将不速之客赶走

可以看出,同一词语在不同的语境中会有不同的含义。因此,在英语词汇教学中教师应有意识地引导学生,使学生了解和掌握词汇在不同语境的不同含义。

(二)词汇的用法

在英语词汇课堂教学中,教师不仅要让学生掌握词汇的含义,更重要的是要让学生学会使用词汇,也就是掌握词汇的用法,即词汇的搭配、短语、习语、风格、语域等。例如,我们通常都会用 hot 形容"热",这是在书面语中的用法,如果在口语中会有不一样的意思,如我们说"That is a hot guy."在这里 hot 是形容一个人身材或长相很吸引人。

其中,词汇搭配在英语学习中十分重要,因此也是英语词汇课堂教学的重要内容。在具体的语境中,一个词往往要求和某些特定的词汇搭配。例如,allow、permit、consider、suggest 等这类动词后不能接不定式,只能接动名词。此外,有些词组是固定搭配,不能混用。例如,out of question 的意思是"没问题",out of the question 的意思是"不可能",两者的结构十分相似,但意义却相差甚远。

(三)词汇的信息

词性、词缀、词的拼写和发音等即词汇的基本信息,此外构词法也属于词汇信息的范畴,如名词的可数与不可数,动词的及物与不及物,及物动词的句法结构等。

关于英语词缀,夸克(Quirk,1985)在《英语语法大全》中分别对英语前缀和后缀进行了分类,将前缀分为九大类,共 51 个,将后缀分为四大类,共50 个。

此外,英语是一种拼音文字,在学习英语词汇时就必须要掌握单词的读音和拼写形式。所以,在教学过程中,应使学生认真总结单词里的每个字组的读音规律,把单词的拼写形式与其读音联系在一起,把单词拼写形式和读音之间建立一种对应关系,以掌握英语词汇的读音和拼读两个基本要素。

(四)词汇的语法特点

英语词汇教学的内容还包括词汇的语法特点,即"词法"。词汇的语法特点主要包括名词的可数与不可数、动词的及物与不及物、及物动词的句法结构等。具体来讲,词汇的语法就是要解决诸如动词接什么样的宾语,是接不定式还是动名词,是从句还是复合宾语,如何安排副词短语的位置等问题。

二、英语词汇教学的现状

目前,英语词汇教学有了较大的改进与发展,但仍然存在一些问题。下面就从教师和学生两个方面来分析英语词汇教学的现状。

(一)教师的教学现状

1. 忽视学生的主体地位

随着教学理念的不断更新,现代英语教学强调以学生为中心,要突出学生的主体地位,同时要求教师要积极转变角色,由课堂教学的主体转变为学生学习的引导者,充分发挥主导作用。但现实情况是,这种教学思想并没有得到落实,在英语词汇教学中,学生的主体性仍常常被忽视。

在英语词汇教学中,教师应加强对学生运用能力的培养和智力的开发,应重点培养学生的记忆力、观察力、想象力、思维能力以及创造能力,但这些并不是教师关注的重点,他们往往只关注自己的教学,忽略学生的学习情况。在具体的教学中,教师常向学生大量灌输词汇含义、词汇规律、词汇搭配等知识,而忽视了学生的感受,没有考虑学生是否感兴趣、是否需要,更没有顾及学生的接收效果。实际上,经过多年学习之后,学生已经掌握了一定量的词汇内容,也拥有了对词汇规律进行归纳和总结的能力,此时教师应将主动权交给学生,积极引导学生独立进行思考和归纳词汇规律,教会学生如何学习词汇。

2. 教学方式陈旧

在英语词汇学习过程中,记忆发挥着重要的作用,但记忆词汇是非常枯燥的,这就需要教师来缓解这种枯燥,即灵活采用多样化的教学方法来营造轻松的课堂氛围,激发学生的学习积极性。但是,在现在的大学英语词汇教学中,教师依然采用传统的教学方式,即教师带领学生读,讲解重点词汇用法,学生记忆单词。这种单一、乏味的教学方式不仅忽视了学生的主体地位,让学生始终处于被动的学习状态,而且不能有效地调动学生的积极性,甚至会引发学生的抵触情绪,这样是很难提高词汇教学效率的。

3. 教学不够系统

根据系统理论,任何事物都是按某种系统组合而成的,英语词汇教学也应遵循这一规律。然而,目前英语词汇教学违背了这一规律。从小学到中学再到大学,所有的英语课本所包含的课文,其内容的主题都没有一个系统可循,几乎每一册课本都可能包含十个甚至更多的主题,如生活常识、人物事件、生态环境、旅游观光、社会道德、天文地理、历史经济等。词汇的联系在于词义,如果课文没有一个共同的主题,则其所含词汇就没有一个共同的纽带和轴心,也没有一个共同的知识体系可以依附,因而也就不能形成一个可以展开或聚合的体系。这就导致词汇教学缺乏系统性,学生在对这些词汇进行应用、记忆、复述、联想时必然陷入一种无章可循的散乱状态。这种缺乏系统性的教材以及教学方法最终导致学生的英语词汇学习普遍患有一种反反复复、种多收少、进步慢、效率低的顽症。可以看出,词汇教学缺乏系统性正是这种顽症的根源,只有把英语学习纳入知识系统学习的轨道,用专门的知识系统来引领和组织英语词汇学习,学生更加有效的学习和掌握英语词汇。

4.缺乏学习策略指导

在如今的英语词汇教学中,教师普遍缺乏对学生学习策略的指导,教学显得十分零散。甚至不少教师认为词汇学习应该依靠学生自己积累。而且,很多教师只肤浅地简介词汇的表面含义,将拼写和词义孤立起来,不注重对词汇文化背景的挖掘,缺乏对学生学习策略的指导,进而导致学生学习效率不高。教师通常会将单词写在黑板上或者通过多媒体设备呈现并讲解,这种脱离语境的讲解会让学生倍感无趣,缺乏学习的兴趣。部分教师也没有合理利用信息技术来服务词汇教学,没有对学生的词汇学习策略和记忆技巧加以指导,更是忽视学生的课外学习,这些都会对学生的有效学习产生影响。

5.缺乏实践性

词汇学习是为实际交际服务的,其目的并不是积累词汇知识,从这一角度而言,交际也是最能监测学生词汇的学习情况。在词汇学习过程中,遗忘快是学生普遍存在的问题,虽然学生当时记住了单词含义,但如果长时间不用就会逐渐生疏甚至遗忘。因此,在大学英语词汇教学中,教师不仅要重视学生对词汇的积累,还要重视学生对词汇的使用,将两者结合起来,让学生在实际的交际活动中加深对词汇的理解和巩固。

(二)学生的学习现状

1.记忆方式不佳

记忆对于词汇学习而言是非常重要的,所以学生也十分重视对词汇的记忆,常通过死记硬背的方式记忆和积累词汇。学生虽然采用死记硬背的方式一时记住了单词,但一时背下来的单词是很难深刻记忆的,而且容易遗忘。实际上,每个词汇只有在实际的语境中才具有准确、清楚的含义,所以学生在理解和记忆词汇时应结合具体语境,这样才能增强记忆的效果。

2.重数量,轻质量

数量的积累和质量的把握是词汇学习中重要的两个方面,二者相辅相成、相互统一。如果只重视数量而轻视质量,那么词汇学习将毫无意义;如果保障了质量而积累数量不足,那么词汇学习将难以进展。质量是数量的基础和前提,数量是质量的表现,只有将二者相平衡,才能实现最佳的学习效果。但在学习实践中,学生普遍注重数量而轻视质量,只满足于对数量的积累,这非常不利于对词汇的理解和运用。

3. 重词义,轻用法

词汇学习不仅要学习词汇的含义,还要学习词汇的用法,但学生词汇学习过程中常在词义的理解上投入大部分精力,这就导致学生只清楚单词的含义,而不明白单词的常用习惯表达以及相关习语等用法,进而造成学用脱节,在实际表达不能有效运用。

4. 缺乏探究意识

在学习词汇的过程中,学生的词汇知识的获取基本都是源自教师的告知,而很少主动探究词汇知识,这就导致虽然他们的词汇量在增加,却不会主动解决相关问题。具体而言,学生缺乏对英语词汇构词规则的主动探索,缺乏对词汇文化背景的探究,也缺乏对词汇之间联系的主动探究。因为缺乏好奇心和探究意识,学生很少在课后独立学习,一旦没有教师的督促,学生就会感到束手无策,而这非常不利于学生的词汇学习和创造力的提升。

第三节　基于网络多媒体的英语词汇教学原则

为了更加有效地组织词汇教学活动,促进词汇教学的进步,提高学生的词汇能力,教师在教学中应遵循科学的教学原则。具体而言,在网络多媒体背景下,教师可遵循以下几项基本原则。

一、目标分类原则

在英语词汇教学中,教师要遵循目标分类原则,即根据学生的学习特点、具体需求等来确定词汇学习目标,这也是以学生为中心的体现。具体而言,英语词汇的学习目标可分为三类,即过目词汇、识别词汇和运用词汇。过目词汇指的是在表达过程中起配合作用的词汇。在学习过程中,学生只需要大体了解这类词汇即可。识别词汇指的是能够帮助语境理解的词汇,学生在阅读过程中可以通过上下文等手段了解其含义。针对这种词汇,学生只需要了解其语义即可,不需要掌握词汇的属性与用法。运用词汇是学生词汇学习的重点,使用频率较高。需要指出的是,不同的专业、不同的行业其语言使用的侧重点不同,因此运用词汇也会有所差异。英语教学并不要求学生掌握所有的词汇,这样不仅不现实,也没有效率。教师应根据具体的教学目标和学生的学习情况,有选择性地让学生学习词汇。

二、循序渐进原则

循序渐进原则是任何教学都应遵循的一项原则,在英语词汇教学中也是如此。这一原则是指词汇教学应该在数量和质量平衡的基础上对所教内容逐层加深。在循序渐进原则的指引下,英语词汇教学并不能单纯追求词汇掌握数量,也应该重视词汇掌握的质量。应该做到在增长词汇数量的基础上,提升词汇使用的熟练程度。在词汇学习中,质和量是分不开的,词汇越多,词汇之间的联系性与系统性就越强,学生进行词汇巩固的自然度就越高。逐层加深指的是在词汇的教学中不可能一次性教授词汇的所有语义,学生也不可能一次性掌握全部知识点,词汇的教学与学习应该由浅入深地进行。

由此可见,词汇教学要避免急于求成。教师要引导学生切实掌握每一单词的意义和用法,并且由浅入深不断推进,以提升学生的学习效率和教学的效果。

三、兴趣激发原则

兴趣在英语学习中发挥的巨大作用是毋庸置疑的,在英语词汇学习中,兴趣同样发挥着重要的作用。如果学生对英语词汇学习有兴趣,那么学生就会有持续的动力,词汇学习就会一直坚持下去,而且学生会带着强烈的欲望去练习英语,寻找一切机会提高自己的词汇水平,在不知不觉中,学生的词汇能力就会有所提高。反之,如果学生对词汇学习失去兴趣,那么学生将没有学习的动力,学习效果也会不佳。因此,在英语词汇课堂教学中,教师应有意识地激发学生的学习兴趣,通过设置多样的教学活动来调动学生的好奇心,进而培养学生的词汇能力。

四、词汇呈现原则

在开展英语词汇教学时,教师首先要向学生呈现词汇。词汇呈现能够使学生对词汇产生第一印象,在很大程度上影响着学生词汇学习的兴趣,因此教师在词汇教学中应遵循词汇呈现原则,坚持呈现的情境性、趣味性和直观性。呈现的情境性是指在词汇呈现过程中将词汇置于一定的情境当中，让学生在不同的情境中了解词汇的意义。呈现的趣味性是指在词汇呈现过程中采用不同的方式和形式，以激发学生学习的兴趣。呈现的直观性是指在呈现词汇时借助实物、道具等展示具体词汇。词汇呈现对后续词汇教学有着重要的影响，教师可以从具体的学生情况、教学条件等角度出发丰富词汇呈现的方式。

五、回顾拓展原则

在学生的英语词汇学习中，遗忘是一个普遍存在的问题，对学生的词汇学习有着重要影响。学生每天都在学习新的词汇，如果不对已经学过的词汇进行复习和巩固，就更容易遗忘学过的词汇，因此在词汇教学中教师要遵循回顾拓展原则，即将新旧词汇相结合，利用已教授过的词汇来教授新的词汇，这样既能让学生巩固已学过的词汇，又能有效拓展新的词汇。需要注意的是，词汇知识的回顾是为词汇的拓展服务的。教师需要拓宽学生的词汇接触面，增强学生对词汇的理解程度，在原有词汇基础上提升学生的语言运用能力。

六、联系文化原则

语言与文化关系密切，不仅承载着文化，还反映着文化，而词汇是最能直观反映文化的语言因素，与文化有着紧密的联系。词汇学习的最终目的是运用词汇知识进行跨文化交际，而且词汇与文化关系密切，所以英语词汇教学的开展需要遵循联系文化原则。在词汇教学过程中，无论是在词义还是结构方面都应该和语言背后的文化相联系。对于语言文化的理解有助于加深学习者对词汇的理解，并使学习者能够掌握词汇演变的规律，更加全面、有效地使用词汇。例如，news 事实上是由 north、east、west 和 south 每个词的首字母构成。了解了这一点，学生就不难理解其含义为什么是"新闻"了：news 是来自四面八方的消息。可见，英语词汇教学的展开要充分考虑文化因素，这样才能使学生对词汇有更加深刻的认识，也才能更加有效地使用词汇。

七、词汇运用原则

学习词汇并非是为了积累词汇知识，而是为了运用词汇，所以在英语词汇教学中，教师要遵循词汇运用原则，在向学生传授词汇知识的同时，注重学生对词汇的使用，即从语境和语言运用的角度让学生理解词汇的具体用法。具体而言，词汇运用原则要求教师在教学中做到以下几点：首先，词汇运用活动的设计应该符合学生的特点；其次，在词汇教学过程中应该培养学生的词汇联想能力；最后，词汇教学过程中要注意词汇练习，保证练习的质量，切实有效地提升词汇运用效果。

第四节　基于网络多媒体的英语词汇教学方法

在现代化教育背景下，教师可充分利用网络多媒体进行词汇教学，这样可突破传统的教学模式，更新传统的教学理念，改革传统的教学方法，提高教学的效果。具体而言，基于网络多媒体的英语词汇教学可采用以下几种方法。

一、扩大词汇输入渠道

在网络多媒体背景下，教师在英语词汇教学中应该让学生输入足量的语言信息，使学生能够使用这些语言信息进行自然的交流。也就是说，要求教师给予学生提供更多真实的语言环境。根据"语义场"的理论，学生可以通过扩大语义网来扩充词汇量。同时，网上有很多的网站可供学生学习和练习词汇，也有对词汇进行测试和阅读理解的内容，这都是扩充学生词汇量的渠道。

此外，很多学习资料附有音频资料，学生可以根据需要进行下载听取，对自己的词汇知识进行巩固。在线字典可以帮助学生解决遇到的生词，网络搜索引擎可以扩充学生的词汇输入和词汇学习渠道，解决词汇学习中遇到的语言障碍和文化障碍。

在知识输入的过程中，教师应该注意学生对词汇知识的掌握程度，观察学生是否能够将所学的词汇与具体事物和概念联系起来，是否掌握了词的上下义关系、语体风格、感情色彩等。当然，这些在网络环境下是比较容易实现的。例如，在学习同义词时，教师可以将相关词语的不同点和不同用法用公式和图表的形式呈现给学生，并通过文本和声音将大量例句输入给学生等。

二、创设情景

英语词汇教学的最终目的是交际,但是我国学生处于汉语的学习语境之中,为了更好地让学生切实地理解并运用词汇,需要结合具体的情景进行教学。创设情景是指教师通过语言、网络多媒体等工具为学生创设一个真实的,集听、说、看等多种感官于一体的语言环境,让学生真正地接触到真实的英语情景,给学生提供使用英语的机会。这样能让学生深刻地掌握词汇的含义、用法,不断地提高词汇的学习效率。

(一)课堂情景

教师在词汇教学的过程中,可以使用图片、实物、网络、多媒体等创设一定的课堂情景,让学生有身临其境之感。例如,在教授颜色词时,教师可以利用图片或实物进行颜色词汇教学,充分调动学生的听觉和视觉,让学生真实地感受颜色词汇的含义和用法。

在教授天气变化的词汇时,可以借助多媒体设备进行词汇教学。通过多媒体技术将各种天气变化的词汇以多媒体图片、声音或者视频等形式让学生亲身地感受不同的天气所对应的单词,这样词汇与情景相结合的教学方法有利于加深学生对词汇的印象以及更能充分地理解该词汇的含义,最终有利于提高学生词汇学习的效率。

(二)表演情景

在学生积累了一定的词汇之后,教师应训练学生使用词汇的能力。教师可以为学生创设一定的词汇表演情景,促使学生将所学词汇以表演的形式呈现出来。常用的表演情景包括对话表演、歌曲表演、话剧表演等。这样可以有效锻炼学生使用词汇的能力,还能激发学生的学习兴趣。

三、利用词汇游戏软件

随着社会经济、科技的发展,计算机和网络技术快速发展,随之网络游戏也迅速发展起来。网络游戏改变了单一的人机对话方式,开始逐步强调人性交流,它为游戏者提供了一个逼真、互动、多样、平等的虚拟世界,作为一种新的教育方式迅速普及和发展起来。

现在形式多样的教育游戏软件已大量出现,通过这些游戏软件,学生可以在玩游戏的过程中理解和掌握需要学习的单词。学生通过运用这些词汇教育游戏软件,可以在游戏的语境中练习各类单词的发音、拼写、记忆等。词汇教育游戏的广泛应用,有利于提高学生学习英语词汇的乐趣。游戏能为学习者提供和创设丰富、逼真的学习环境,激发学习者的兴趣,使学习者在愉悦的氛围中不自觉地掌握所学的知识。

在英语词汇教学中,教师也应用游戏来改进传统词汇教学模式的弊端。通过运用英语词汇教育游戏进行英语课堂教学,有利于转变传统的词汇教育模式。生动活泼的小游戏能够使学生更好地理解和掌握自己所学的词汇,从而快速、准确地熟悉各类短语和对话。总体而言,词汇教育游戏的教学方式有利于克服传统词汇教学方式单调陈旧和课堂组织形式保守等各种弊端。

而且,教师可以应用词汇教育游戏为学生创设真实、地道的英语词汇学习环境。一方面,以多媒体作为主要载体的教育游戏能够为学生创设良好学习英语的环境。学习时可以提供真实、地道的语音资料,配以原汁原味的英美文化插图、游戏。让学生有种身临其境的感觉,会不自觉地将自己置身于英语语言环境中学习英语词汇。另一方面,学生可以在玩游戏的过程中体验西方文化,加深对中西方文化差异的理解。教育游戏可以为学生学习英语提供非常感性的材料,教育游戏可以将学生学习的背景文化设计成各种游戏情节,在学生体验游戏的同时,加深学生对西方背景文化的全面了解。

需要说明的是,任何事物都有两面性,教育游戏也是如此。教育游戏有着积极的一面,能够给学生创造真实的语言环境,提高学生学习词汇的积极性和效率;教育游戏也有消极的一面,很多青少年并不具有良好的自我约束能力,很有可能沉溺于网络游戏的虚拟世界中,从而危害身心健康和影响学习。所以,教师在运用游戏教学方法时,要辩正地看待游戏,并引导学生合理、有效地开展游戏。

四、实施任务型教学

任务型教学法注重任务的真实性,强调以人为本,将学生置于教学的中心地位。用任务型教学法进行教学,可有效激发学生的学习兴趣和内部学习动机,真实自然的教学任务能够为学生营造语言运用的氛围,给学生留下深刻的印象,进而能够收到良好的教学效果。

在英语词汇教学中运用任务型教学法时,要遵循四项基本原则,即以学生为主体、情景真实、阶梯型任务链、在做中学。此外,采用任务型词汇教学法,关键的一点是设计好符合学生的各项任务,任务要具有可操作性,具有

第五章　基于网络多媒体的英语词汇教学新探

实际意义,能激发学生的兴趣和动机,能够让学生经历一些挑战、竞争,使学生感受到成功的喜悦,体验失败的遗憾,并深入挖掘学生的智慧潜能,使学生成为独立的学习者。

具体来讲,英语词汇教学的任务设计包含以下几个步骤:

(一)课前准备

在上课之前,教师根据教学目标导入与课上内容相关的主题,并设置好学生感兴趣的切入点,为下一步任务的实施做好准备。教师可以利用影音设备让学生通过跟读、复读和大声朗读等方式对已提供的生词建立起音、形、义的初步印象和概念。在词汇的口语和视听之间建立起联系,使学生在听到或要说到该词时能够迅速反应。

(二)任务准备

当学生对单词有所认识之后,教师就可以为学生分配和布置任务。需要注意的是,任务设计、任务选择、任务执行等必须科学实际,灵活开放,以人为本,为生活服务,注重实践并讲求实效。教师也可以根据教学目标和教学内容等,采用多样化的任务形式,或者将两种或两种以上任务形式相结合。例如,听说结合;情境表演任务;分组讨论;单词串联,故事接龙;自编对话,奇思妙想记单词;表演自编故事;词形联想,找出规律;复述课文,强化记忆等。此外,根据任务的不同以及教学效果的考虑,可以将学生分成几组,以增加互动性和竞争性。此外,在这一阶段,教师让学生明白任务的要求和规则,以便更好地实施任务。

(三)任务实施

在这一阶段,学生根据头脑中已有的知识体系与教师布置的任务相结合,充分发挥其主观能动性,积极主动地投入思考,通过成员间的交流不断完善旧的知识体系并建立起新的知识系统,真正实现变被动学习为主动学习。实践证明,动手、动脑是学生学习的最好方式。在这一过程中,教师的角色发生了改变,由传统的知识传授者变为了任务的组织者和活动的监督者,其主要任务是鼓励和引导学生顺利完成任务,并适时提供帮助。在整个过程中,学生能够切实感受自己是学习的主人,学习的积极性自然会提高。

(四)任务结束与评价

当学生实施完任务之后,教师可组织学生互评、互测,及时发现问题和检验任务效果。针对学生出现的错误,教师要及时指出并更正,要给予有针对性的、以鼓励为主的评价,进而加深学生对词汇的理解和记忆。

(五)教学反思

在大学英语词汇教学中实施任务型教学法时,应注意以下几个方面的内容:

(1)教师要以激发学生的学习主动性为出发点。教师设计的任务要尽量真实,贴近学生生活,具有实际意义,使学生有话可说,让学生能够积极参与到任务中来。在词汇的教学过程中,游戏是一种激发学生学习主动性的有效方式之一。竞赛游戏更是利用小组成员内部的合作和小组之间的竞争代替了乏味的单词听写,使枯燥的词汇学习增加了更多的趣味性。学生们在充满学习乐趣的环境下容易记住需要掌握的词汇。

(2)教师要面向全体学生,尽量让每个学生都有成功的体验。任务型教学既要充分考虑每个学生学习的个体差异,又要最大限度地促进每个学生的充分发展。此外,还要考虑任务的难度,过易,达不到训练学生的目的;过难,容易挫伤学生的积极性和自信心。因此,任务型教学的核心是要求教师根据学生的水平差异,设计不同层次的任务,力求使每个学生都得到有效的发展,这样学生才能感受到成功的快乐,从而产生更持久的学习热情。

(3)教师应及时为学生提供帮助。在任务教学中,教师是任务完成的帮助者,教师应在布置完任务后,尽快到学生中去,帮助他们解决在完成任务过程中遇到的问题。在单词建构阶段,有些学生可能存在发音问题或对要学的单词在书中的用法无法理解,此时教师就应及时提供帮助,以免学生的积极性受到不良影响。

(4)教师及时总结课堂教学。在课堂教学中,教师要及时对教学情况进行总结,包括对学生成果展示的评价以及对所学单词用法的补充。对学生成果展示的评价要有针对性,要及时纠正学生在完成任务时所犯的错误,善于发现学生的闪光点并及时给予表扬。采用任务型词汇教学,不能单纯靠学生执行任务来完成词汇的学习。教师需要在学生任务结束之后进行补充,并将教学内容加以归纳总结,帮助学生抓住要点难点。

五、开展文化教学

词汇与文化有着密切的关系,因此在英语词汇教学中,教师可以采用文化教学法开展教学,即在英语词汇教学中融入文化知识,以丰富学生的文化知识,提高学生的词汇运用能力。具体教师可采用以下几种方法开展文化

第五章 基于网络多媒体的英语词汇教学新探

教学。

（一）融入法

我国学生都是在汉语环境下学习英语，很少接触英语环境，更是较少了解英语文化，所以在遇到与课文相关的文化知识时，往往会感到迷惑。此时，教师就要积极发挥其主导作用，采用融入法在课堂教学中融入一些英语文化知识，即在备课时精选一些典型内容与教学相关的文化信息材料，将它们恰到好处地运用到课堂上，以增加课堂教学的知识性、趣味性，活跃课堂气氛，加深学习内容的深度和广度，激发学生的求知欲。例如，对于 the Big Apple 这一表达，学生基本知道其字面含义，也有部分学生知道其是纽约市的别称。但大部分学生并不知道其为什么是纽约的别称，此时教师可以向学生介绍美国的历史文化，这样既能丰富学生的英语文化知识，又能拓宽文化的视野。

（二）扩充法

虽然课堂是学生学习知识的重要场所和途径，但课堂时间毕竟是有限的，对此教师可引导学生进行自主学习，即充分利用课外时间来扩充词汇量，丰富词汇文化知识。具体可采用以下几种方式：

1. 推荐阅读

在有限的课堂教学时间内，教师不可能将全部的词汇知识都传授给学生，对此教师可以引导学生进行课外阅读，一方面使学生充分利用课外时间扩大学生的知识面，丰富学生的词汇文化知识；另一方面可以培养学生的自主学习能力。教师可以有选择性地向学生推荐一些英美国家的社会文化背景知识的优秀书刊，如《英语学习文化背景》《英美概况》以及 *Chinadaily* 等，还可以引导学生阅读原文名著，让学生深刻体会英美民族文化的精华，从而扩大学生的词汇量，丰富学生的文化知识。

2. 观看英语电影

观看英语电影也是丰富学生词汇量和文化知识的重要方式。很多英语电影都蕴含着浓厚的英美文化，而且语言通俗、地道，教师可以引导学生观看一些英语电影。通过观看电影，学生的积极性会被激发，而且能有效提高学生的文化素养和英语能力。

3. 开展实践活动

丰富的语言文化知识和灵活的实践应用能力是构成跨文化交际能力的重要部分,跨文化交际能力就是通过实际交际来感受不同文化之间的差异,从而形成对文化差异的敏感性,并在交际实践中调整自己的语言理解和语言产出。因此,教师应积极为学生创设情境,鼓励学生积极参与实践活动,从而丰富学生的词汇文化知识。教师可以组织学生参与英语角、英语讲座等,让学生接触地道的英语,在英语语境中学习文化知识。

(三)对比分析法

中西方文化之间存在着显著的差异,通过对中西方文化的对比分析,可以对中西方文化有更加深入的了解,也能获得跨文化交际的敏感性。因此,在英语词汇教学中,教师应有意识地对英汉词汇文化进行比较分析,使学生了解中西方文化差异,深刻理解和掌握词汇文化的内涵。

在具体的词汇教学中,教师可以通过向学生讲述及对比中外美食的差异,来达到学习内化有关食物(food)、食材(material and stuff)、味道(flavor and taste)、质地(texture)等英语词汇的目的。具体来讲,课前要求学生观看《舌尖上的中国》(*A Bite of China*)、《食神》(*The God of Cookery*)、《十二道锋味》等影片及视频,并根据影片视频中的英文字幕了解相关内容及词汇表达,并制作 PPT。然后在课堂上以小组为单位进行讨论,要求学生根据之前观看的影片内容以及结合课内单元所学的词汇把单词罗列出来,并通过网上搜索的形式进行补充、汇总。接着教师呈现一些单词,如 cookie、pastry、popcorn、biscuit/cracker、porridge、spring rolls、tofu、dim sum、French fries、potato chips、asparagus、bland、soggy、crispy、buttery、crunchy、oily、creamy、sour、spicy 等,单词可以以图片结合文字、实物等形式用 PPT 在投影上展示,在规定的时间内让学生熟悉。另外,教师还要为学生提供一些重点句型,如"This is my favorite …;Why don't we …;My suggestion is …;If I were you, I would …;It might be a good idea for us to …;I prefer … to …"等。进而要求学生将关于中国美食(包括地方美食)、欧美地区美食、东南亚美食、拉美及南美地区美食及饮食文化习惯的词汇进行归类,以小组为单位,利用多媒体教室的电脑对之前做的 PPT 进行修改和补充。

当学生对相关的词汇有所了解之后,教师将学生分为四人小组,或让学生自行组成四人小组,可以结合自身的旅游经历,运用之前补充并学习的词汇来描述国外美食、中华传统美食包括家乡地方美食,并谈论自己喜爱的食物,或进一步运用词汇和短语讨论美食与健康养生之间的关系。例如:

I prefer spring rolls（春卷）、Chow mein（炒面），jiaozi（饺子） and wonton（馄饨）are also my favorite. Why don't we have a try?

I lived in Thailand for 6 months, so I love Thailand food so much. Maybe it's too spicy for you, but not for me. I came home a month ago. The food in my hometown tastes so bland—I don't like it anymore.

I have a "sweet tooth", which means I like sweet food. Dessert is my favorite; I like anything with chocolate in it.

I think I am overweight, so I need to go on a diet. I have to give up my favorite buttery food. Actually I know the creamy and buttery food is bad for my health. But it's too hard.

Indeed I prefer healthy foods to buttery, oily or sweet food. Actually vegetables and fruits supply more vitamins, fibers and minerals, which are quite good for health.

之后，教师让学生上台展示所做的PPT内容，描述中外各国美食，并发表自己的看法。

经过上述教学活动，学生获得了充分运用各种词汇和短语来描述中西方饮食文化的机会，学习的兴趣会得到充分激发，而且能将所学的知识运用于实践，提高跨文化意识和能力。

第六章 基于网络多媒体的英语语法教学新探

　　语法是语言的框架,赋予语言以结构形式,是语言使用规律的总和,以语法为媒介,词汇可组成短语、短句、简单句、复合句等多种表达方式。语言的学习时刻都受语法规则的影响和支配,语法学习贯穿语言学习的始终,所以英语语法教学是英语教学的重要组成部分。但受传统教学理念的影响,现在的英语语法教学仍然存在诸多问题,如教学方法模式陈旧,教学方法缺乏创新性等,这些都影响着英语语法教学质量的提高。而网络多媒体教学集文字、声音、图形、图像于一体,具有生动、形象等特征,能够为教学提供真实的语言环境,将其运用于英语语法教学中,能有效改善英语词汇教学的现状,提高英语语法教学的效率,为英语语法教学注入新的活力。本章将对基于网络多媒体的英语语法教学进行探究。

第一节　语法与语法能力

　　英语语法教学的主要目的就是提高学生对语言的掌握程度,培养学生的语法能力。因此,在英语词汇教学中,教师首先应让学生对语法以及语法能力有一个清楚的了解。

一、语法

　　什么是语法？对于这一问题,不同的学者给出了不同的解释。

　　威多森(Widdowson,1992)认为,词汇的变化规则和用词造句规则系统的总称构成了语法。

　　莱昂(Lyon)从传统的语法观出发对语法进行了界定:"语法是解释词组合成句子的方式的语言描述。"[1]

---

　　[1] Stern H H. *Fundamental Concepts of Language Teaching*[M]. Oxford: Oxford University Press, 1983: 131.

乌尔(Ur)认为:"语法大体指语言组合词语使之成为更大意义单元的方式。"①

尤尔(George Yule,2002)认为:"语法是一套结构,其中语法形式上的不同可以通过意义上的不同或根据其所在的上下文来解释。当使用者掌握了一套语法结构系统时,在其分析框架里意义、形式和用法就被看作是不可分割的三个方面。"②

拉森-弗里曼(Larsen-Freeman,2005)指出,语法主要包含三个方面,分别是语形(morphosyntax)、语义(semantics)和语用(pragmatics),而且这三个方面相互依存,如果一方发生改变,将会影响另一方随之发生变化。

我国学者也就语法的定义发表了各自的看法。许国璋先生(1986)指出,语法是制约句子中词与词之间关系的准则,某一语言的语法是该语言中所有准则的总和,在语法的制约下,词组成能够被语言社团所接受的句子。

胡壮麟(2000)指出:"如果语言教育的目的包括教会学生正确地、有意地和得当地使用英语,我们就应该把语法看作一个理性的动态系统,而不是任意规则的静态系统。"③

赵艳芳(2001)认为,语法有狭义和广义之分。就狭义而言,语法指独立于语音和语义对语言结构层面进行的研究的语言学分支,包含词法和句法两个方面。就广义而言,语法是指对语言的整个体系和规则进行研究的语言理论,包含语音、语义等不同层面。

戴炜栋(2006)指出,语法所涵盖的范围十分广泛,既包括语言规则和语用这些规则的元语言知识,也包括构成语言项目的关于规则方面的知识和词性规则、句法规则方面的知识。

综合上述定义可知,语法涉及范围很广,而且不同的学者对语法有着不同的认识。总结而言,语法就是语言的组织规律,是人们据以组词成句、赋予语言意义并使用语言进行交际的一套规则。可见,语法是语言交际的重要规则,对交际起着重要的作用。

二、语法能力

美国语言学家乔姆斯基(Chomsky,1965)最早提出了"能力"这一说法,

---

① Ur. *Grammar Practice Activities:A Practical Guide for Teachers* [M]. Cambridge:Cambridge University Press,1988:4.
② 转引自冯莉.英语语法教学理论与实践[M].长春:吉林出版集团有限责任公司,2009:7.
③ 同上.

并提出了"语言能力"的概念。基于乔姆斯基的理论,海姆斯(Hymes,1971)提出了"语法能力"这一概念。海姆斯认为,语法能力是影响交际能力的重要因素。继海姆斯之后,很多学者都对语法能力进行研究。

卡纳尔与斯温(Canale & Swain,1980)重新解释了"交际能力",并提出了更为复杂的框架,具体包含三个维度。1983年,卡纳尔将这一框架扩展为了四个维度,即语法能力、社会语言能力、语篇能力和策略能力。其中,语法能力是指对规则、特点等语言符号的掌握,是指与语音、语法、词汇等有关的知识,主要涉及的是准确理解、表达言语字面意思所需的知识和技能。卡纳尔和斯温与海姆斯持相同的观点,认为语法能力是实现交际目的的必要条件,是交际能力的重要构成部分。

巴赫曼(Bachman)对卡纳尔和斯温的"交际能力"框架进行了扩展,形成了一个树形图,具体如图6-1所示。

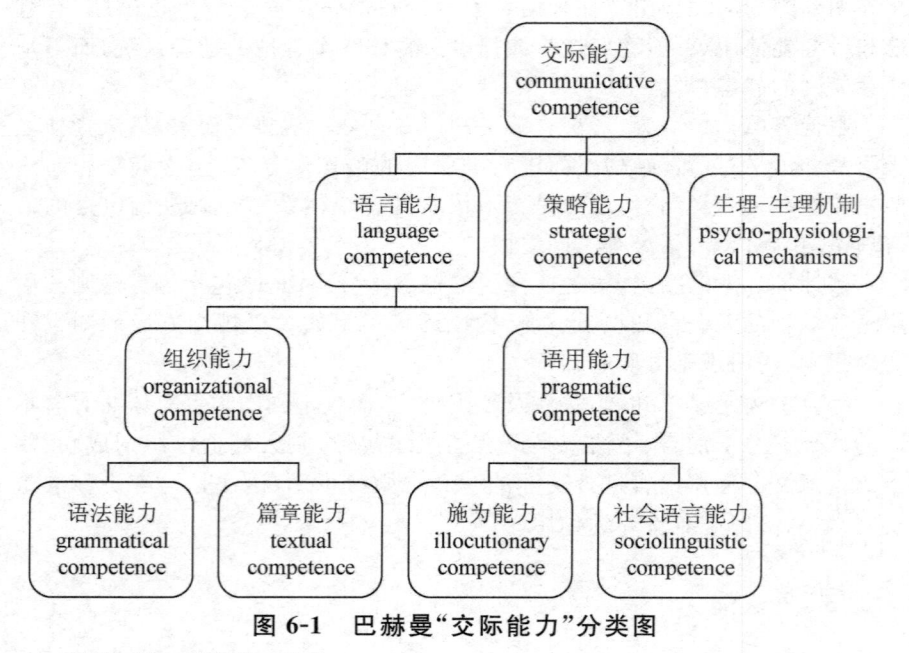

图6-1 巴赫曼"交际能力"分类图

(资料来源:王茜蛟,2012)

巴赫曼(1990)认为,语法能力主要涉及语言的形式和结构特征,具体包括词汇、句法、形态学、音系学等方面。

可见,上述学者对语言能力有着不同的认识,但基本都局限于形式和结构方面的知识,并没有涉及知识的运用。拉森-弗里曼指出,语言教学的目的是培养学习者具备准确、得体使用语言形式的能力。对此,拉森-弗里曼对"语法能力"的框架进行了重新建构。拉森-弗里曼的"语法能力"框架具体包含三

第六章 基于网络多媒体的英语语法教学新探

个维度,即语言的形式、语言的意义和语言使用的条件,具体如图 6-2 所示。

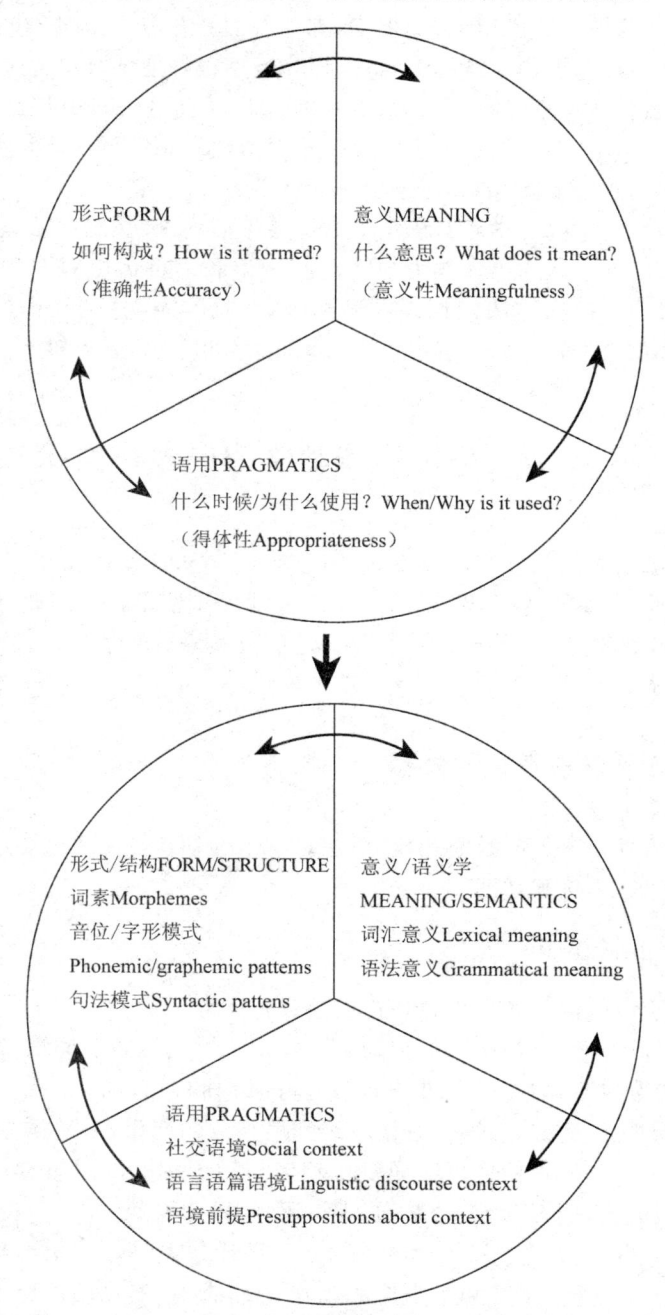

形式 FORM
如何构成? How is it formed?
(准确性 Accuracy)

意义 MEANING
什么意思? What does it mean?
(意义性 Meaningfulness)

语用 PRAGMATICS
什么时候/为什么使用? When/Why is it used?
(得体性 Appropriateness)

形式/结构 FORM/STRUCTURE
词素 Morphemes
音位/字形模式
Phonemic/graphemic patterns
句法模式 Syntactic pattens

意义/语义学
MEANING/SEMANTICS
词汇意义 Lexical meaning
语法意义 Grammatical meaning

语用 PRAGMATICS
社交语境 Social context
语言语篇语境 Linguistic discourse context
语境前提 Presuppositions about context

图 6-2 拉森-弗里曼"语法能力"分类图

(资料来源:王茜蛟,2012)

图 6-2 很好地说明了"语言能力"三个维度之间相互依存、相互影响的关系。而且从图 6-2 可以看出,拉森-弗里曼的"语言能力"既包含语言知识,也涉及语言知识的运用能力,将知识与运用很好地结合了起来。

马广惠和文秋芳(1999)认为,语法能力是领会语法知识与运用语法知识的总和。其中,领会语法知识主要涉及对语法知识的辨认,而运用语法知识则主要侧重语法规则的具体运用。

可以看出,不同的学者对语法能力有着不同的理解和看法,但也有认知一致的地方,即都认为语言能力包含语言知识和语言运用两个方面。总结而言,语法能力包括语法知识以及学生准确、恰当、得体使用语法的能力。因此,学生英语综合能力的提高离不开对语法知识的掌握和使用。

第二节 英语语法教学的内容与现状

英语语法教学的开展要以一定的内容为基础,这样语法教学才更具有针对性。此外,在开展英语语法教学时,教师要了解语法教学的现状,并根据语法教学的现状不断调整教学策略,进而改善语法教学的现状,提高语法教学的效率。

一、英语语法教学的内容

与英语其他方面的教学相比,语法教学中的知识点较零散,主要内容包括词法、句法、章法和功能。

(一)词法和句法

初级阶段的语法教学内容包括词法和句法两个部分。

词法可进一步分为构词法和词类。构词法讨论不同的词缀、词的转化、派生、合成等内容,词类可以进一步分为静态词和动态词。当然,静态词并不是绝对不变。例如,形容词有比较级和最高级的变化,名词就有格、数、性等的变化。动态词主要包括动词以及直接与动词相关的语态、时态、分词、动名词、不定式、情态动词、助动词、虚拟语气、不定式等。

句法可以分为三大部分,即句子成分、句子分类、标点符号。句子成分是指单词、词组或短语在句子中所起的作用或功能,主要包括以下八大类:主语、谓语、宾语、表语、定语、状语、同位语、独立成分。依据不同的分类标准,我们可以将句子分为不同的类型。按句子的目的可以分为陈述句、疑问

第六章　基于网络多媒体的英语语法教学新探

句、祈使句、感叹句;按句子的结构可以分为简单句、复合句和并列句。主句、从句、省略句等也是与句子有关的内容。句法学习的内容还包括了标点符号。此外,词组的分类、功能、不规则动词等也属于句法的学习内容。

英语语法教学中的词汇和句法内容如图 6-3 所示。

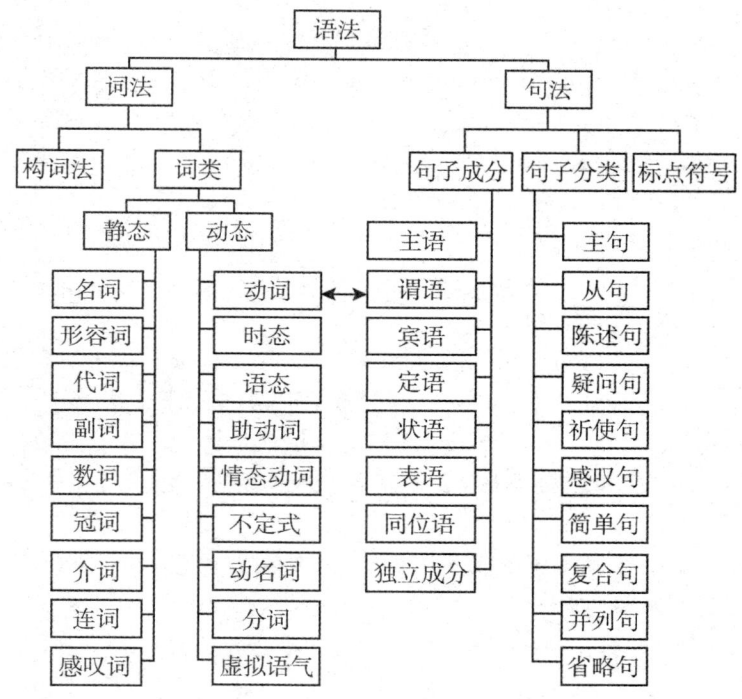

```
                           语法
                ┌───────────┴───────────┐
               词法                     句法
         ┌──────┴──────┐       ┌────────┼────────┐
        构词法         词类    句子成分  句子分类  标点符号
                   ┌───┴───┐
                  静态     动态
                   │        │
                  名词     动词 ←→ 主语      主句
                  形容词   时态     谓语      从句
                  代词     语态     宾语      陈述句
                  副词     助动词   定语      疑问句
                  数词     情态动词 状语      祈使句
                  冠词     不定式   表语      感叹句
                  介词     动名词   同位语    简单句
                  连词     分词     独立成分  复合句
                  感叹词   虚拟语气           并列句
                                              省略句
```

图 6-3　英语语法教学中的词法和句法

(资料来源:冯莉,2009)

由于英语词法和句法知识具有零散性,因此教师在语法教学时要注重体系化和系统化。

(二)章法

在学生学习了一段时间的词法和句法之后,对基本的语法知识有所掌握,此后就要进行章法的学习。章法的教学内容主要涉及句子之间的逻辑关系、篇章的结构逻辑等。表示比较对照的词语,如 by contrast、by comparison、unlike;表示程序的词语,如 first、second、then、finally 等都属于章法的范畴。

英语语法的内容十分繁杂,常会使学生顾此失彼,这也是学生在语法学习和使用中最困难的地方。据此,胡春洞认为语法教学应该有一个核心。

整个语法教学的核心是整个语法知识和技巧发展的基点。

（三）功能

功能指的是语法的语用，其也是英语语法教学的重要内容。语法项目，无论单词、短语还是句子，都具有一定的表意功能。不同的句式所具有的表意功能不同，同一种句子也可以具有多种表意功能。例如，用以介绍信息的句子有"I was born in…""My name is…"等，用以表达建议、邀请、拒绝、道歉等的句子有"Would you like to go to the cinema with me on Saturday?""I'm busy today. I have a lot of papers to go through."等。语法的功能还表现在句子所传达的言外之意。例如：

Wife：That's the phone.

Husband：I'm in the bathroom.

Wife：OK.

上述对话中"That's the phone."与"That's a pencil/bag."所表达的意义不同，这句话其实传递了一种言外之意，即"妻子要求丈夫接电话"，而丈夫的回答"I'm in the bathroom."并不是简单地告诉妻子说自己在洗浴，而是告诉妻子自己不能接电话，既是拒绝，也是表达一种要求，即让妻子接电话。

可见，语法体系不仅涉及不同的词法、句法结构等知识性内容，而且涉及功能用法，涵盖内容十分广泛。在具体的英语语法教学中，教师应根据教学目标和学生的具体情况，循序渐进地向学生传授语法内容。

三、英语语法教学的现状

英语语法教学的现状并不佳，还存在许多的问题亟待解决，这些问题主要体现在教师与学生两个方面。

（一）教师教学的现状

1. 对语法不够重视

语法在英语学习过程中所发挥的作用是不言而喻的，但在英语教学过程中，很多教师都忽视了语法的重要性，认为没有必要教授语法，从而"淡化"语法教学，轻视语法的重要性。此外，虽然英语考试中没有直接针对英语语法的题目，但任何句子的分析都离不开语法，尤其是在阅读中，语法贯穿英语考试的始终，在考试中占据着很大的分值。所以，教师应转变教学思

第六章 基于网络多媒体的英语语法教学新探

想,重视语法教学,并引导学生积极主动地学习语法知识。

2.教学方式单一,忽视文化教学

学习英语语法本身是一件枯燥的事情,因此大部分学生对语法学习不感兴趣。要改善这种情况,就需要教师采用创新性的教学方式,使枯燥的语法学习变得生动有趣。然而,在实际的英语语法教学中,大部分教师仍采用传统的教学方式,即先讲解语法概念和规则,然后做相应的练习。在这样的教学模式中,教师占据着主体地位,学生只能被动地接受,这不仅不符合现代教育的思想,也无法激发学生的积极性,更不能有效培养学生的语法能力。

另外,语法与文化有着密切的联系,但教师没有将语法教学与文化教学结合起来,这样无法使学生明白因文化差异而造成的英汉语法差异,不利于学生深入了解和掌握语法知识。

3.忽视语言情景

在中国,英语语法教学是在汉语环境下开展的,学生并没有太多机会接触地道的英语情景。但语法学习是服务于实际交际的,主要目的是应用于实际的生活中解决语言的交际问题。但我国英语教学的一个显著问题就是教师在教学中将具体的语法知识条目的意义和理解和功能运用与语境割裂开来,使学生难以准确理解某个语法知识点适用于哪种语言情景,这样不仅不能使学生有效掌握语法,也会使学生无法有效运用语法。

(二)学生学习的现状

1.对语法缺乏敏感度

受汉语思维的影响,学生普遍对英语语法缺乏敏感度,这一问题在改错和写作中表现得十分明显。改错在英语考试中是非常常见的题型,但学生普遍惧怕改错题,因为改错题中出现的错误也是他们经常犯的错误,所以他们很难发现题目中的错误所在。此外,学生在英语写作中常出现语法错误,这也是因缺乏语法敏感度而造成的。

2.缺乏有效学习方法

学生语法学习效率低,一部分原因就在于没有掌握有效的学习方法,使得语法知识的掌握太零散,不能形成完整的体系。在语法学习过程中,学生往往十分被动,通常是遇到新的语法问题时才会去学习。而且学生在学完一篇文章之后，就将文章中的语法知识抛在脑后，这显然是不利于语法知识的掌握的。

第三节　基于网络多媒体的英语语法教学原则

英语语法教学的开展要遵循一定的原则，这样可以使教学更加有序、有效地开展。具体而言，基于网络多媒体的英语语法教学应遵循以下几项基本原则。

一、以学生为中心原则

现在的教学理念倡导英语教学要重视学生的主体地位，教学要以学生为中心，倡导学生积极参与教学过程。英语教学的主要目的是培养学生的英语综合应用能力，所以英语语法教学应从"提供知识"向"展开活动"转变，积极鼓励学生参与教学活动，让学生在实践中体验和构建语法知识，进而提高英语能力。也就是说，教师在英语语法教学中要遵循以学生为中心原则，重视学生在教学中的主体地位，充分激发学生学习的积极性，鼓励学生参与课堂活动，从而引导学生自主发现和学习语法规律，掌握语法知识。

二、循序渐进原则

语言学习的过程并不是一蹴而就的，需要经历一个由浅入深、由简单到复杂的变化巩固过程，这样才能更加牢固地掌握语法知识。根据这一规律，教师在教学中就要遵循循序渐进原则，即遵循由表及里、由一般到特殊的原则开展教学。此外，教师在教授语法点时要不断地循环往复，这种循环往复并不是简单的重复，而是根据具体情况有变化的重复，以使学生在"认识—理解—掌握—运用"的过程中掌握语法。

三、真实性原则

生动、真实的学习情景有助于学生快速接受信息，并能激发学生的思维和积极性，进而建构传递信息的愿望。因此，在英语语法教学中，教师应根据教学和学生的需要设计真实的交际任务和互动活动，这样学生可以在言语活动中直接感受语法，对于学生而言，语法不再是一些抽象的规则，而是

第六章 基于网络多媒体的英语语法教学新探

真实交际生活中的一部分。

四、交际原则

学习语法是为交际服务的,其目的是提高交际能力,能够将学到的语法运用于交际实践,这就需要教师在教学中遵循交际原则。在贯彻这一原则时,教师可从两个方面入手。首先,引导学生多阅读,坚持阅读多多益善的原则,因为通过阅读学生可以体会到语法的生命力在于言语中,也能够切身体会到语法在语言中所起的具体作用。其次,通过模拟情景进行模拟交际。在必要的语法操练的基础之上,教师应尽可能地创设交际性语言环境,运用实物、图片、动作、表演以及电化等设备,创造真实或半真实的交际活动,使学生在活动中感知、理解和学习语言,发展语法技能。

五、情境性原则

培养学生的交际能力就要为学生创造一定的情境,让学生在具体的情境中锻炼运用语法的能力。具体而言,教师在教学中应多注意收集学生感兴趣的话题,并将它们设计成相应的情境,通过生动活泼的语言呈现给学生。教师还可以借助时事、新闻等进行编排,为学生练习语法提供生动真实的材料,从而让学生接触真实的情境,进而在真实的情境中锻炼语法能力。

六、系统原则

有学者指出,在语法教学中,了解语法概念固然重要,但是只读语法书并不能真正了解语法概念,还必须通过不断的实践才能清楚语法概念,所以学习语法并不能机械死板地背一些语法的条条框框,还应在实践中不断运用所学的语法知识。因此,在英语语法课堂教学中,教师应变传统的语法知识体系为语法应用体系,将语法学习与语法应用结合起来,培养学生的语言运用和交际能力。

七、文化关联原则

语法与文化关系密切,而且深受文化的影响,因此在英语词汇教学中,教师应注意文化因素对学生学习的影响,并有意识地联系西方文化,将英语还原至当时的语境中,以便帮助学生理解和记忆语法知识。总之,在英语语法课堂教学中遵循文化关联原则,有助于加深学生对语法的认识,提高学生的语法运用能力。

第四节　基于网络多媒体的英语语法教学方法

在网络多媒体环境下,教师应充分利用网络、多媒体等先进的教学技术,采用新颖的教学方法,从而改善英语语法教学的现状,提高英语语法教学的质量。具体而言,基于网络多媒体的英语语法教学可采用以下几种方法。

一、归纳法与演绎法

(一)归纳法

归纳教学法是一种发现型教学方式,通过分析、总结语言使用规律,深化学生对语法的理解,提高学生发现、解决问题以及对比、归纳的思维能力。归纳教学法具体包含三个步骤:一是观察,二是分析和比较,三是归纳和概括。具体而言,归纳教学法先由教师呈现一些具体的语言材料,这些语言材料中包含所要学习的语法规则;之后引导学生在这些语言材料的基础上归纳、总结出语法规则。教师在呈现语言材料的时候可辅以图片、实物、影像等直观材料,为学生创设一个真实的情景,这在激发学生积极性的同时,能帮助学生建立语法规则与语言情景之间的联系,而且能避免教师填鸭式教学的弊端。

这里就通过"虚拟语气"的教学来展示归纳法在语法教学中的使用情况。

(1)教师先播放 Jack Johnson 的歌曲 *If I Could*,并要求学生跟唱。

(2)教师展示如下短文。

If I were a boy again, I would practice perseverance more often, and never give up a thing because it was difficult or inconvenient…

If I were a boy again, I would school myself into a habit of attention; I would let nothing come between me and the subject in hand. I would remember that a good skater never tries to skate in two directions at once…

If I were live my life over again, I would pay more attention to the cultivation of the memory…

（3）教师同时为学生展示歌词与短文。

（4）教师安排学生进行小组讨论，发现并归纳出虚拟语气的句子结构及句子中的动词形式。

（5）教师对学生归纳出的语法规则进行点评。

（6）教师为学生讲解虚拟语气的语法规则。例如：

We use the structure "if sb. were/could…, sb. would…" when the situation being referred is not real, it is hypothetical.

（7）教师安排学生以结对子的形式进行句型练习。例如：

If I were you…, I would… /I wish I could do…

（8）教师安排学生以四人小组的形式进行讨论，讨论主题如下所示。

A. If you were the English teacher of our class, what would you teach your students?

B. If you were the head teacher of our class, what would you do for your class and what changes would you make first?

（9）教师请各小组派出代表轮流向全班同学汇报讨论结果。

（10）教师针对小组代表的报告进行点评与总结。

在上述活动中，教师首先通过歌曲和短文导入本课内容——虚拟语气，学生可以在轻松、愉快的语境中发现、归纳出一系列语法规则。这种方式可以加深学生对虚拟语气结构的理解。然后，教师将学生分成若干小组，开展一系列教学活动，学生可以在完成任务的过程中愉快地感受和体验学习过程并获得学习的成就感。

（二）演绎法

演绎法是英语语法教学中常用的一种教学方法。采用演绎法进行教学就是先引导学生初步了解语法规则，然后通过举例验证所学的语法规则。演绎教学法主要涉及三个步骤：一是提出语法规则，二是举例说明，三是解释语法规则。语法教学中采用演绎法进行教学实际上是一个从理论到实践的过程。

演绎法的具体运用通常有以下两种形式：

（1）模仿造句，即以给出的例句为样本进行造句练习。

例如，教师为学生提供下列短语与例句：

green lawn, lovely dog, clean house, pretty garden, Helen

范例：Paul has the nicest house in the town.

学生可能输出下列句子：

Helen has the greenest lawn in the town.

Helen has the loveliest dog in the town.

Helen has the cleanest house in the town.

Helen has the prettiest garden in the town.

(2)变换结构。为使学生通过实践更加深入地体会与使用语法知识，教师还可以要求学生用给出的指示词将例句的语言结构变换为另外一种类似的结构。

例如，教师要求学生根据不同时态中动词的变化规则，运用所给的副词或副词短语来变换句子。

Students have maths and chemistry today. (tomorrow, English and music)

Now Tom works in Nanjing. (ten years ago, Beijing)

Lily usually has breakfast at seven. (this morning, nine)

学生可能输出下列句子：

Students will have English and music tomorrow.

Ten years ago, Tom worked in Beijing.

This morning Lily had breakfast at nine.

这种教学方法一般适用于有一定难度且学生很难靠自己总结出规则的语法项目的教学，不仅直截了当、省时省力，教学效率高，还能较好地提高学生学习的自信心与积极性。但是，演绎法也有不足之处，它往往将大量时间和精力用于语法规则的讲解，练习方式也比较机械、枯燥，使学生失去了自己观察、分析、发现以及解决语法问题的机会。

二、语法练习法

语法需要经过不断练习才能被掌握和被运用，因而就需要教师对语法练习进行科学、合理的选择和设置，有效地组织学生进行语法项目的操练。但是采用练习法来操练语法项目并不是盲目进行的，而是分阶段进行的，通常需要遵循循序渐进的原则来让学生达到熟练应用的目的。

一般而言，语法练习法包括以下几个步骤：

(1)进行机械式训练。教师需要通过模仿、替换、不断重复来进行机械式的训练。机械式练习通常要求学生达到不用理解句子的含义就能做出迅速、正确的反应。

(2)进行内化训练。在完成机械式训练之后，教师可通过造句、仿句、改句、改错、翻译等方式来内化训练,内化训练通常要求学生围绕教学内容进行,要求学生能够达到熟记、理解的程度,并能做出正确的反应。

(3)进行交际操作训练。在机械式训练与内化训练的基础上,教师可借助场景对话或问答形式之类的口语训练进行最后的交际操作训练。这种训练方式最终要求学生能将所学的语法知识综合运用,并能组织语言并迅速作出反应和回答问题。

三、任务型教学法

在英语语法教学中运用任务型教学法,可有效加强教学的实践性,进而可以切实提高学生的语法运用能力。任务型教学法融合了交际教学法的理论和研究成果,以任务为中心,注重学生的主体地位,根据学生的不同水平创设不同的任务化活动,让学生在完成任务的过程调动学生的学习内驱力,锻炼学生发现问题、解决问题的能力,培养学生的合作意识,让学生体现完成任务后的喜悦,发挥学生的潜能。任务型教学法在英语教学中的实施具体包含以下三个步骤。

(一)任务前阶段

在任务前阶段,主要任务是做准备工作,以便为接下来的活动提供保障。在这一阶段,教师的主要任务是让学生了解任务的主题以及要达到的目标。教师可采用不同的方式引入主题,如展示图片、组织学生讨论等。教师还要提前预测并解决任务中可能出现的问题,如教师可以提供某些词语或词组,让学生听录音或听课文等。这些准备对帮助学生回忆词语,有效完成第二阶段的活动十分有利。例如,教师可以布置巩固一般将来时用法的任务,组织学生以 *My Dream* 为题目写一篇文章。

(二)任务中阶段

任务中主要分为三个环节。第一环节是执行任务,教师可以组织学生以结对子或分小组的形式完成任务。在这一环节,学生可运用所学的知识表达思想,内容可以围绕与主题相关的材料进行。教师可给予学生必要的帮助,但不能干预学生的活动或对学生的错误进行纠正。在这一过程中,教师可引导学生就 *My Dream* 这一题目进行构思。第二个环节是策划,学生可以草拟或预演下一环节的书面内容或要说的话。教师可就学生的活动情况提供帮助,学生此时也可向学生提问。第三个环节是报告,教师让学生汇报任务成果,然后对汇报的内容进行点评。

(三)语言点阶段

此阶段具体包含两个方面的教学,即分析和练习,目的是促使学生了解语法规则,并通过练习巩固所学内容。在这里,分析并不是指语法分析,而是教师根据课文设置一些与语言点相关的任务。此次教学中,教师主要是分析学生在一般将来时时是否存在错误或者表达不妥的问题。在练习阶段,教师可根据具体内容组织各种练习活动,如朗读词语、完成句子等,以巩固学生的知识。

四、语境教学法

将语境教学法运用于英语语法教学,对改善英语语法教学现状,提高英语语法教学效率大有裨益。学生在语境中对语法规则进行体验、感悟、总结和运用,不仅能学以致用,而且对提升交际能力大有裨益。借助语境进行的语法教学有效弥补了传统语法教学中忽视外在语言环境这一不良的情况。具体可通过以下几种方式来设计语境,有效开展语法教学。

(一)借助多媒体教学手段来设计语境

多媒体具有集文字、声音、图形、图像于一体的优势,多媒体可以为语法规则的学习和教学提供使用语言和用语言进行交际的具体语境,并且能够使静态化、枯燥的语法知识变得更加立体、有趣,并能充分调动学生学习的主动性和积极性。因此,在具体的语法教学中,教师可充分利用多媒体创设语境,让学生在与英语为母语的人士进行交际的过程中掌握语法知识。

(二)借助现实场景来设计语境

英语教学实际上就是师生之间的互动活动,教学中一些从表面上看似单调乏味的日常教学实际上蕴含着一些鲜活的情景语境,因而教师应学会善于发现并对这些现实场景进行充分利用,结合语法规则的特点来设计语境。以祈使句这一语法项目的讲解为例,祈使句的主要功能为表达命令、指示和请求,或者可以用来表示劝告、建议、祝愿和欢迎等意义。在具体的语法教学中,教师就可以利用师生、生生间的身份并配合一定场景来开展相应的情景教学。

(三)借助语篇来设计语境

语篇能够为语法规则的归纳、比较与总结等提供较好的上下文语境。

第六章　基于网络多媒体的英语语法教学新探

语法教学中的一些常见的语法知识点和项目,如冠词的使用、时态、主谓一致关系和非限定性动词的使用等通常都应置于一定的上下文语境中,只有置于语境中来讲授这些语法知识才能更加充分地体现和理解这些语法项目所蕴含的意义。

以时态教学为例,在传统的语法教学中,教师都是运用句子来讲授各种时态的,各个时态间相区别的标志也通常是句中所出现的一些标志词,如just now、often等。这种形式的教学其实是有其固有的局限性的,单纯地局限于句子使学生很难全面地掌握某一时态的具体用法,并使学生很难依照语义需要来正确地选择具体的时态。因而,不管句型操练多少遍,如果该时态在某一语篇中的具体语境中出现时,学生也相对会比较难把握和熟练运用这些时态。

借助语篇来设计语境,可以让学生在一个比较高的层面上全面把握时态的意义和用法。但是,借助于这种方法来教授语法,通常也对教师提出了更高的要求,需要教师精心地设计和选择语篇,并做好充分的备课。

五、网络多媒体教学法

现在,网络多媒体已广泛运用于英语教学,并且发挥着重要的辅助作用。网络多媒体运用于英语语法教学,可以创造轻松、愉快的气氛,降低学生的学习焦虑,并有效调动他们的学习积极性,使他们积极进行思考,提高思辨能力与学习效果。具体而言,在语法教学中采取网络多媒体教学法可从以下几个方面入手。

(一)利用课件呈现语法知识点

教师在呈现语法知识点时,如讲解语法知识,分析句型语法时,可利用网络多媒体,这样可以通过生动、形象的输入来帮助学生进行理解与记忆。例如,教师在讲授 listen、watch 等词的一般过去式、正在进行时的时候,就可以将-ed 与-ing 形式运用下划线、不同颜色标注出来,或者可以设置为有声导入,这可以集中学生的注意力,还能引导学生对规律进行总结,实现举一反三。

(二)采用课后自主拓展模式

网络多媒体为学生的课后自主学习提供了非常便利的条件。为了弥补课堂教学的有限性,促进学生积极自主学习,教师可以引导学生通过网络多媒体进行自主学习。具体来说,教师可以创建一个讨论组,促使资源进行共享。在讨论组中，教师将预先设计好的指导性问题和相关内容上传进去，学生可以提前进行预习，如果有问题可以提出问题，大家也可以参与讨论。此外，教师可以通过 E-mail 形式进行辅导和交流。这不但可以打破时空的限制，还可以缓解课堂的紧张气氛，让学生更轻松，也可将课堂内容延伸到课堂外。

六、对比分析法

文化与语法关系密切，而且文化对语法的影响巨大。对此，教师应采用对比分析法让学生明白英汉语言的差异，有效培养学生的语法能力。

我国学生一直都是在母语环境下学习英语的，因此形成了汉语的思维模式，这必定会对英语语言的组织有所疑虑。这主要是文化背景和生活习惯的影响。在这种情况下，英语教师的语法教学就会受到一定程度的阻碍。教师应在发挥汉语学习正迁移作用的前提下，使学生掌握具体的英语语法知识。例如：

If any of the joint ventures wish to assign its registered capital, it must obtain the consent of the other parties to the venture.

合营者的注册资金如果转让必须经合营各方同意。

英语注重形合，因此在句式组成中习惯将重点提前，在例句中便形成了主语凸显的结构。汉语注重意合，主要关注句子表达的含义，因此在上例的翻译时凸显了主题。

七、互动教学法

互动式教学以社会互动论、人本主义为基础，又称为"互动教学法"或"互动合作学习法"。通过互动教学法，不仅可以改变学生被动地接受知识的状态，还能激发学生的学习积极性，提高学生的实际运用能力。该教学法主要有以下几种类型：

（一）师生互动

师生关系在课堂上具体表现就是师生互动，也就是教师和学生利用目的语进行有意义的交际的活动。教师在互动式教学中作为课堂活动的参与者和设计者，不仅要注重对学生自主性和独立性的培养，还要帮助和引导学生在语言实践中习得语法。

在教学中，师生互动具体体现在"问"与"答"上，尤其在"问"的环节上体

第六章　基于网络多媒体的英语语法教学新探

现得尤为突出。高质量的问题更能有效促进学生积极的参与意识和激发学生的思维，并通过问题的环节对语法项目理解得更透彻。例如，教师在课堂上将学生引入虚拟语气学习的情景时，可在关键之处设置如下两个问题：

T：If your Chinese teacher hadn't given you homework, how would you have spent evening hours?

S1：Play, play PC games.

T：If you were a teacher, would you give your students any homework?

S2：No, I wouldn't.

教师和学生通过简单的交流和互动来导入和进一步学习虚拟语气的规则，并对语言知识和现象进行归纳总结，让学生在无形中接受语法项目。

（二）生生互动

生生互动就是让学生通过用英语进行交际来完成预设的学习任务。生生互动也是合作学习的一种形式，其可以将枯燥的语法项目置于生动的语言交际活动中，给学生提供更多的语言交际的实践机会，引导和组织学生运用所学的语法知识进行互动的活动，学生入情入境，展示自我。例如：

在对情态动词 may、can、must、might 这一语法点进行讲授时，可先对各自的含义进行精讲：can 表示"能够"或"可能"；must 表示"必须"或"一定"；may(might) 表示"可以"或"可能"。同时，当这几个单词都用于"推测"之意时，其可能性逐级增强（might—may—can—must）。然后教师可以结合这几个情态动词的用法设计一个小案例：

John 房中的保险柜里面的一笔巨款被盗，Kate、Tom 和 Jack 三位都是警方的嫌疑人。Kate 是 John 的同事，了解 John 的活动规律；Tom 是 John 的好朋友，有 John 门上的钥匙；Jack 是 John 的中学同学，是惯偷犯，能进入 John 的房间。教师可以让学生们扮演警察的角色，分组讨论"Who is the thief?"并尽量用以上情态动词。为了破案，"警察"们可能会对案情作如下讨论：

"As John's workmate, Kate knows when John leaves home and when he comes back, so it might be her."

"No, it can't be Kate, because she can't enter John's room."

"Because Tom can enter John's room, it may be him."

"It may not be Tom because he and John are good friends."

"It must be Jack because he often steals something and he can enter John's room and we can tell the footprints on the floor are his;"

"I agree. It must be Jack."

教师巧妙地将几个情态动词的用法运用到生动的语境中,让学生之间互动进行扮演,不仅能够加深学生对这个语法点的记忆,还能深化对这些语法知识的理解,为后期的语言交际奠定基础。

(三)人机互动

人机交互活动是指在语法教学过程中借助多媒体教室和网络通信技术的交互功能,建立师生合作和生生合作的机制。多媒体课件在英语语法教学中的应用,可以实现学生和课件之间的互动。除了与教师之间的互动交流外,学生可以更加主动地与课件进行交流。人机交流在语法教学中的应用可以让学生感受到多维刺激,使语法学习变得不再枯燥无味,有助于提高语法学习的效果和效率,并且为学生自学兴趣和自学习惯的形成和发展提供更广阔的发展空间。

八、策略讲解法

语法学习是需要借助一定策略的,因此在英语语法教学中,教师应向学生介绍一些学习语法的策略,从而提高学生学习的效率。

(一)克服母语的影响

英汉语言属于不同的语系,学生在学习英语语法时必然会遇到各种掌握,如汉语中没有动词的时态变化,英语中则有,汉语与英语中状语位置不同等。受汉语语法规则的影响,学生在学习过程中常会按照汉语的习惯来排列英语中的词汇,这样造出来的句子往往不符合英语语法的规则,甚至会闹出笑话。因此,在英语语法教学中,教师应有意识地避免母语的负迁移作用,引导学生用英语思维学习语法知识。

(二)区分规则与不规则

英语语法中有很多规则和不规则现象,对于规则的语法学生比较容易掌握,但那些不规则的语法成了学生容易出错的地方。对此,教师要引导学生对一些不规则的语法进行总结归纳,使学生牢记于心,确保在实际的语境中可以熟练运用。

1. 不规则动词

不规则动词主要指的是动词的过去时、过去分词的变化形式不规则。

第六章　基于网络多媒体的英语语法教学新探

例如：

动词原形	过去时	过去分词
buy	bought	bought
read	read	read
go	went	gone
do	did	done

2. 不规则名词

不规则名词指的是名词变成复数的不规则情况。例如：

单数	复数
criterion	criteria
datum	data
phenomenon	phenomena
man	men

以上这些不规则动词、名词的变化，都需要学生牢固记忆。

（三）有效抓住语法知识的重点

语法涉及的内容十分广泛，教师的讲解并不能涉及所有的内容，所以教师有必要教授学生如何抓取和学习语法知识的重点，这样可使学生的学习更加有效。语法的内容包含词法和句法。但是，在实际的自主学习中，学生应该以句法为主，通过句法的学习来带动词法的学习。这是因为句子是交际的基本单位，这就要求学生应该准确掌握英语的基本句型。英语中的句子是无限的，变化也多种多样，但是其中也蕴含着规则，即都是在基本句型的基础上演变而来的。如果对这些有了一个清晰的把握，那么学生就基本掌握了英语语法的概貌。

（四）多进行实践训练

语法学习实际上属于实践性活动，如果不能准确运用语法，那么口语交际和书面写作往往会出现问题。在英语语法自主学习中，学生应该运用多种形式来加强语法的训练，并且每一次的训练都应该与具体的实际相结合。学生可以做大量的听、说、读、写、译的练习，这几项技能是交际中必备的技能，是相辅相成的，当然也是锻炼语法的最好的方式。口头的练习对于培养和巩固学生的语法习惯非常重要，而笔头的练习有助于促进学生的语言组织能力，对于语序的安排、时态的使用、各种词性的运用都大有裨益。在具体的实践练习中，口头的练习要与笔头的练习相结合。

（五）学会使用词典

学生的语法学习离不开字典。学生要想明白每一个词的语法作用,要想知道如何才能更好地运用该词,就需要学会使用词典。很多人认为,词典只是为了查找某些单词的读音和拼写,实则不然,一本好的词典还能够帮助学生区分某些词的不同语义。而且,每个单词下面会配有例子,通过这些例子,学生可以明白词汇不同的用法、搭配、不规则变化等。

（六）通过阅读掌握语法

通过阅读,学生可以更加快速、高效地掌握语法知识,因此在英语语法教学中,教师可鼓励学生积极阅读,从而掌握语法知识。阅读中有很多新的语法现象,学生在阅读中进行适量的剖析,可以对旧有语法知识进行巩固,有助于对新的语法知识进行学习和掌握。需要注意的是,当学生遇到新的语法现象时,应该保持对语法的敏感性,对不熟悉的语法现象及时做出反应并进行认真的思考,从而使自己的语法框架更加充实和完善。

（七）从错误中学习

语法学习的过程实际上就是不断出错然后加以修正的过程,所以教师要引导学生正视错误,让学生不应惧怕犯错误,而应努力找出方法纠正自己的错误。对于语法学习中的错误,学生可以从以下几个方面做起:

(1)搜集语法错误。学生将自己出现的口头的、书面的错误资料都搜集起来。

(2)鉴别语法错误。学生要找出这些错误是偶然的,还是由于没有掌握牢固语法而犯的错误。

(3)将鉴别出来的这些语法错误进行归类。

(4)分析语法错误,找出产生错误的原因。学生要找出这些错误是因为受到母语的干扰,还是因为对语法规则理解错误而导致的。

(5)对这些语法错误的严重程度进行评价,也就是这些语法错误对交际产生的影响是大还是小。

九、语法记忆法

语法只有牢固记忆,才能有效掌握和运用。但面对纷繁复杂的语法知识,学生记忆起来有一定的困难。对此,学生应掌握有效的记忆方法,在理解和巩固的基础上进行记忆,避免死记硬背。具体学生可采用以下方式记

第六章　基于网络多媒体的英语语法教学新探

忆语法。

(一)通过佳句、格言记忆

很多佳句、格言都包含一些基本的语法结构,学生对这些佳句或格言进行熟记后,能够掌握并运用与之相关的一些语法形式。例如:

It is no use crying over split milk.

覆水难收。

When you are at Rome, do as the Romans do.

入乡随俗。

(二)通过顺口溜记忆

顺口溜读起来朗朗上口,而且容易记忆,学生通过这种方法可以帮助自己对语法进行记忆。例如:

I DROP CAPS.

这一说法用于学习和记忆虚拟语气在宾语从句中的运用。其中的每一个单词都代表一个动词,I 代表 INSIST,D 代表 DEMAND,R 代表 REQUEST,O 代表 ORDER,P 代表 PROPOSE,C 代表 COMMANAD,A 代表 ADVISE,P 代表 PREFERS,S 代表 SUGGEST。

(三)进行重复记忆

学生在学习一遍语法知识后,是不能有效掌握的,而且很快就会忘记,因此学生需要对语法知识进行重复记忆。所谓重复记忆,就是对所记忆的语法知识进行记忆之后,隔一段时间再记忆,经过多次反复之后,形成一种永久的记忆。

总体而言,在网络多媒体环境下,教师要明确英语语法教学的内容,清楚教学的现状,遵循科学的教学原则,运用新颖的教学方法,以改善语法教学的现状,提高语法教学的质量,进而培养学生的语法能力。

第七章　基于网络多媒体的英语听力教学新探

人们主要是借助语言进行交流的,而听力是人们必须要掌握的一项语言技能。近年来,英语教学手段发生了巨大变化,网络多媒体技术的融入大大丰富了英语教师的课堂教学手段,显著提高了英语听力教学的效果。本章对基于网络多媒体的英语听力教学进行详细探究。

第一节　听力与听力能力

一、听的模型

20世纪后期,形成了一系列听力理解的理论与模型,它们反映了现行的听力知识、研究关心的问题和技术的发展。下面重点介绍听的四种模型。

(一)通讯理论模型

通讯理论模型(Communication Theory Model)也可以称为"通讯数学理论(the Mathematical Theory of Communication)"(Shannon & Weaver,1949),它可以使远程通讯系统更加有效。该理论包含很多与听有关的术语,如发送(transmission)、信号(signal)、接收(reception)和噪音(noise)等。因为通讯理论模型主要是为了解决工程问题,所以人们在交际过程中的参与作用被放在一边。1951年,李克里德和麦尔勒(Licklider & Miller)指出,通讯理论模型强调的是清晰性而非理解力,其研究结果是用于评价设备而不是听话人的。因此,通讯理论模型促使人们思考这样一个问题:当听力理解并不是信息的简捷接收时,我们要如何对其进行描写。

(二)信息加工模型

信息加工模型(Information Processing Model)受计算机和人工智能研

第七章　基于网络多媒体的英语听力教学新探

究的影响较大。该理论强调,信息加工的核心概念为输入(input)、加工(processing)和输出(output),而人类则是能力有限的加工者(processor),所以当要完成某项复杂的任务时,人们应将注意力放在某一方面,在其他方面则只须投入较少的注意力。布朗和安德森将典型的信息加工模型概括为:感知(perception)、解析(parsing)和利用(utilization)以及"识别(identify)、搜寻(search)、归档(file)和运用(use)"。尽管它们暗示着理解的各个阶段,但听者只有同时对其加以利用,才能做到即时加工。

(三)社会/语境模型

社会/语境模型(Social/Contextual Model)强调,人类不仅是能力有限的加工者,而且"理解是一个认知过程……将社会的和个体的感知联系在一起"(Ohta,2000)。可见,与前两种模型不同,在此模型中,人类被当作参与者和意义的创造者,其中意义是在人们之间的交互空间中获得的,并非仅存在于人类个体的头脑中。

(四)境遇行为模型

境遇行为模型(Situated Action Model)是由语言与社会演变而形成的模型。可以说,境遇行为模型是信息加工模型的进一步发展,其对听的理解有了更多的思考。进化论的心理学家指出,人们用大量的时间去理解,不是为了将信息存储在大脑中,而是为了做事。巴瑟罗(Barsalou,1999)指出,因为人们要在打猎、聚会和简单工业等活动中控制他人的行为,所以就产生了语言。需要指出的是,认同境遇行为模型的人并不排除理解所需要的存档功能,而是更强调人们在日常交际中更多地面向未来行为,如到哪里可以买到新鲜的水果等。

以上四种模型是相互补充的。即便是解释力最有限的通讯理论模型也能充分描写某些理解性任务,如记下某人的姓名等。经过大量的实证研究得出,对上述四种模型进行综合运用,将会对成功的听所需要的各种因素做出合理的解释。

二、听的过程

(一)"自下而上"的意义解码过程

具体而言,"自下而上"的意义解码过程涉及如下两个内容。

其一，听者应该从整体上辨认和把握话语中的节奏单位的音位特点。

其二，听者要对所听内容进行片段解码，即将该节奏单位分成若干个单词。

这两个过程是相辅相成的，会同时发生、同时进行，所以可以将它们合并为"自下而上"的意义解码过程。

1. 辨认过程

意义解码首先需要从单词入手，因为单词是表达意义的最小单位。在对单词进行解码的过程中可以发现，单词会逐渐从连续的语流中析出，并且兼具两个特点，即前瞻性和回顾性。单词的前瞻性主要体现在单词可以为下面的单词提供辨认点，只要听者根据自身掌握的句法知识和语义规则，就能预先处理该语音信息；而单词的回顾性体现在单词辨词能够激活听者大脑中的已有词汇和信息，将该单词与旧知识结合起来建立起必然的联系。

对于阅读理解而言，该模式是一种以文本作为驱动的模式，即从低级的基本字母单位到高级的词、句甚至语义的加工，从书写文字符号到文字意义理解的整个过程。读者要理解整个语篇，必须具备从低级到高级的基础语言知识，因为对字母的理解有助于对词的理解，对词的理解有助于对句子的理解，对句子的理解有助于对段落和篇章的理解。但是在听力教学中，学生无法通过视觉获取这些相对较可靠的信息提示。比如，学生要想辨析单词，就要依靠词义的关系来对词与词之间的联系、空格进行辨别与判断。词汇辨析可以反映学生的音位能力，特别是对音位的处理能力，即能够察觉特征及其划分节奏。

（1）察觉特征

"自下而上"的意义解码中的第一部就是察觉特征。我国学者任庆梅指出，在听力理解过程中，听者大脑中的神经元网络可以对信息中的音频进行辨析，从而实现对因素特征加以辨别的目的。但是某些神经元网络在学生母语学习的过程中并没有得到体现，并且这些功能会随着学生的成年而逐渐退化，此时在大脑中的那些能够辨析音频的神经元网络就发挥了作用。这种认知特征导致：听者较容易辨认母语因素，但难以辨认母语之外的其他因素。并且，英语本身的语音体系很复杂，包含很多连读、省略、弱化等现象，这就加大了学生辨认音位特征的难度。

（2）切分节奏

切分节奏也是一种单词辨析的方式。切分节奏具有整体性的特征，听者会根据节奏、重音等规则将听到的音进行切分，切分之后的单词可以为词

第七章 基于网络多媒体的英语听力教学新探

汇的处理及其建构意义奠定基础。

特萨和斯莫伦斯基(Tesar & Smolensky,2000)提出了一个最优化理论,这一理论以"音位—词汇系统"和"音位—句法原则"为基点,主要目的是使本族语者掌握能够切分母语节奏的方法:先将语流切分成几种不同的语块,之后将其切分成独立的单词。学生在学习母语时,这种切分策略会随着语言能力的提升而使自动化程度越来越高,对语流的切分也更加精确。

通常,英语本族语的切分要注意如下两点:

其一,重音的切分。重音的出现标志着一个新的实词的开始。在英语中,大概90%的实词的重音会落在第一个音节上。

其二,停顿的切分。在语流中,每个停顿的单位都附带一个突出的实词项,或附带一个单词,也可能附带一个短语。通常,语流中大约每隔2~3秒会出现一个具有意义的单位,此单位以停顿的切分为标志。

学生在学习第二语言时,这些在母语中缺失或者与母语中不同的切分策略,就会对第二语言的听力产生一定影响。但是,如果学生可以不断地在听力训练中进行恰当的处理,那么其"自上而下"的语言处理能力就会得到显著提升。

2. 片段解码

学生随着年龄的增长,英语水平也会得到一定提升,可以结合较长的片段或语篇辨别词汇,从而可以进一步丰富话轮转换,让语境交际过程更加真实,更容易理解和把握重音变化、语流的切分。这就是对听力片段或听力语篇意义解码的过程。例如,教师为学生设置一组对话,将学生分成两人一组进行练习。组内成员在听同伴说话时,将对方强调的内容记下来。等对话练习结束后,两位同学进行协调,确认对方已经理解了自己的意图。对于一些不同的意见或者看法,教师应组织全班同学进行讨论,进而保证学生对音位的规则及其语流切分有一个全面的把握和认识。

经过大量的练习,学生就会理解和把握说话者的交际意图。从这一层面上说,"自下而上"的片段解码不应仅对字面意义进行解码,还应将形式与意义融合在一起,即在形式的基础上来谈意义,或是在已有的基础上来谈形式。

另外,在对片段解码时除了要关注具体的信息,还要有对整个片段或者整个语篇信息的把握和理解。在听力理解过程中,学生经常只关注具体的信息,从而造成可以理解某些片段信息,但无法理解综合起来的片段。因此,在英语听力教学中,教师要为学生选择合适的听力材料,根据学生的特点与能力开展教学，遵循循序渐进的原则，从而使学生对片段或语篇的意义有整体的理解。

（二）"自上而下"的意义阐释过程

与"自下而上"的意义解码过程完全相反，"自上而下"的意义阐释过程是指学生根据自己的记忆对说话者的话语进行推理和判断，并对说话者所说的内容进行预测。实际上，学生大脑中存储的知识系统是由多种结点连接而成的。在听力理解过程中，学生会输入说话者的信息，然后靠一个单词或几个单词建立与这个单词或这几个单词相关的网络。通常，学生的这些已有知识会以图式的方式存储在大脑中，且这些图式并不是固定不变的，而是会随着新信息的不断注入发生改变，这些新信息会逐渐生成新的图式，而新的图式会将那些旧图式取代。新图式的不断建立是学生输入信息的前提条件，也是对旧有信息的丰富和补充。

但是，这个对旧有信息丰富和补充的过程会产生一个问题，即对交际者本意的曲解。例如：

turn red 变红

turn a handle 转门把手

turn writer 成为作家

turn from 对……感到厌恶

这是一组由 turn 一词激活的图式，通过几个短语可以看出，与 turn 搭配的词语很多，但是必须结合上下文才能判断其具体的意义，从而对整句话或者整段话进行意义的建构。

由此可知，意义建构的过程不仅发生在词语层面，还出现在句子层面。如果听者仅靠某个句子的字面意义来猜测说话者的意图，就容易产生片面的理解。在听力理解过程中，当听者听到一句话时，就会产生与这句话相关的信息并将自身已有的知识激活，这些被激活的信息可以补充和纠正句子的字面意义，从而正确理解整个句子的意思。

（三）"自下而上"与"自上而下"交互过程

在实际的教学中，单纯地依靠"自下而上"的意义解码过程或者"自上而下"的意义阐释过程是不够的，必须将二者结合起来，才能保证学生的听力理解更加流畅和准确，如图 7-1 所示。

总而言之，"自下而上"与"自上而下"是相互促进、相互依赖的，二者共同组成听力理解的过程。哪个是解码活动，哪个是阐释活动，是难以分清

第七章　基于网络多媒体的英语听力教学新探

的,并且即使分清了,对听力教学效果也没多大意义。在英语听力教学中,教师最重要的是找到学生出现听力障碍的原因,分析其究竟是由哪一个层面引起的,以及当两个层面出现矛盾或者不一致意义解释时,不同的学生会选择哪一个层面来对听力信息的意义进行判定。

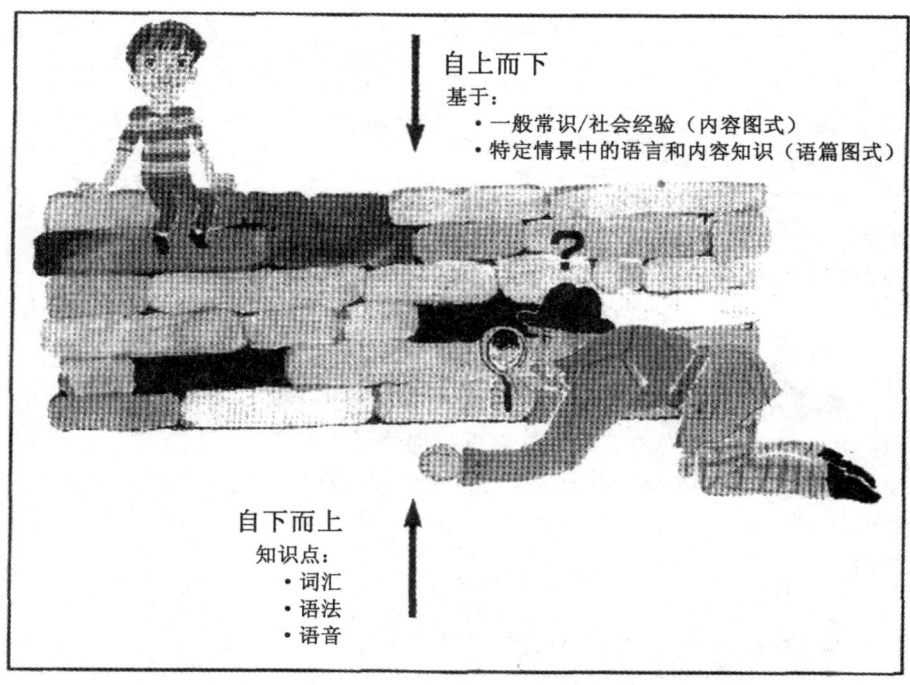

自上而下
基于：
- 一般常识/社会经验（内容图式）
- 特定情景中的语言和内容知识（语篇图式）

自下而上
知识点：
- 词汇
- 语法
- 语音

图 7-1　"自下而上"与"自上而下"的交互过程

　　对于初级水平的学生,其听力的重点应该是"自下而上"意义解码的过程,因为在这一阶段学生能够理解听力材料的字面意义,可以听懂说话者所要传达的信息,还能给自己带来一定的满足感和自信,从而激发学习的兴趣和积极性。另外,因为阐释意义对初级水平的学生而言有一定难度,所以教师在设计听力教学任务时,要注意两个问题：其一,初学者的注意力往往在听力文本的语音、词汇和句法上,往往无暇顾及意义的建构；其二,受英语水平的影响,初学者的听力文本对语境（或上下文）的理解往往可靠性差。

　　对于水平较高的学生,听力理解的重点应该转移到对意义的阐释过程上来,即"自上而下"的意义阐释过程。在初级阶段的英语学习过程中,学生会在字面意义上遇到障碍,这一阶段的学生能够将新旧知识结合起来,再借助语境的作用,从而可以弥补初级英语学习阶段的弊端。

三、培养学生听力能力的意义

(一)可以进一步巩固学生的语言知识

对学生英语听力能力的培养,可以有效内化和巩固学生的语言知识,从而使学生构建起系统的知识体系。实际上,听是一个很复杂的信息处理过程,在整个过程中会涉及语言信息的理解和输出。学生在完成听力理解活动时,一方面可以提高自身的听力水平,另一方面可以构建新的知识,从而掌握丰富的英语语言的规则和内容。因此,培养学生听力能力的过程其实也是让"学生理解、学习和构建新知识的过程",培养听力能力的活动是"实现学生知识构建的有效手段"。

(二)可以提高学生的语言运用能力

培养学生的听力能力其实也是提高其综合语言运用能力的一个有效手段。对学生听力能力的培养一方面可以促使学生对英语语言的声音符号信息进行辨别,另一方面可以激发学生积极思考,对语言信息进行重新组合,更好地理解所学的语言知识,同时提高语言学习效率,最终提升语言运用能力。

四、影响学生听力能力提升的因素

(一)生理因素

爱德华·霍尔(Edward Hall)指出:"一切文化行为都有生物学基础……都植根于人的生理机制。"同理,作为人类文化的一项活动,听力也会受生理机制的影响。概括来说,影响学生英语听力能力提升的生理因素有以下几个:

1.说话者的语速

听者在听力理解过程中受说话者的语速的影响较大。通常,语速也决定着听者接收信息并进行信息处理的能力。

大量研究表明,多数人对信息的处理速度要比说话者的语速快上 3～4 倍。因此,当听者对说话者的内容较为熟悉或感兴趣时,听者对说话语速与思维速度间的错配关系的感知度就比较低。但是当听者对说话者的话题不

第七章 基于网络多媒体的英语听力教学新探

是十分熟悉或感兴趣时,其对信息的处理速度变慢,对说话语速与思维速度之间的错配关系的感知度便上升。

在有些情况下,听者对声音的接收和处理速度甚至慢于说话的速度,这样就会造成逆向错配。例如,说话者的声音低沉、说话方式不正常,听者就会在心理上产生一种乏味感。此时,逆向错配的影响作用便加大,对听者的注意力造成干扰,最终影响听力的效果。

2.对所听内容的熟悉程度

学生听力能力的提升还受其对听力内容的熟悉程度的影响。当交际发生在双方的母语环境中时,因为双方都非常熟悉其中的语言规则、语法结构,所以能很容易预测之后的话语信息。可是,如果交际双方均处于外语环境中,学生对其的熟悉程度就没有像对母语那么熟悉,所以就难以预测话语信息,此时大脑对信息的处理速度也会变慢很多。当学生听到一些自己不太熟悉的词汇或概念时,其思考的速度也会明显降低,甚至出现信息空缺现象。对此,教师在培养学生的听力能力时,应该重点培养学生的英语思维能力,培养学生用英语思维的意识,以便增加学生对英语的熟悉程度。

3.听的注意广度

听力的注意广度是指听者在听力理解中集中注意力的持续时间。通常来说,人们听力注意力集中的时间为15～20分钟,之后的注意力会不断降低。经过一段时间的休息和调整,注意力会再次集中。简单地说,听者在听力理解过程中的注意力为"升—降—升"的变化模式。

基于此,教师在培养学生的听力理解能力时,应该抓住学生注意力集中的规律和特点,合理安排教学重点和难点,保证听力教学的有效展开。

4.学生的认知策略

在听力理解过程中,学生可以运用一定的认知策略对接收的语言信息进行积极的思考和再加工。具体来说,学生可以采用的认知策略有猜测、预测、判断、推理等。

如果学生对交际的主题或语言十分熟悉或感兴趣时,那么就会很容易理解和把握说话者的意图,也就是说话者的"言外之意"。但是,当学生对交际的主题或语言不熟悉或不感兴趣时,就可以使用相关的认知策略进行推理判断。例如,在具体的听力情景中,学生可以根据说话者的年龄、身份等猜测话语主题,并且可以根据说话内容、场合等判断说话者的身份,从而对说话者的说话观点和态度进行判断。

(二)心理因素

心理因素也是影响学生提高听力能力的一个方面,其具体包含以下几点内容:

1. 积极性

在听力理解过程中,学生的积极性是影响其听力效果的一个重要的心理因素。学生心理上的积极性对听力生理机制的发挥起着有效的激发作用。学生积极地听,可以缩小听与说之间的速度差,增大其自身新信息处理过程中的注意广度和记忆广度,取得更好的听力效果。[①] 而学生消极的参与状态则会直接影响其注意广度,进而影响信息的接收和处理速度,导致听力效果低下。

2. 假听

假听属于潜意识层面,在听力理解过程中具体表现为"思想开小差""走神"。当听者对说话者的内容不感兴趣或注意力不集中时,就容易分散注意力。虽然听者表面上还维持着听的状态,但实际上早已无法集中注意力,所以显然不会有很好的听力效果。

确切地说,听力过程中出现假听的现象是由听者和说话者双方共同造成的,并且是听者双重行为的结果。当听者陷入假听的状态时,一方面想着维持听的状态,另一方面潜意识已经在思考别的事情。

3. 情感因素

学生的情感因素主要涉及焦虑、自信心和动机等,其对学生听力理解能力的提升有很大影响。在听力训练过程中,很多学生因为欠缺英语基础知识而缺乏自信。这些学生在听的过程中很容易出现精神紧张、焦虑等情绪,从而影响其心理语言的活动,最终影响其思维灵敏度,导致听力效果不佳。

基于此,教师在培养学生的听力能力时应该有意识地提高学生的听力自信心,并尽可能为学生营造一种轻松愉快的听力学习氛围,让学生没有负担地学习,从而让学生最大限度地发挥主观能动性。

---

① 胡文仲.高校基础英语教学[M].北京:外语教学与研究出版社,2006:143.

第二节 英语听力教学的内容与现状

一、英语听力教学的内容

（一）语音训练

语音训练是培养听力能力的重要基础,所以要开展英语听力教学不可忽视语音训练。具体而言,语音训练主要涉及听音、意群、重读等方面。在进行语音训练的过程中,教师还应注意按照一定的步骤展开,即从词到句,从句到文。在听力过程中,经常会遇到一些容易造成困难或混淆的语音,对此教师也应加以重视,即对这类语音展开专项训练。例如,教师可以对一些同音词集中进行训练,区分发音相同、词义不同的词究竟有哪些差异,如bad（坏的）和bed（床）、cheap（便宜的）和chip（削,凿）、sheep（绵羊）和ship（船,舰）等。归根结底,组织大量的语音训练就是为了提高学生的语音辨别能力,从而为提高学生的听力水平打下坚实的基础。

（二）听力技巧

学习任何知识都必须先掌握一定的技巧,这样才能在具体实践中合理地运用知识。英语听力学习也是如此,学生需要掌握扎实的听力技巧,如学会听材料的大意,知道如何听细节,了解听具体信息的重要性,必要时要懂得听材料的隐含之意,能根据上下文猜测词义等。在听力教学过程中,教师应通过各种活动培养学生的听力技巧。

（三）听力理解

掌握各种听力技巧的目的是更好地理解听力材料。也就是说,教师在听力教学中除了要训练学生的语音和技巧能力外,还应训练学生对句子、语篇的理解能力,使学生的理解从"字面"到"隐含"再到"应用",逐步深入。

（四）逻辑推理训练

学生掌握一定的逻辑推理能力对其听力理解有着至关重要的作用。因此,在英语听力教学中,教师要重点训练学生的逻辑推理能力,并且要求学生增强自己的语法水平,因为语法是听力理解的基础,逻辑推理是判断的重要前提,二者都是听力的必要条件。

另外,语感也是听力教学中不可忽视的内容。学生在听力过程中,需要对听力材料有一个初步的预测,当预知即将听到的信息范围时,头脑中这一范围的知识储备就会被"激活",这样就能获得很好的听力效果。

二、英语听力教学的现状

(一)教学目标缺乏层次性

《大学英语课程教学要求》明确指出:大学英语教学的目标是培养学生的英语综合运用能力,特别是听说能力。学生要想在毕业后的工作和社会交往中有效地使用英语,必须实现几个目标,即英语学习的一般要求、较高要求和更高要求。然而,大学英语听力教学并没有对这三个层次的教学目标很好进行区分,仍然用统一的标准开展教学,使得一些听力水平较低的学生失去了学习的兴趣,严重影响了学生听力水平的提高。因此,教师有必要借助网络多媒体手段,遵循因材施教的原则,制订适合不同层次学生的听力教学目标,这样才能使学生有效地提高英语听力能力。

(二)教学手段单一

一些教师因受传统教学模式中以教师为中心的观念的影响,在英语听力课堂上总是让学生单调地听,然后要求个别学生回答问题并简单核对答案。这就难以保证每位学生都有练习的机会,从而影响学生听力水平的提高。

而且,在听力课堂中仅采用单一的授课方式,学生很容易打瞌睡,注意力难以集中。

另外,英语听力教学内容较为陈旧,只有声音,文字和图像较少,缺乏生动的教学环境,容易使课堂缺乏吸引力,从而无法使学生积极地学习听力。

(三)学生缺乏自主学习能力

受传统教学模式的影响,教师和学生都过于注重语法和词汇的练习,进而忽视了听力能力的培养和训练。

尽管有些学生意识到了英语听力能力培养和训练的重要性,但因为听力基础较差,在课上只能听懂只言片语,长期下去就自然放弃了听力学习,当课程内容逐渐加深时,英语听力课就变成了"休息课"。

(四)大班授课

随着各大高校的不断扩招,学生人数迅速增长,班额也越来越大,50人以上的班级随处可见,这种大班上课的模式大大限制了教师与每一位学生的沟通。

由于班级人数过多,而很多听力活动只能在小范围学生内开展,因此导致教师与学生缺乏足够的交流。

(五)课时少

尽管不少学校为了满足英语教学改革的需要为学生设立了语音实验室和多媒体设备,但是因为人数过多,教学资源有限,所以听力课时相对较少。

对非英语专业的学生来说,每周仅两节英语听力课能接触地道的美式英语或英式英语,要在这么短的时间里提高听力水平是很困难的事情。

(六)以教师为中心

在传统的英语听力教学模式中,教师为了完成教学任务总是占据中心地位,学生也习惯依赖教师的讲解,课后很少进行听力训练,长此以往,学生成了听力教学的被动接受者,缺乏自主学习的意识。

实际上,学生听力水平的提升离不开长期反复的练习,这是一个不断强化的过程。如果在课堂上教师没能有效地培养学生的听力能力,那么学生的听力学习效果也不会太好。

(七)学生的听力学习兴趣不高,态度不认真

英语听力教学主要还是以通过考试为目的,缺乏教学设计,形式也很单调。在教学过程中,教师也缺乏对学生听力技巧的讲授,如怎样抓听关键词,怎样做笔记,怎样捕捉大意等。长此以往,就导致学生对听力逐渐失去了兴趣,学习情绪不高,甚至出现反感、冷漠的态度。

(八)忽视课外听力训练

大量调查显示,多数学生不会在课外进行专门的听力训练,只有很少的一部分学生会听录音、英文歌或看英文电影,这就说明学生并不注重课外的听力训练。其实,课外听力训练对学生来说是一个较大的挑战,它要求学生必须花费一定的时间和精力。另外,因为课外没有合适的听力设备,学生也放弃了课外听力训练。需要指出的是,只靠课上有限的听力训练是难以从根本上提升听力水平的,所以学生应注重在课外开展有规律的

听力训练。

(九)教师发音不标准

英语听力教学对教师的语音水平有较高的要求,需要其必须具有纯正的发音。当前,《新视野大学英语视听说教程》(外语教学与研究出版社)第三版教材中编录了摘自英国广播公司的原声音频,真实立体的语境地道鲜活地再现了英语语言文化及语言使用的习惯。与思辨性相比,人文性的原声音频、视频有一个不可忽视的问题,即一些教师的发音不够标准,当教师想要更好地表达意思时,总是使用汉语解释听力中的内容和问题,这将严重阻碍学生听力水平的提高。英语教师掌握的语言知识及文化背景知识是否扎实对听力教学有着巨大影响。在英语听力教学中,教师的语言能力与表现力对学生会产生积极或消极的影响。同样,学生语言的产出能力也会展现出教师在语言教学上的效果。因此,教师必须努力提升自身素质,保证自己的语音纯正。

第三节 基于网络多媒体的英语听力教学原则

一、激发学生兴趣原则

对于任何教学和学习活动而言,兴趣都是至关重要的,对于英语听力教学来说更是如此。在进行听力教学之前,教师首先要了解学生的兴趣所在,即学生喜欢何种听力活动,学生喜欢何种听力材料等,并根据学生的兴趣爱好,采用有效的教学方式来激发学生的学习兴趣,保证教学的顺利开展,提高听力教学的效率。

二、增强输入原则

克拉申(Krashen)的语言习得理论强调,足够的语言输入是语言习得的重要前提。通过大量的听力输入,使学生接触大量真实的语言实例,辅以有目的任务,可以帮助学生习得听力。在英语听力课堂上,教师应该将听的输入设计成学生学习英语的主要途径;材料的呈现以听的形式展开;教师要用英语授课;师生、学生之间的互动要尽量使用英语。这样才能营造一个真实的听的环境。当然,因为课上的时间有限,所以教师要适当为学生布置一

第七章　基于网络多媒体的英语听力教学新探

些课外任务,从而保证听的量。

三、精听与选听相结合原则

精听是要求听者必须准确分辨出音、词、短语、语法单元和语用单元的听。虽然听者日常的交际中无须始终精听,但必须具备这种精听的能力,在关键时刻可以精听。

因为听写在听的基础上还涉及词汇、语法及根据语境推理等能力而成为精听的经典活动。根据不同的任务,罗斯特(Rost)总结了六种听写形式。

(1)听释。听释要求学生在词汇、结构较为复杂、信息量较大的情况下,不记笔记听完几分钟的语篇,接着单独或小组合作,完整和准确地重构语篇。这是斯温(Swain,1995)根据自身的"可理解输出"研究提出的听写方式。对于同样的文章,可以让学生重复进行"听—重构"的听写活动,前期可以训练学生在听中把握中心大意,后期可以要求学生把握细节。

(2)快速听写。快速听写是一种自然速度与标准语音语调情况下的听写,其主要可以训练学生集中注意力于语言的"快速"。

(3)听写大意。听写大意要求在听的过程中间隔停顿,让学生写出大意,以便训练学生表达的灵活性和听意义的技巧。例如:

Finding a particular book in a library is quite easy if you know both the author's name and the title of the book. You simply go to the author catalogue which is alphabetically arranged. You find a card with the author's name, the title of the book and the shelf-mark, which tells where in the library the book is kept. You will go to the shelf, take the book and get it stamped at the issue desk. If the book is not there, it means that someone has got it out. In this case you can go to the issue desk and reserve it.

这段材料的主要内容是如何在图书馆中查找所需书籍。学生在听的过程中要注意第一句,听懂了第一句也就能对这篇材料的主旨大意有大概的了解。

(4)完形听写。完形听写是指学生在听的过程中或者听后完成相应的完形填空练习,通常是词和短语方面的,它是为了训练学生的注意力。

(5)纠错听写。教师可以为学生提供带有语法或语义错误的文本,要求其听并纠错,目的是加强学生对细节的关注。

(6)线索听写。线索听写是指配对的学生分别拿听力材料的一部分,互相读给对方听,让对方了解完整的内容。这一活动的目的是使学生对意义进行讨论。

选听要求学生选择性关注特定的信息，不需要理解并记住全部信息，所以更接近真实的交流环境。

学生在选听之前要有明确的目标，清楚自己要听的重点。例如，学生要重点听叙事语篇的六个要素：人物、事件、地点、时间、方式和原因等；说明性语篇所涉及的数字关系、比例、比较、测量、含量等；论述性语篇的因果推理关系等。例如：

Man：What's your surname please, Sarah?

Girl：Tanner.

Man：Can you spell that please?

Girl：Yes, it's T-A double N-E-R.

Man：Thank you. Now you want to take books from the school library, don't you?

Girl：Yes, please.

Man：Good. How old are you, Sarah?

Girl：I'm eight. My birthday is in September.

Man：OK, that's fine. And who's your teacher?

Girl：Mrs. Drummond.

Man：Can you spell that for me please?

Girl：Yes. D-R-U-double M-O-N-D.

Man：Right, and what books do you like best?

Girl：Animal stories.

Man：Excellent! We've got some lovely stories about animals in the library.

Girl：That's good.

Man：Now what are your hobbies, Sarah?

Girl：Riding. I like horses.

Man：That's good. Now the last question. How many books do you want?

Girl：Sorry?

Man：I mean how many books do you want to take each week?

Girl：Oh, I see. I'd like five, please. I read a lot of books at home.

Man：That's fine. You can go and choose five books if you like.

Girl：Thank you.

(资料来源：Cambridge Young Learners English Tests, 1999)

第七章　基于网络多媒体的英语听力教学新探

通过分析这则对话可知,这一听力材料特别注重一些线索。学生在听的过程中应留意一些细节:女孩的姓名、年龄、教师的名字、喜欢的书籍、兴趣爱好以及她每周需要几本书。

在选听过程中,记笔记是一种有效的辅助方法。为了培养学生的选听能力,教师可以对其笔记内容有一定要求和引导,如记关键词、主要观点、例证,或是记标题等。教师可以提出若干问题,要求学生记录所听的要点,听完进行整理。这种活动利于学生集中注意力,并对自己听的活动进行监督,更利于解决听力活动中听的时长和人的短时记忆容量小之间的矛盾。具体而言,记笔记可以采用两种方式:简化内容;用缩写、符号。例如:

Here's a recipe for delicious dumplings, which, you can eat on Chinese New Year. Here's what you do.

Take a cabbage. Chop it into fine pieces. Squeeze the cabbage so as to take away all the juice. Mix the chopped cabbage with minced meat. Then you add salt and vegetable oil. Then you must make the dough. To make this, you mix flour with water. And then you divide the dough up into small pieces. And you roll out each bit with a roller into thin round pieces of dough. Then on each small piece of dough you put a spoonful of the mince. And you wrap it up like a little packet. And then you put it in water and boil it for ten minutes and then you eat it. It's delicious!

在听短文时,可以做如下记录:

Dumplings, Chinese New Year, cabbage, chop, squeeze, minced meat, salt, vegetable oil, make dough, mix flour with water, round piece of dough, put a spoonful of mince, wrap it, boil it, ten minutes

另一种是使用一些简单的缩写和符号。

缩写:

should—shd   possible—poss
professor—prof   teacher—teach
doctor—doc   advertisement—ad
bicycle—bike   gymnasium—gym
television—telly   telephone—phone
veterinarian—vet   photograph—photo
laboratory—lab   examination—exam
experience—exp   available—avail
after—aft   excellent—exc
week—wk   modem—mod

transport—trans

符号：

and—&　　　　　　because—∵　　　　　　so—∴
dollar—$　　　　　　pound—£　　　　　　smaller than—＜
bigger than—＞　　　change into—→　　　per cent—％

四、分析性的听与综合性的听相结合原则

分析性的听是指以单词、词组、句子为单位，强调对细节的理解；综合性的听是指以语篇为单位，注重对整体内容的把握。在听力教学中，教师应该坚持分析性的听与综合性的听相结合的原则，设置相关的听力训练，培养学生的听力能力。

五、真实性原则

对于英语听力教学中"真实"性原则的理解，不同的学者有着不同的看法，但多数学者认为它应该有如下几个特点：听力的语速自然，语音语调自然，高频词，口语化，面向真实的听者。罗斯特指出，真实性原则涉及两个方面：一是语言输入要适合学生当前的需要，反映真实世界的语言的真实使用；二是语言输入有本族语对话者之间出现的自然语言的特点，如节奏、语速、停顿、语调等。

六、简化原则

简化语言输入是为了使学生更加活跃，即可以启动学生的背景知识，利于学生更好地推理，且让其更愿意对所听内容做出反应。罗斯特指出，听力材料的简化应该从两个方面入手：其一，限制性简化，即使用和强化熟悉的语言项目；其二，相近性简化，即丰富输入以帮助学生减少理解的障碍。

七、听、说、读、写相结合原则

虽然英语听、说、读、写四项技能的教学是分开进行的，但这些技能既有其独立性，又有其依存性，更多情况下这些技能互相结合、同时进行。在听力训练中，采用会话、听写、听后复述等方式，不仅可以集中注意力，带动其他技能的发展，而且可以创造真实的语言环境，有利于培养实际的交际能

力,从而收到事半功倍的效果。在听、说、读、写四项技能中,任何一项技能的提高都会带动其他技能的提升,反之,任何一项技能的欠缺都会阻碍其他技能的提高。所以,听力训练应与其他能力的训练有机结合起来。

听、读的结合一方面能够增强学生的语感,另一方面也有助于学生将单词的音、形、义三个方面统一起来,加深印象。朗读的材料可以是课文或与课文难度相仿的文章,学生边听边读,不仅可以模仿到纯正的语音、语调,还可以纠正发音错误。长期的边听边读不仅有助于加深学生对材料的理解,还有助于学生提高对语言的反应速度和感知度。由于听力输入量的增大,词汇复现率也会提高,对于常用词语就会越熟悉,在读与听时就可很快将这些词语从记忆库中调出,立刻领会,从而更好地理解所读与听到的内容。

听、说是日常生活中口头交际的两个方面,是不可分割的统一体。在听力教学中,教师通常会让学生积极参与听力教学实践,只有听懂了对方的话语才能及时做出反应。听力练习的过程也是口语熟悉的过程,而口语训练的过程也是听力锻炼的过程,二者是相互促进的。在英语口头表达中,不同的语调往往反映了说话者的不同情感,教师应引导学生在听解的时候对此加以注意,揣摩不同语调的内涵,同时鼓励学生通过口语表达自己的思想感情。

听写结合的最佳方式是听写训练,它要求学生在有限的时间内将听到的内容记录下来,这就要求学生有高度集中的注意力和对语言的敏感性。很多时候,听懂却不一定能够写得准确,而写得准确也并不一定就是因为听懂了。所以,教学中必须将听与写二者结合起来进行训练,综合提升学生的语言能力。鉴于这种训练难度比较高,教师可在听写训练的开始阶段训练学生听一些基本的词语和简单句型,培养学生的信心,然后逐步加大难度,听写课文或与课文难度相当的材料。

第四节 基于网络多媒体的英语听力教学方法

一、营造良好的听力学习环境

听是一种交际活动,学习的成败在于学生。因此,在英语听力课堂上,教师应该充分利用网络多媒体为学生营造良好的学习环境。具体来说,教师可以借助以下方式为学生营造良好的听力学习环境。

（一）广播

听广播是培养听力能力的一个有效手段，其具体有以下两个优势：

(1)因为广播节目的体裁和题材都较为丰富，所以教师可以根据不同的教学目的选择不同的广播节目。

(2)广播的主题也十分多样，教师在听力教学中可以让学生听话题节目、流行文化节目和当代名人节目等，这样既能激发学生的学习兴趣，又能弥补听力课堂教学的不足，帮助学生轻松地获取外在世界的信息。

（二）视频

视频一般是指各种动态影像的储存形式，如DVD、录像带等；视频还可以指新兴的交流、沟通方式，它是一种互联网的设备及软件，用户可通过视频看到对方并听到对方的声音。利用视频开展听力教学，既能让学生听到地道纯正的英语发音，又能看到英语国家人们用英语做事时的面部表情和肢体语言，可有效加强学生对所听内容的记忆和内化，从而激发学生的交际兴趣和热情。

教师在将视频与听力教学进行融合时，应注意合理利用字幕。字幕的设计主要有三种方式：传统方式，即英语声音，汉语字幕；双模式，即英语声音，英语字幕；反向传送，即汉语声音，英语字幕。

学生可以通过观看视频，掌握听力材料中的重要情境信息。在英语听力教学中，教师可以选择一些符合学生学习水平的视频材料来开展多种活动。例如，先听后看，听后让学生猜测说话者的动作和表情；先看再听，教师只提供图像不提供声音，让学生看完后，给画面配音，然后再提供声音，检查学生配音是否与视频的原声一致；视频听写，教师让学生在听后思考所听内容的言外之意，并以书面形式给出评论。

（三）文学语篇

在英语听力教学中，教师也可以对各种文学语篇进行改编，并加以利用。

教师可以根据作品内容为学生设计各种听力任务，并引导学生积极思考，从而培养学生的文学鉴赏能力，发展学生的批判性思维。此外，因为文学作品中包含多种文本类型，如一部小说中可能包括记叙、描写、说明以及指令性语篇等，适用于培养和训练学生的多种听力技能。教师在课堂上利用文学语篇时，有多种处理方式，如课上朗读，课前录音，利用"有声电子书"进行听力练习等。

第七章　基于网络多媒体的英语听力教学新探

具体来说,教师在选择听力语篇时应注意以下三个方面:

(1)选择难度适中的文本语篇。难度太大,会增加学生的听力负担;难度太小,无法激发起学生的兴趣。

(2)语篇的选择应考虑学生的年龄,确保学生能顺利地理解语篇的主题。

(3)语篇的选择要考虑文化因素。教师在选择语篇时,需要注意文化因素对学生理解的影响,如学生是否有足够的背景知识来理解所选择的语篇,需要给学生补充哪些文化背景知识。

总之,网络多媒体为英语听力教学带来了极大的便利。教师在利用现代教育技术营造良好的学习环境时,必须根据大纲选择听力的主题和话题,不可仅凭教师或学生喜好进行选择;所选内容可以作为教学大纲的补充,但不能完全脱离教材。

二、培养学生的听力自主决策能力

在网络多媒体环境下,对学生听力自主决策能力的培养应注意以下两点。

(1)要求学生学习并掌握获取信息的硬件知识。学生只有掌握了现代信息技术的操作技能,才能实现与教师或者同学通过网络技术的实时交流。

(2)要培养学生掌握、收集、整理、利用信息的能力。学生要能根据教师布置的学习任务,利用现代技术自行搜索、采集信息,对获取的信息进行分析、整理,并充分利用这些信息提高语言能力。此外,学生也应能利用现代技术对自己的学习效果进行评价。

总之,基于网络多媒体的虚拟课堂,学生的角色发生了转变,由原来的被动接受者转为听力理解过程中意义的自主建构者。他们可以用身心感受听力语篇中呈现的各类信息,同时借助网络多媒体将自己的观点与思想传达出来,主动参与学习交互活动,有效提高了自主学习能力。

三、充分发挥教师的主导作用

在网络多媒体背景下,英语听力教学中教师和学生的角色都发生了改变。因此,教师应在听力教学中充分发挥自身的主导作用。

(一)教师与学生角色的转变

(1)教师角色的转变。与传统的英语教学不同,在基于网络多媒体的英语听力教学中,教师被赋予很多新角色,如信息提供者、顾问、管理者、学习材料编写者、评价者和组织者等。要扮演好这些角色,教师必须逐渐减少对学生的控制,更应注意对自己知识结构的更新,学习一些新的知识和技能。教师除了要掌握教学内容的逻辑序列、合理安排教学目标之外,还应关注学生的合作学习,在学生学习进程以及协作过程中扮演好规划设计者的角色。

(2)学生角色的转变。在网络多媒体环境下,学生不再是听力教学的知识接受者,而是主动参与、发现、探究和建构知识的主体。学生可以根据自身的实际情况设计自己的听力学习目标。

因为当前提倡的自主学习是以学生的主体地位为前提的教师进行指导、学生主动参与的学习,并不是没有教师指导的完全意义上的自学。所以,基于网络多媒体的听力教学设计不应忽视教师的主导作用,否则难以取得应有的教学效果。

(二)发挥教师的主导作用

在网络多媒体环境下,教师发挥自身的主导作用应注意以下几点:

(1)教师应充分利用网络多媒体的优势,选择合适的听力材料。网络多媒体技术的运用使听力材料选择的自由度越来越大,所以学生很容易在这里迷失,这就离不开教师适时的引导与帮助。

(2)教师应利用网络多媒体技术引导学生学习西方的文化背景知识。学习英语国家的文化知识也是英语语言学习的一项重要内容,因此在网络多媒体背景下,教师在听力教学中要引导学生关注西方国家的文化现象。例如,教师为学生播放一些适合语言学习、符合学生水平的原版电视剧或影片。当学生欣赏完影片后,教师可以选出一些与文化差异有关的话题,并与学生一起讨论,这样可以有效减少因母语文化与目的语文化之间的差异为学生带来的听力焦虑感。同时,教师也应指导学生进行在线学习,当学生从网站下载好资料后,教师应帮助其筛选、归纳,合理取舍。

(3)教师应利用网络交互性的特点,合理设计听力教学活动。例如,教师可以利用网络多媒体技术的优势,为学生布置交互任务,题目要与教材有关,要求学生利用网络资源,以学习任务为中心,在网上自由组合并进行交互练习。在此过程中,作为学生学习的参与者、鼓励者和指导者,教师要注意激发学生的学习兴趣,鼓励学生主动思考和探究知识,有效地促进学生对语言知识的掌握,提升语言能力。

第八章 基于网络多媒体的英语口语教学新探

随着社会的不断进步以及经济全球化的不断深入,国与国之间的交往日益密切,在政治、经济、文化、商务、贸易等各领域的交流也日益频繁,从而使英语口语学习成了英语学习的重要内容。口语教学作为培养口语人才的重要途径,自然受到越来越多人的重视。在我国,口语学习一直是学生学习过程中的难点,口语教学也一直是英语教学的薄弱环节,这就直接导致口语教学效果不佳。如今,网络多媒体技术迅速发展,如何利用网络多媒体的独特优势,将其融入口语教学,又成为摆在口语教师面前的难题。因此,我们首先需要重新审视口语教学相关概念,分析口语教学存在的问题,在遵循一定教学原则的基础上,实行有效的教学策略。本章就对基于网络多媒体的英语口语教学进行详细探究。

第一节 口语与口语能力

一、什么是说

"说"是在"听"的基础上发展起来的,因此与"听"有着密切的关系。如果"听"是一种输入,那么"说"就是一种输出,它是通过语言帮助自己表达思想,而后完成交际的一项能力。说是相对于书面语而言的,是有声的语言,是语言释放的过程。

在英语活动中,说又分为以下两个方面:

(1)说的技能。说的技能是口语的实际表达状态,是从语言知识的掌握到说的能力形成之间的必需环节,对说的能力发展起着重要的促进作用。英语说的技能大致包括语音语调正确、词汇运用贴切、语句结构符合表达习惯、言语反应和应变能力敏捷、语言表达简练扼要等。

(2)说的能力。说的能力对说的技能有潜在的制约和调节作用。说的能力的强弱是说的技能好坏的根本原因。

说的发展过程大致会经历以下三个阶段：

(1)说的动机和言语雏形的产生。

(2)内在言语的基本构成。

(3)通过语言转变为外在言语。

二、说的心理机制

说不仅仅是简单的表达过程，而是一个复杂的心理活动。所以，在教学过程中教师要让学生明白说的心理机制，从本质上对说有一个系统的了解，这有利于他们积极主动地开口说。具体来讲，说的心里机制包含以下几个阶段。

(一)由听到说

语言学习都是从听开始的，无论是母语学习还是外语学习，学说之前都要以听为先导。听是说的前提和准备，只有听得充分，说的活动才能开展，说也才可能有质的提高和飞跃。语言专家研究发现，一个不以英语为母语的人，至少要听一千多个小时的英语材料，才能确保听力没有障碍。因此，在大学英语口语教学中，教师应重视先听后说的客观规律，重视听力在口语教学中的重要作用，并合理安排好听的教学活动，通过听的训练，激发学生主动开口说的兴趣，引发学生主动开口说的动机。总而言之，在大学英语口语教学中，要遵循以听带说、以听促说、听说结合的要求和规律。

(二)由不自主到自主

习惯是经过不断积累而养成的，所以英语学习的习惯也是在不断的学习中形成的。确切地说，学习和使用英语语言的过程其实就是一个从不自主到自主的过程。在学习英语口语的初级阶段，学生说的注意力多集中在语言形式上，而忽视了语言表达的意思。同样，在真实的语言交际中，很多学生没留意对方说的内容，而是过分注意所说的词句。这就导致学生的精神过于紧张，思路无法厘清，记忆迟钝，技能不熟，说的活动就是被动的、不自主的。当然，这一过程是每个学说英语的人都要经历的。

自主和不自主最主要是整个心理状态，并受语言水平的影响与制约。从某种程度上来讲，自主和不自主是进入和没进入说外语的角色的问题。进入了说外语的角色，说英语时不以外语为外语，就会轻松自由地表达，只要把意思说清楚即可，基本上不在乎语法规则。就这个意义而言，自主感又

第八章　基于网络多媒体的英语口语教学新探

有相对性。在英语口语教学过程中,要想使学生进行入说外语的角色,获得自主感经验,教师就要遵循说的心理规律,创造与学生语言水平相吻合的情景和轻松愉快的课堂气氛,引导学生积极地按照话题思考、联想、想象、回忆,经过不断实践,学生就能形成固定的自主感。当学生的自主感固定下来之后,这种自主感又会反过来进一步提高学生的整体心理素质,进而形成良性循环。

(三)由想说到说明白

人只有受某种动机的支配才会产生想说的念头,进而将注意力放在想说的内容上,随后会想如何将想说的内容表达出来,也就是怎么说的问题,这样一来言语便产生了。莱维勒(Levelt,1989)认为,语言生产的过程一般要经历四个环节,即构思概念、组织语言、发出声音、自我监控,如图 8-1 所示。

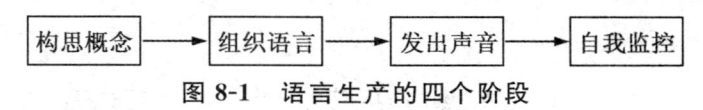

构思概念 → 组织语言 → 发出声音 → 自我监控

图 8-1　语言生产的四个阶段

(资料来源:肖礼全,2005)

构思概念主要指计划说什么、表达什么意思、达到什么目的;组织语言主要是指寻找合适的语言材料,包括单词、短语、句型、结构、语音、语调等;发出声音主要是指运用发音器官,把在前两个环节中做出的决策付诸实施,把看不见的思想变成可以听见的、实实在在的声音;自我监控主要是指对自己生成的语言进行观察、调整、修正等。[1]

实际上,口语表达的活动就是一个想说、说什么和怎么说的过程,同时是一个不断观察、调整和修正的过程。

对学生的学习来说,想说的动机既有交际动机,也有学习动机,对此教师可以设计两种情景来激发学生想说的动机,即交际情景和学习情景。交际情景可以发生在课堂上,也可以发生在生活中,而学习情景主要是通过交代学习或练习某一项目的任务和方法,激发学生学的动机和兴趣,再通过示范和鼓励而激发其强烈的活动欲望。教师引导学生说的思路要符合学生的英语水平,这样可便于学生说明白。此外,在引导学生说的过程中,教师要通过实例示范让学生明白两点:一是想说什么就说什么,二是会说什么就说什么,这有利于激发学生的说的动机和积极性。

---

[1]　肖礼全.英语教学方法论[M].北京:外语教学与研究出版社,2005:145.

二、口语能力

口语能力是指个体通过听、说与他人之间进行顺利交际的能力,是语言能力的一种外化。口语能力要求学生综合运用学过的语言知识与材料进行创造,该能力是英语教学的根本目的之一。口语实践是提高英语口语交际能力的根本途径,然而口语能力的提高是一个漫长的过程,学生要想提高自己的口语表达能力只有一种途径——多说、多练。当口语达到一定水平时,英语语感就会慢慢出现,在这个过程中英语思维也逐渐形成,而英语思维的形成会有效提高英语口语输出的效率和准确度。通常而言,口语能力的提高既会受主观因素的影响,也会受客观因素的影响。其中,主观因素包括词汇量的多少、发音的准确与否、兴趣的大小以及文化背景知识,客观因素包括语言表达的环境、场合等。教师在口语教学过程中务必要注意学生主客观两个因素对其口语能力的影响,如此才能有效提高口语教学的质量。

第二节 英语口语教学的内容与现状

一、英语口语教学的内容

(一)语音

语音既是英语口语教学的基础,也是英语教学的重要基础,对学习英语的学生来说,无论是发音有误,还是语调发生变化,都可能引起理解困难,甚至理解错误。因此,在英语口语教学中,首要的教学内容就是帮助学生学会正确的发音和语调。具体来讲,英语口语教学中的语音主要包括音节、重读、弱读、连读、意群、停顿、语调等。例如:

A: This movie is meaningless.
B1: It ↘ is. (非常肯定)
B2: It ↗ is. (可以是漫不经心的附和,也可以是表示不耐烦)
B3: It ↘↗ is. (稍带责备口气)

通过上述例子可以看出,相同的句子,因语调不同,句子所表达的意思也不同。可见,英语口语教学和英语语音教学是密切联系在一起的,教师在教学中要注意将语音和口语结合起来。

(二)词汇

培养学生的实际交际能力是英语教学的主要任务,而词汇就是使交际顺利进行的语言能力的核心。口语表达是一种创造性技能,在合乎交际礼仪的交流框架构建起来后,整个交流的空间就有赖于词语作为文化和思想的载体来填充。在学习过程中,很多学生都认为自己已经掌握了所学单词的拼写和含义,但是在实际交际过程中,无法通过词汇造出句子。可见,词汇的掌握对学生的口语表达起着重要的作用,词汇教学应是口语教学的重要内容。要实现词汇教学的交际化,口语教学就要从语音,从单词的音、形、义的练习以及词的搭配、造句入手,逐渐扩大学生的词汇量,这是提高学生口语表达能力的基础,也是大学英语口语教学的一个重要切入点。

(三)语法

语法是语言运用的基本法则,是词汇组成句子的重要规则,要想实现沟通的目的必须构建出符合语法规则的句子,只有句子符合语法规则才可以被听者理解。因此,语法也是大学英语口语教学的重要内容。语法教学交际化包括以下几个方面:

(1)训练学生听懂特定的口语句型。
(2)训练学生熟练地使用语法句型表达自己的思想。
(3)向学生讲授口语句型的特点,并对此进行专项训练。

有的教师和学生把词汇教学、语法教学与口语教学对立起来,这是口语教学中的一个严重认识误区。事实上,词汇和语法都对学生的口语技能起着重要的作用。词汇是表达的基础,语法是表达的规范,离开词汇和语法英语口语也就无法表达。

(四)会话技巧

运用语言进行有效的交际是学习语言的最终目的,而会话技巧对交际的有效进行有着积极的促进作用,所以会话技巧是英语口语教学中不可缺少的内容。会话技巧主要包括以下几个方面:

(1)开始交谈。例如:
Look at there! …
瞧! ……
Hey! You there!
嗨! 是你!

(2)发出邀请。例如:

A:What are you going to do tonight?

B:Nothing important. Is there any arrangement?

A:Come to take part in my birthday party then.

(3)获取信息。例如:

I'd like to know…

我想知道……

Could you tell me…?

你能告诉我……吗?

(4)征求意见。例如:

How do you see…?

你对……怎么看?

What do you think of…?

你认为……怎么样?

(5)表达观点。例如:

It seems to me that…

在我看来,……

I'd like to point out that…

我想指出的是……

(6)对外宣布。例如:

A:Did you listen to the news last night?

B:No. Anything important?

A:Well,an earthquake was reported in…

(7)承接话题。例如:

That reminds me of…

那使我想起了……

About…,I think…

谈到……,我想……

(8)转换话题。例如:

I nearly forgot! …

差点忘了,……

Could we move on to the next item?

我们可以接着开始讨论下一个项目吗?

(9)提出请求。例如:

A:Are you using your camera this sunday?

B:No. You wan to borrow it?

A:Yes,if you're not using it.

(10)拒绝答复。例如:

It all depends.

要看情形了。

No comment.

无可奉告。

(11)结束谈话。例如:

It's about time I was going,I am afraid.

恐怕我该走了。

Well,thank you for a wonderful day.

好了,谢谢你让我过了愉快的一天。

二、英语口语教学的现状

(一)教师教学方面的现状

1. 教学方法单一

目前,我国英语口语教学在教学方法上比较单一。一些教师没有意识到口语课与其他课程的不同,在口语课堂上,还是采用传统的"讲解—练习—运用"的教学方法,这不利于激发学生学习的兴趣,不利于激发学生开口表达的欲望。

2. 教师素质水平较低

准确的发音是确保语言成功进行交际的基础,因此口语教学对教师自身的素质要求较高。但是,目前大多数口语教师水平偏低,对语音、语调的把握不够准确,因此教师在课堂上为了避免这些问题而很少展示口语。另外,教师在英语和汉语两种语言的转换上有所欠缺,导致教学中不能正确地把握两种语言的特点和具体差异,这必然导致口语教学效果不佳。

3. 语言示范效果不佳

英语口语教学往往对教师的英语口语水平和口语交际能力有着较高的要求,要求教师能够充当学生的交际典范。并且,学生希望教师有着较强的口语能力,希望通过教师接触和学习到地道的英语。但是,在具体的教学实践中,很多教师并没有意识到自己示范作用的重要性,而是认为练习口语是学生自己的事,认为自己设计好口语练习活动并让学生参与练习,就算完成了任务,而忽略了对学生的示范作用。很显然,教师英语示范的欠缺是非常不利于学生口语水平的提高的。

4.评估制度不够完善

在英语口语教学中,评估是不可缺少的一项重要内容。通过评估,学校、教师可以清楚教学效果和质量如何,学生也可以清楚自己的口语水平如何。目前,我国常用的评估方式就是测试,但是测试对于听、读、写、译来说或许比较适用,对于口语来说就不适用。而且,在我国的大学英语四、六级考试中,检测口语水平的测试非常少。可见,当前还没有形成一套健全的、成熟的口语评估制度。

(二)学生学习方面的现状

1.学习方法单一

学生已习惯了长期养成的上课记笔记、下课做练习的学习模式,在口语学习中处于被动的接受地位。他们往往在没有语境的情况下做大量机械的替换、造句等练习,没有形成主动参与课堂活动的意识,甚至害怕提问、害怕开口。

2.缺乏学习动机

动机是激发学生主动学习的内在动力,对学生的学习发挥着重要的作用。学生学习口语往往有着不同的动机。其中,很大一部分学生学习英语口语的目的是通过口语测试,或是为了将来能找到好的工作,因此带着纯粹的目的性突击口语。他们根本没有主观上提高口语水平的动力和兴趣,因此投入锻炼口语能力上的时间和精力很少,结果是口语交际能力较差。

3.焦虑感高

在英语口语学习过程中,很多学生都存在焦虑情感。焦虑是影响学生口语学习的重要情感因素。焦虑通常伴随着忧虑、紧张、不安,甚至恐惧。如果学生长期处于焦虑的状态而得不到调整,不仅会影响学生的身心健康,也会影响学生的学习态度。一上口语课,大部分学生就会紧张,会因为要回答问题而感到害怕。之所以会产生恐惧,是因为学生缺乏对英语口语重要性的了解,而且对口语学习的投入没有其他学科多,所以一旦要用英语表达思想就更增添了他们的恐惧感,因此他们在口语课上经常保持沉默。可见,要想提高学生的口语能力,就要缓解他们的焦虑情绪。

第三节　基于网络多媒体的英语口语教学原则

英语口语教学的开展需要遵循相关的原则,而这些原则同样对基于网络多媒体的英语口语教学适用。本节就对这些原则加以分析。

一、循序渐进原则

英语口语教学必须坚持循序渐进原则,因为口语能力的提升是一个长期缓慢的过程,不可急于一时,口语教学也要由浅入深,由易到难,由机械模仿到自由运用,循序渐进地展开。例如,有些学生在说英语时发音很不标准,此时教师可针对不同学生的语音特点和发音困难,对其加以引导。教师还要鼓励学生开口说英语,对语音、语调和语法的正确性有一定的要求,但要求要逐步提高。此外,教师在设定具体的教学目标时应循序渐进,合理安排,不能太低,也不能太高,太低会让学生失去兴趣,太高又会使学生在开口时产生畏难情绪。总之,教师要把握好度,循序渐进地开展口语教学。

二、内外兼顾原则

根据内外兼顾的原则,口语教学应在注重课堂教学活动的同时,充分重视课外活动。口语教学虽以课堂教学为主,但课外活动是课堂教学的延伸与补充,二者之间应当是相互配合、相互促进的关系。以课堂教学为基础来组织相应的课外活动,既可带领学生对课堂知识进行及时的复习与巩固,还可使他们充分利用课外活动的机会来对知识加以运用,加快从知识到技能的转化过程。同时,课外活动没有课堂环境中的正式气氛,学生能以一种轻松、愉悦的心情来参加口语练习,教师也能更加及时地对学生进行指导,有助于学生在不同场合下进行流利、正确、恰当的口语表达。

在完成课后作业的过程中,教师可对学生分组,使他们以组为单位来完成任务,相互之间可围绕任务进行讨论,既有利于不断提高学生的口语能力,还能培养他们的沟通能力、理解能力以及团队合作能力。

三、鼓励性原则

一般来说，学生的口语表达不仅受语言因素的影响，还常常受一些非语言因素的影响，如心理因素、文化因素、生理因素、情感因素、角色关系因素等，使很多学生在口语练习中不愿意开口。著名学者崔（Tsui）于1996年围绕学生不愿意开口说英语这一主题开展了专项调查研究，并将其原因总结为以下五个方面：

(1)学生怕说错而担心其他同学耻笑而不愿说。
(2)学生认为自己的语言水平低，因此不愿意说。
(3)教师提出的问题难度过大，学生本身就不理解。
(4)话轮分配的不均匀。
(5)教师提问时对沉默难以容忍，学生不愿意回答的结果无非是两种，一是教师自问自答，二是由成绩好的学生开头说。

因此，为使学生更加积极地参与到口语练习中，教师应为学生设计一些有意义的活动，并营造出一个较为轻松的学习环境。

著名学者纽南（Nunan,1999）认为，鼓励学生并使他们大胆说英语是口语教学中一项很重要的原则，因此教师应为学生创设更多有意义的语境。在这样的语境下，学生不会担心受到嘲笑，从而能更好地进行口语练习。

四、互动性原则

在口语教学中，机械练习极易使学生感到枯燥乏味，进而打击学生的兴趣与信心。因此，口语教学还应坚持互动性原则，使口语训练充满互动性，使学生能够在互动练习中不断提高口语表达技能。

根据互动性原则的要求，教师为学生设计的话题应能够使学生展开互动性的练习活动。换句话说，"动"是互动性原则的核心。如果教师采取传统的口语教学模式，在课堂上仍以提问、回答为主要方法，则学生对口语表达的参与是被动的，这会影响学生口语能力的提升。因此，教师可采取多种多样的方法，如角色扮演、对话练习、小组讨论等，使学生之间进行有效的互动练习，从而打破呆板的课堂气氛，为学生营造一种愉快、轻松的学习环境，使他们的思维始终处于活跃状态，进而全面提高他们的口语表达能力。

第八章 基于网络多媒体的英语口语教学新探

五、客观对待错误原则

学生在口语学习和表达过程中,难免会出现各种错误,小到语法错误,大到语言组织混乱,出现这些问题是非常正常的,因此教师应该客观对待。如果教师急于纠正学生的错误而打断学生的交流,不仅会打乱学生的思路,还会打击学生的自信心,增加学生的恐惧心理,使学生失去说的勇气。因此,教师不必急于打断学生的对话,而应当在学生结束对话之后,采用一定的纠错策略。此外,对于不同学生犯的不同的错误,教师要进行区别对待,即根据不同场合与不同性质的错误进行分别的处理。这样,既不会损伤学生的信心,还能使学生改正自己的错误,提高自己的口语能力。

六、重视语感原则

在英语对话交流中,语感特别重要。当我们听对方讲话时,如果心猿意马,对方讲些什么,只是大概地知道,或知之甚少,这就说明我们对语言失去了感应,而所谓语感就是对语言的心灵感应。要做到语感好,首先需要对所学语言感兴趣,然后要通过大量的实践,做到"心有灵犀一点通"。很多教师认为培养语感是语法教学的任务,其实在口语教学活动中,语感也是非常重要的。教师要注意在口语教学中培养学生的语感,提高其交际表达能力。

七、准确性和流利性兼顾原则

关于准确性和流利性谁更重要的问题,教育界的争论已经持续很长时间了。实际上,在口语教学和实战训练的过程中,教师既要培养学生的准确性,又不可忽视流利性。在口语技能获得的初期,教师应该侧重培养学生口语的准确性;而到了学生口语水平比较高的阶段,教师应该侧重培养学生的流利性。当然,这是一个长期的过程,教师和学生都不能急于求成。

八、多样化原则

在传统的英语口语教学中,教师习惯使用单一的教学手段,这不仅不利于提高学生的口语表达能力,还会对学生训练口语造成一定的阻碍。所以,在英语口语教学的过程中,应该坚持多样化原则。

多样化原则的运用主要体现在两个方面,即教学手段和教学方法。教学手段多样化要求教师应该从学校的实际情况出发,尽可能地运用一些教学设备,如多媒体等。教学方法的多样化要求教师设计不同教学实践活动,如情景对话、角色扮演、唱英文歌等。这些不仅可以激发学生的学习兴趣,调动学生的积极性,也可以给学生勇敢地开口说提供机会,为以后的实战奠定良好的基础。

九、策略传授原则

为了使学生所学的知识得以更好的运用,教师应该向他们传授口语策略,从而帮助学生激发其学习英语的兴趣,拓展自己的知识面,并提高学习和运用英语的信心。教师可以教学生使用最小反应用语。最小反应用语是在谈话过程中当别人讲话时使用的表示理解、赞成、疑问及其他反应的习惯性表达方法,如"Really?""Right?""That's fine."等。[①] 学生掌握了这些固定的表达方法,有助于他们把注意力集中到谈话的内容上,而不用专门拿出时间计划自己的反应。让学生掌握这类最小反应用语可以帮助英语水平不高或者对自己的口语能力缺乏自信的学生在听别人讲话时有话可说,而不是一味地沉默,这样可以激发他们参与交际的积极性。

第四节 基于网络多媒体的英语口语教学方法

一、互动教学法

互动教学法强调学生的主体性,教学组织方式多样,能够有效利用课堂时间向学生传授语言知识。采用这种教学法不仅可以加强教师与学生、学生与学生之间的互动,还能促使学生扩展和运用词汇,克服心理障碍,增加语言输出的数量和质量,并能有效激发学生学习的兴趣和动力,进而培养学生的语言交际能力。通常,互动教学法可分为以下三个实施阶段。

---

① 崔刚,孔宪遂.英语教学十六讲[M].北京:清华大学出版社,2009:233.

第八章　基于网络多媒体的英语口语教学新探

(一)课前

在课前,教师要结合具体的教学内容、教学目标,充分而周密地备课。教师要准备与课题有关的口语会话材料,并将这些材料分发给每一位学生。做口语练习会用到的词汇、短语也要为学生准备一份。课前阶段的材料准备对于丰富学生的口语表达十分有利,不仅可以帮助学生积累语言素材,还能改变学生的被动状态。

(二)课中

在课堂准备结束之后,就要进入课中阶段。在具体的口语教学过程当中,教师要通过轻松、有趣的方式导入本课的主题、情景,引发学生对该主题、情景下可能用到的词汇、短语进行思考。然后,教师将可能用到的词汇和短语呈现在黑板上或者 PPT 上,选出一个词语让学生判断和解释其意思。在学生解释之后,教师让其余学生对此进行扩展,这样可以使更多的学生参与到教学活动中,并且能充分激发学生的积极性,进而锻炼学生的口语能力。

(三)课后

在课堂教学结束后,为了让学生在课后持续进行口语练习,教师可给学生布置一些特定的话题或情景。需要强调的是,所布置的话题或情境要与课堂内容相关,以使学生课堂上学到的表达得到切实巩固。在下节课教授新内容之前,教师可花一些时间检查学生的课外练习情况,这样可以有效激发学生学习的积极性,还能为学生提供表现的机会,使学生通过课上、课下反复的练习提高口语水平。

二、创境教学法

口语训练只有在一定的情境中进行才能真正起到作用,提高学生的口语水平,因为人们的交流总是发生在一定时间和空间内的。因此,教师要注意口语教学中情境的重要性,把真实的语言情境引入口语教学,让学生在真实的环境下学习口语,这样学生的表达才会更加地道。一般来说,可以通过下面两种方式创设情境。

（一）角色表演

角色表演是深受学生喜爱的口语练习方式,大学生往往活力四射,对表演有天然的兴趣,因此教师可以有效利用学生的这些特点,组织角色表演活动。教师可以让学生自行分工、自行排练,然后进行表演,满足学生表演欲望的同时,锻炼其组织协调能力、团队合作能力等。表演结束后,教师也不要着急评价,最好先让学生从表演技巧、语言运用等方面发表一些建议,然后进行总结和点评。例如:

Situation：A Chinese student discusses some resource saving and environmental protection techniques with her host mother in Britain.

Role A：You're studying in a university in London and staying with a British family. You do not understand why the host family has the air-conditioning on almost all the time.

Role B：You're British and think it is necessary to keep a constant temperature in the house, for it makes you and your family more comfortable.

口述是一个两人结对表演活动,根据具体情境和角色划分,学生可能输出如下对话。

A：You know, Mrs. Brady, I've been meaning to ask you something…

B：Yes, dear, what's that?

A：Well, why do you always keep the air-conditioning running?

B：Why, would you rather swelter in the heat?

A：Well, it's not that. It's true that sometimes it's really hot outside and then I'm quite happy not to suffer, but it seems to me that the air-conditioning has become a habit and you keep it on even on days when it isn't so hot.

B：We like to have a constant temperature in the house, you know.

A：But it means there are always an artificial atmosphere, and never any fresh air. Why do you keep it on cooler days rather than turning it off and opening the windows? You could reduce your power bill by quite a lot too.

B：Are you trying to save me money? Am I charging you too much rent?

A：Oh no, it's not that. But we were talking in class the other day about being environmentally conscious and I was thinking that not only is the air conditioning bad for the environment, it's bad for our health and it's expensive.

B: Well, you may be right. It's just part of our lifestyle, you know. I'll tell you what. Why don't we talk about this with the others over dinner tonight and see what they think?

A: OK, Mrs. Brady, which will be interesting. Thank you.

在学生表演结束之后，教师还需要对学生的表演情况进行评价，尽量多表扬和鼓励学生，同时恰当地指出表演和口语表达上的不足。

（二）配音

配音也是一种很好的锻炼学生的口语表达能力的活动。在配音练习中，教师可以选取一部电影的片段，首先，让学生听一遍原声对白，在听的过程中教师可以适时讲解其中一些比较难的语言点；然后，让学生再听两遍原声并要求他们尽量记住台词；最后，教师将电影调成无声，安排学生进行模仿配音。

教师在选择需要配音的电影时，要注意遵循以下几个原则。

（1）语言发音要清晰，语速要适当，以便于学生模仿。有些电影虽然很优秀，但是角色语速过快，对英语水平要求较高，学生在配音时很难跟上，这就很容易打击他们的积极性。

（2）电影的语言信息含量要丰富。有些电影尤其是动作片，虽然很好看，学生也很喜欢，但是这类电影往往语言信息较少，不适合进行配音活动。

（3）影片内容要尽量贴近生活。如果影片和人们的真实生活很贴近，语言也贴近生活，那么配起音来相对容易，更重要的是这样能让学生学以致用，让他们真正体会到学习英语的实用意义。

（4）电影应当配有英语字幕，最好有中英双字幕。如果没有字幕，教师可以要求学生提前将台词背下来，如果学生对电影情节比较熟悉，也可以不背。

三、网络技术教学法

在生活方面，网络技术为人们提供了一种丰富、生动且不受时空限制的信息交流方式；在学习方面，网络技术对提高学习效率、丰富学习方式、扩展学习时间等也有积极作用。因此，越来越多的学者开始关注如何将网络技术与英语教学，特别是口语教学进行有机结合，并从多个角度对这种新的教学方法进行界定。黄荣怀教授采用了"移动学习"这个提法,并将其定义为"学习者在非固定和非预先设定的位置下发生的学习,或有效利用移动技术所发生的学习"。① 在英语口语教学中采用网络技术教学法可为学生的口语练习提供全方位支持,丰富学生与英语的接触机会,并实现课内与课外的相互连接。网络技术支持的英语口语教学的具体流程如下。

(一)课前自学

在课前,教师对本单元的文化语境、相关知识点进行综合考虑,并据此制作长度适中的音频或视频短片,通过播客(Podcast)传递给学生。学生通过网络取得音频或视频文件后,可根据自己的实际情况,选择适当的时间、地点进行自主学习。在这一过程中,学生应完成相应的选择题或录音形式的口语作答,这有利于教师了解他们的学习情况。此外,课前的活动能引导学生激活已有的背景知识,并事先进行充分的口语练习,有效降低焦虑、自卑、害羞等带来的负面影响。

(二)教师讲解

在课前自学阶段,学生已经对相关内容进行了自主学习,对知识点已有所熟悉,因此老师的讲解主要集中在一些重要的词汇、句式与语法项目上,讲解过程也不会像传统课堂那样枯燥。教师可在讲解过程中再次为学生播放音频或视频资料,从而使学生将所讲知识与语言材料结合起来进行理解。一般来说,教师可采取以下三个步骤:教师先讲,学生后练;教师先做示范,学生及时领会;教师提问,学生回答。在这三个步骤中,学生得以进行大量的口语训练活动,从而深化对材料的理解。

(三)课堂互动

课堂互动灵活多样,可采取生生互动、师生互动等形式,旨在引导学生在具体语境中对语言进行灵活运用。需要注意的是,教师在设计互动活动时应坚持由易到难、由浅入深的原则,将机械性练习与灵活性练习、创造性练习与半机械性练习、高难度练习与可接受性练习相结合。课堂互动能创造愉快、轻松的学习氛围,为每个学生提供参与机会,有效弥补大班上课的缺点,使一些害怕开口的学生也敢于进行英语交流。需要特别说明的是,学生在参与互动活动的过程中可以随时通过网络来查找相关信息,使网络技

---

① 黄荣怀.移动学习——理论·现状·趋势[M].北京:科学出版社,2008:8-10.

第八章 基于网络多媒体的英语口语教学新探

术真正成为口语教学的得力助手。

(四)课后的移动式合作学习

课堂教学时间是有限的,只能引导学生对新知识进行初级的认知与练习。要想在真实情境中对语言进行更深层次的运用,必须依靠课后的时间。教师可以以本单元的主要内容与知识点为依据,为学生安排开放式的真实任务,以此引导学生通过合作方式进行口语交际,使他们在探索语言运用方式的过程中扩展新知,并在发现问题、分析问题、解决问题的过程中培养创新思维。

为保证每个学生可以顺利完成任务并在任务的完成过程中有所收获,教师可以以学生的课堂表现为依据来进行分组。具体来说,教师可用 QQ 通知学生分组情况与具体任务,使他们的合作学习得以顺利开展。学生在完成任务时可充分利用网络技术进行沟通,使生生之间、师生之间保持信息的通畅。学生可将自己的任务上传给教师,教师则可在阅览后进行及时回复并适当给出建议。

四、文化植入法

(一)文化植入的概念

"植入"最初是医学用词,现被广泛地应用于非医学领域,其中用得最多的概念是"植入式广告",即为了达到营销目的,将产品及其服务的视听品牌符号融入影视或舞台产品,从而给观众留下深刻的印象。

在英语口语教学中,文化植入与广告植入的理念和概念类似。具体来说,如果只是生硬地开设文化课,学生会因为文化内容的博大精深而退却,从而失去学习的兴趣和动力。如果在英语教学中植入文化,那么也许能对学生产生潜移默化的作用,从而加深他们对文化的印象,同时产生文化学习的兴趣,最终提高口语学习的效果。

(二)文化植入的原则

在选择文化植入的内容时,要遵循一定的原则,具体来说主要有以下几个:

1. 在精不在多

在口语教学中,教师在进行文化植入时,要注意找到一个恰当的"切入点"。因为文化知识背景复杂、内容繁多,通过"切入点"的"植入",可以激发学生对相关文化内容的兴趣和关注,也有助于学生对口语进行学习和操练。一旦打开文化世界的大门,学生会自己主动学习。

2. 在适合不在难

换句话说,植入的内容要符合学生的兴趣爱好,且能深入浅出,切实帮助学生提高口语水平。教师首先要充分了解学生的兴趣所在,并找到学生感兴趣的文化内容。其次,要在深入了解植入内容的基础上,尽量通过直观、简易的方式呈现出来。如果植入的文化内容做不到"深入",文化内容过于肤浅,便没有了"植入"的意义[①];如果做不到"浅出",需要学生花费很多时间进行理解,那么文化植入不仅不能帮助学生进行口语学习,反而会成为学习过程中的阻碍,甚至会削弱学生的学习兴趣。

3. 以服务口语教学为宗旨

文化植入的一切内容都要围绕口语教学进行,并与主题紧密相关。这是因为文化植入的最终目的是帮助学生更好地应用口语,掌握口语课的教学内容,所以文化植入的内容一定要凸显其服务功能。

(三)文化植入的方式

文化植入并不是生硬地插入,否则和一般的文化课程就无异了,因此教师教学中要采用合适的植入方式,将内容很自然地融入教学,使其服务于口语教学,这里要注意不能喧宾夺主,而是要起到潜移默化的效果。具体来说,文化植入的方式主要有以下两种。

1. 直接呈现

直接呈现是指教师选择与教学内容密切相关的文化主题,然后在课堂上将其直接呈现给学生,引导学生理解这一文化主题。教师在呈现时,可以通过一定的手段,如借助多媒体教学设备进行呈现。

例如,在学习有关建筑物的口语课堂上,有很多有关对建筑的描述和表达方式需要进行呈现和练习。此时,教师可以利用多媒体设备,将不同建筑的时代背景、风格特点等向学生进行展示,同时融入教学要求掌握的一些表达方式。这些内容最终将课堂导入到教学主题,引导学生了解学习内容,并使用所学内容进行操练。通过呈现,学生了解了不同建筑的风格,这样在其

---

① 易雅琴.英语口语教学"文化植入"的初探与应用[J].海外英语,2014,(2):72.

第八章　基于网络多媒体的英语口语教学新探

表达练习中会更有针对性,也更容易加深印象,掌握知识。

2.间接呈现

间接呈现是指教师根据教学要求和学生实际情况,灵活设计一些小活动,如游戏、竞赛等,并将文化内容有效植入到这些活动中。

例如,在有关商务用餐的口语表达学习中,教师要植入"酒文化"。在学生经过前期学习,对酒文化有一定了解的基础上,教师可以组织"抢答竞赛"的小活动。具体来说,教师可以设计一些实用又有趣的英文选择题,供学生抢答,每题结束后再结合直接呈现方式,通过图片或视频等向学生介绍该题所包含的文化内涵。这样,学生在互动中锻炼了自身的口语能力,同时拓宽了知识面。

第九章 基于网络多媒体的英语阅读教学新探

阅读是英语语言的重要技能，其作为一个复杂的心理活动，也是学生获取语言输入、巩固语言基础知识的一个重要手段。如今，英语阅读教学已经成为学生掌握阅读能力的重要途径，如何充分利用网络多媒体技术手段提高阅读教学效果是英语教师的重要任务。本章就对基于网络多媒体的英语阅读教学进行详细探究。

第一节 阅读与阅读能力

一、阅读

(一)阅读的含义

对阅读的理解，不同的学者有不同的看法。

布龙菲尔德(Bloomfield,1942)指出："阅读是从视觉信号到听觉信号的一种转变。"随着对阅读研究的不断加深，人们对阅读的认识也更加深入。古德曼(Goodman,1967)提出，阅读是一个接受语言的过程，是作者编码语言表层特征，读者建构意义的心理语言过程。在这一过程中，语言与思维相互作用，作者将自己的思想转化成语言，然后读者将作者的语言译成思想。巴雷特(Barrett)则将阅读分为五个过程：词组、句型的分析理解过程；信息的再组织过程；推论判断过程；知识库里调用已知知识过程；对思想的同化吸收过程。

我国学者章兼中(1986)认为："阅读是一种积极主动地思考、理解和接受信息的过程。它是一种主动积极地通过文字符号、语法、语义、修辞进行思考，预测意义和不断做出判断推理，并不断获得印证和修正，从而理解意思的高级神经系统的智力活动。"

第九章　基于网络多媒体的英语阅读教学新探

朱纯(1994)认为:"阅读就是读者利用逐渐掌握的阅读技能,领会作者通过语言符号表达的意图,使这些符号意义化,从而达到与作者的思想沟通的过程。"

胡春洞、戴忠信(1998)指出:"阅读理解不是读者感知文字的意义,而是读者赋予文字以意义""读者之所以理解了文字,是因为他有知识体验。"

尽管对"阅读"这一概念的看法见仁见智,但一个公认的观点是:阅读的中心是产生意义。同时,产生意义是阅读的目的之一。但是对"阅读"这一概念的理解不能仅仅停留在阅读的目的上,还应关注因此而产生的认知过程和对知识资源的使用。例如,在看一篇小说时,我们即使不会记住所有细节,但也相对仔细一些;而当我们需要深入了解某些信息时,就会阅读得十分认真、细致,一边读、一边思考其中的逻辑关系、语义等。也就是说,阅读目的的不同决定了人们会通过不同的方式来利用知识资源和认知过程。据此,阅读可以有为理解而读(reading for understanding)、为学习而读(reading to learn)、为整合信息而读(reading to integrate information)、为批评性评价而读(reading to evaluate critically)等。要准确把握这些阅读目的,就必须了解潜在的认知过程和知识资源是如何与达到这些目的的能力建立起关联的。

学术环境下的英语学生大多需要培养"为理解而读"和"为学习而读"的能力。厄克特和韦尔(Urquhart & Weir,1998)认为,这两种目的的阅读实际上是一个通过文字接收和解释以语言形式编码出来的信息的过程。尽管这个观点并未将阅读过程中所需要整合的认知过程或很多基础知识陈列出来,但仍需意识到,在阅读过程中,学生不仅需要掌握语音、通晓词法句法、理解语义语篇,还不可避免地会参与阅读目标的设定、文章大意的构建、利用知识资源解读文章、为加强理解而做出各种调整、根据需要修正理解过程、监控和评价目标的完成情况等。以上这些活动都是在有限的时间内,通过整合被激活的资源而完成的。总之,英语阅读是一个复杂的活动,需要付出大量的时间、人力和物力,并且要持之以恒。

(二)阅读的心理机制

阅读的心理机制大致分为下面三个阶段。

1. 从文字到语音再到意义

学生在初学阅读时主要经历的过程是:眼睛获得文字符号,大脑形成视觉映像,激发高级神经的活动,发音器官发出语音,且伴有听觉活动,这时文字意义或信息才能被理解或接受。由于英语是一种拼音文字,形和音联系得非常密切,所以学生的阅读理解会明显地呈现出由文字到语音,再到意义的分段活动的特点。这一过程在字母和拼读教学开始时就已形成了一种习惯。阅读从文字到语音,再到意义的活动单位可能是单词,还可能是词组或短句。因此,在英语阅读教学中,教师要培养学生的单位阅读技能,就应该加强学生的英语口语能力,通过口头问答、对话等方式强化学生对句子单位反应的意识与习惯。

2. 从声读到直接理解

阅读的方式主要有三种:出声的读;不出声的读,但唇、舌、齿、喉头、声带等发音器官活动;发音器官不活动,但在心里读。尽管这三种方式各不相同,但它们都没摆脱声音对阅读速度的影响,所以都属于声读的范畴。声读最典型的形式就是朗读。在学习英语的初级阶段,朗读是一种积极的学习形式,它可以帮助学生更好地理解,加深其对所读材料的印象,巩固记忆,并促使读与听、说紧密地联系起来,大大促使英语技能的发展。尽管如此,朗读对默读能力的形成是不利的。

阅读心理学指出,读者要读懂文字的意思,根本不必说出或听到每个词。仅仅看文字就完全可能理解词的意义,所以阅读时没有必要将书面语解码转换为口语。有效的阅读理解与语音、声读、口语没有必然联系。然而,阅读速度慢可以说明学生采用了某种形式的声读。

有效的阅读不但可以跳过由文字到声音这一步来达到理解,而且可以跳过一定的文字符号来理解。大量实践研究证明,高效的阅读者仅看到1/5的文字符号就能理解,所以可以使阅读速度大大超越口语的速度。

3. 视觉信息与非视觉信息联合起作用

在阅读理解过程中,视觉信息与非视觉信息可以发挥各自的作用。视觉信息是从眼睛感知文字符号,而非视觉信息在阅读过程中起潜在作用,这种作用是大脑提供的。阅读心理学将非视觉信息比喻为"眼球后面的东西",也就是说,它是读者全部知识结构的总和。当读者看到文字符号时之所以会理解其内在含义,其实是视觉信息与非视觉信息相结合而产生的结果,即已储存的信息帮助大脑对正接受的信息加工的结果。

阅读的理解率和速度与非视觉信息参与的度和量成正比。在阅读过程中,非视觉信息越丰富,阅读单位就越大,难度就越低。也就是说,"眼球之后"的非视觉信息越多,辨识字母、词、句子或段落文意所需要的视觉信息就越少。在所有非视觉信息中,最重要的是文化背景知识。阅读多,知识就多;知识多,阅读就快。

第九章　基于网络多媒体的英语阅读教学新探

非视觉信息在阅读理解中所起的作用彻底否定了认为阅读仅是同文字符号打交道，借助视觉进行活动的观点。它强调在英语阅读教学中要将大脑训练放在眼睛训练之前，使学生形成从意义上驾驭文字，从理解上驾驭视觉的高效率的阅读技能。

(三)阅读的分类

阅读根据不同的标准，可以有不同的分类，这里主要介绍下面两种分类。

1.根据阅读时是否出声来分

根据阅读时是否出声，可以将阅读分为朗读(reading aloud)和默读(silent reading)两类。

(1)朗读是一种出声的读，它集合了看、听、读三大要素。朗读的标准是清晰响亮、重音准确、语调恰当、停顿合适、富于感情，在阅读学习的初期较为常见，它可以帮助学生巩固语言知识、深化理解，同时能增强学生读的自信。

(2)与朗读相同，默读也是人类阅读的一种形式，不过，默读是利用视觉和思维开展的无声的读。简单来说，默读的时候不需要将看到的内容读出声来，只要将看到的文字符号直接转化为意义自行理解了即可。

需要指出的是，默读不仅仅是不出声的读，还要建立在学生理解的基础上。如果读而不解其意，就是徒劳无益的读。因此，默读技能的培养首先应该以理解为基础，提高学生的默读速度。

若要考查学生的理解能力，可以采用的办法有很多。例如，从文章中找出问题的答案；找出体现主旨的关键词句；对文章所述观点发表评论；根据课文内容编写问题；撰写文章概述、提纲；将文章中的某些词句翻译成汉语等。教师可以视具体情况选择合适的方法。根据考查结果，教师可有针对性地指导学生做练习，如限时阅读：让学生在规定的时间内找出问题答案；让学生默读一篇较长的文章，记录学生的进度。

2.根据阅读的精细程度来分

按阅读的精细程度来分，可以将阅读分为精读(intensive reading)和泛读(extensive reading)两类。

(1)精读就是精细地研读，要求读者逐字逐句地细读文章，以充分理解和记忆文章信息。具体来说，精读包括两层含义：所阅读的材料要精；理解得要精细，要达到完全理解和掌握。

通常来说,精读材料都是与读者的研究课题相关的、对本职工作者有密切联系的、科学价值较高的文章或书籍。精读材料可以高度集中读者的注意力,使其全身心地学习对他们有用的东西,选取有价值的材料,掌握先进的方法,进而促使其思考。精读时,读者必须高度集中注意力,使思维活跃起来,逐字逐句地读下去。

(2)泛读是广泛阅读和整体理解的一种阅读方式,它不求精确了解每一个单词、句子的意思,但求快速理解文章大意的阅读。显然,泛读是与精读相对的一种阅读方式,主要解决的是知识和信息的广度以及阅读速度的问题。

泛读看起来容易,但若要运用自如,并非易事。和精读一样,泛读能力的提高也需要学生通过有意识的学习才能实现。

(四)阅读的模式

1. 自下而上的阅读模式

自下而上的模式是一种传统的阅读理解理论,起源于19世纪中期。该模式认为,阅读过程是读者从辨认最基本的语言符号开始,即从对字母和单词的理解,再到对短语、句子的理解,最后到对段落和篇章的理解,从底层的语言单位的识别到上层的语言单位的理解,信息从低级向高级转换,同时在高一级的水平上得到进一步加工。在阅读过程中,读者逐词、逐句、逐段理解,依赖词汇和语法结构对文本进行解码,最后理解整篇文章。

自下而上的模式深受结构主义语言学的影响,即把阅读看作一个解码(decoding)的过程——文本就是作者用文字、符号,应用一定的语法规则,把自己所要表达的意思编成语码,阅读者必须把语码解译,解译的过程就是从识别最小的语言单位(如英语的字母单词)到理解较大的语言单位(如英语的语篇)的建构意义的过程。根据自下而上的模式,要想理解一个篇章就要理解构成篇章的句子,而对句子的理解又离不开对单词的识别。因此,可以说理解一个篇章,实际上就是对组成文章的语言的理解。显然,阅读理解的问题说到底就是语言方面的问题(何广铿,2001;彭聃龄等,1991)。

受自下而上阅读模式的影响,传统的阅读教学主要任务在于帮助学生解决语言上的问题,具体来说就是弄清词的意义、短语的意义和句子的意义,帮助学生逐字、逐句地进行阅读,按照由低到高,由简到繁的线性信息处理过程依次进行。

自下而上的模式对信息加工中的线性模式对阅读研究的影响进行了解释说明,但没能说明阅读过程中各种信息之间的相互作用,只是局限在字、

第九章　基于网络多媒体的英语阅读教学新探

词、句这样的线性理解层面上，忽视了读者可能会从语篇以外的其他地方，如读者已有的知识中，去提取有关信息并对它进行加工这一情况。虽然语篇是以层次结构的形式把信息呈现给读者的，但读者可以直接在任何水平上提取并加工已有的知识，以补充或者预期来自文章的信息流。读者在阅读语篇中的字、词、句时并不等于在孤立地对这些成分进行加工。字母在词中要比孤立出现时更容易察觉到，词在有意义的句子中要比单独出现时更容易识别，无论句子的句法复杂程度如何，深层语义关系贯通一致的句子要比语义关系混乱的句子容易整合。自下而上的阅读模式显然没能说明这些现象，也不能解释整个的阅读过程。它把低层次过程与高层次过程截然分开，没有意识到读者可能带进阅读过程中的高层次知识的作用，低估了阅读者的主动作用，忽略了阅读者对其他阅读策略的运用。

2. 自上而下的阅读模式

针对自下而上的模式的不足，古德曼（Goodman）和史密斯（Smith）在20世纪70年代初从心理学角度提出了一个完全相反的阅读理解过程的模式：自上而下的模式。自上而下的模式也称为"图式驱动的阅读模式"。该模式以概念知识和背景知识为先导，强调读者以先前的知识和经验作用于阅读文本，整个阅读过程包括猜测、预测、验证预测、修正预测和调整预测，被认为是读者与文本，或者说是读者与作者交互对话的过程。

在自上而下的模式中，阅读被描述为读者依靠先前记忆里所具有的句法和语义学知识进行心理猜测（Goodman，1967）。阅读过程被分成四个步骤：预测、选验、证实、修正。按照这种模式，阅读者不必使用全部文本中的显示，他们在文章中挑选出足够的信息来做出预测，并运用记忆里已有的知识与经验去验证他们的预测。在此过程中，读者不是被动地接受、逐字逐词地领会文字信息，而是从整篇文章入手寻找信息，进行预测和验证的积极的思维参与者。总体来说，阅读被认为是一个从高到低的线性过程，即自上而下的模式：整个阅读过程就是在猜测、验证、修改、继续推断这样一个循环往复的过程中完成的。后来，柯狄（Coady，1979）提出了如下的模式。

所谓概念能力（conceptual abilities）是指读者能否将阅读时输入的零碎信息迅速汇集成概念的能力；所谓背景知识（background knowledge）是指读者的常识和有关某一领域或话题的知识；而处理策略（process strategies）指的是阅读能力的各方面，既包括句法、语义及篇章结构的知识，也包括各种阅读技能如"略读"和"查读"等。在阅读中，三者互相作用，让逻辑思维能力和背景知识来赋予文字意义。

自上而下的模式认为，读者不是被动地接受文字信息，而是依靠读者本身因素（概念能力和背景知识等）主动地理解读物，所以自上而下的模式属于一种读者驱动型的阅读模式。

自上而下的模式有很多不同的变化，概括起来，它们的特点包括以下几点。

（1）自上而下的模式强调读者已掌握知识与技能在理解中的作用。

（2）自上而下的模式认为，阅读是一种主动在读物中寻找意义的思考过程。

（3）自上而下的模式认为，阅读是有目的性与选择性的，读者只专注于实现他们目的而必不可少的方面。

（4）自上而下的模式认为，阅读有预见性，已掌握知识与对理解的期望以及阅读目的之间相互作用，使读者能预见读物的内容。

依据自上而下的模式，和语言知识相比，阅读更侧重有关客观世界的背景知识。在阅读过程中可能遇到语言问题，但更可能是阅读技巧问题，也就是如何使用客观世界的知识去理解的问题。因此，在阅读教学中，教师要培养学生在文章中寻找线索去进行预测和进行验证的能力。

也有一些学者对这个模式提出了质疑，认为该模式由于过分强调了高层次的技能，即用背景知识或语境线索等高端技巧做出意义预测，而忽视了较低层次的能力，如快速、准确地对词汇和语法结构识别的能力。该模式淡化了阅读过程中知觉和解码的重要性而去突出流利的阅读是一个认知过程。对非熟练的英语阅读者而言，自上而下的模式的解释力显然不够充分。

3. 交互阅读模式

上面提到的自下而上的模式和自上而下的模式都把阅读过程看作一种单向传递信息的过程。而交互模式认为，信息的处理和传递并不是线性和单向的，而是双向和交互的，每个阶段并非是独立的，高端和低端的信息处理是相互影响的。该模式认为，阅读是自下而上和自上而下两种模式交叉进行的过程，阅读理解是视觉信息与非视觉信息共同作用的结果。

交互模式认为在阅读过程中的任何一个阶段、任何一个层次里，信息在这些层次之间双向流动：两种信息处理的方式总是同时进行的，并且任何一个层次的信息处理可以弥补其他层次信息处理的不足(Stanovich,1980)。自下而上的信息处理保证读者能发现新的信息和发现不同于自己假设的信息；自上而下的信息处理帮助读者消除歧义并在可能的意义方面做出选择。法雷尔(Farrell,2007)用图9-1很好地表现了相互作用模式中阅读理解的过程。

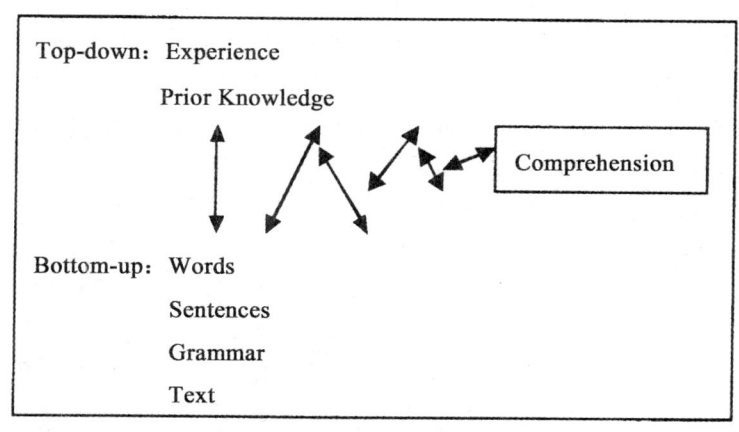

```
Top-down: Experience
          Prior Knowledge
                              ↔  Comprehension
Bottom-up: Words
           Sentences
           Grammar
           Text
```

图 9-1　阅读理解的交互模式

交互模式认为，流利的读者首先具备自动化的解码技巧以及娴熟的语境解释技巧，节省时间，可以保持较快的阅读速度。

交互模式给阅读教学带来很多启示：阅读策略的训练既要重视语言知识的积累，又要充分利用读者头脑中图式的优势；语言知识与背景信息互为补充，才能获得良好的效果。例如，当阅读材料对学习者比较陌生时，通常需要通过语法分析来理解复杂的句子，通过对文章体裁的背景知识来推测篇章的结构，把握重要信息位置，这时语言知识是理解的主要依赖对象；而当学习者对文章的主题很熟悉，但文字可能有些复杂或作者的写作风格比较特殊，这时对了解主题就有助于对材料的理解，背景信息则成了理解的依赖对象。

二、阅读能力

阅读能力是学生自学能力的基础，也是培养自学能力的重要途径。关于阅读教学的含义，很多学者都给出了自己的观点。

胡春洞(1990)认为，阅读能力即阅读理解能力。他认为，阅读能力包括四个方面的能力：阅读语能，指的是认识字词、懂得语法的能力；阅读才能，指的是对言语作品进行理解的能力；阅读智能，指的是对交际意念进行理解的能力；阅读技能，指的是用眼方法的能力。阅读能力是一种综合性的能力，通过阅读的过程体现出来。

章九和(2003)认为，阅读能力涉及以下几点：掌握阅读材料的主旨大意及与之相关的细节与事实；理解具体事实与抽象概念；理解每个句子的含义,理解上下文的逻辑关系,同时根据上下文逻辑关系进行推测;理解字面意思与深层含义;结合常识与阅读材料进行相关推断与引申;结合上下文对生词含义进行猜测与推断。

阅读能力主要包括阅读速度与理解程度两个方面。阅读速度是读者在单位时间内所阅读文章的长度;理解程度是读者对所读文章的理解程度。阅读的流畅程度与理解的准确程度是评价一个人阅读能力的标准。胡建认为,阅读能力除了包括阅读速度、理解程度,还包阅读的灵活性。阅读的灵活性是指能根据不同的阅读材料与阅读目的,对阅读速度与阅读方法进行相应的调整。

阅读能力受很多因素的影响。其中,影响阅读速度的因素有对速度技巧的熟练程度、视幅大小以及视读能力的强弱等;影响阅读理解程度的因素主要是语言能力,具体指词汇量、语法、背景信息等方面的知识与能力。除此之外,阅读能力受读者注意力的影响。

第二节 英语阅读教学的内容与现状

一、英语阅读教学的内容

培养、提高学生的各种阅读技能是英语阅读教学的主要内容,具体涉及以下一些技能:[1]

(1)能够辨认单词。
(2)能够猜测陌生词汇、短语的含义。
(3)具备跳读技巧。
(4)能够理解句子内部与句子之间的关系。
(5)对文章的主要信息或观点能进行准确梳理与把握。
(6)对句子及言语的交际意义进行理解。
(7)能对文章的主要信息进行总结概括。
(8)对语篇的指示词语进行辨认。
(9)能对文中的信息进行图表化理解与处理。
(10)能够理解衔接词进而理解文章各部分之间的意义关系。

---

[1] 何少庆.英语教学策略理论与实践运用[M].杭州:浙江大学出版社,2010:120.

(11)能够把握细节与主题。

(12)具备基本的推理技巧。

二、英语阅读教学的现状

(一)教师方面的现状

1.教学观念仍显陈旧

尽管英语教学在不断改革,并取得了显著的成就,但英语阅读教学中教师的教学观念仍显得陈旧,这是英语阅读教学一个十分严重的问题。在实际的英语阅读教学中,很多教师受传统教学思想的影响依然保持着陈旧的教学观念。在他们看来,知识的传授是教学的重点,也是他们在教学中的主要任务,所以他们便在教学中一味地讲解生词,逐句逐段分析语篇,然后核对答案,根本没有考虑到学生的实际运用能力。阅读是一项技能,阅读教学的目的应该以培养学生的分析、思考、判断等阅读能力为主,同时激发学生的学习兴趣,开阔学生的视野,提高学生的人文素养。所以,教师必须更新教学观念,将阅读作为一种实用的语言技能进行教授,传授学生语篇、语言、文化等知识,提高学生的思考能力、分析能力、判断能力,提高学生的综合语言能力和人文素养。

2.忽视了学生的主体地位

尽管现代英语教学倡导突出学生的主体地位,将学生视为教学的中心,但许多教师认为,在阅读课上只有通过教师的讲解,学生才能真正地理解课文。所以,目前很多学校的阅读教学还是以教师为中心,教师的讲解贯穿阅读教学的整个过程,将知识硬灌输给学生;而学生被置于边缘地位,只是被动地接受语言和信息。在这样的阅读课上,教师占据了过多的时间,学生根本没有主动理解和消化的机会,而且这样很容易使学生对教师产生依赖性,使学生失去自主学习阅读的能力。对此,教师应重视学生的主体地位,教学中时刻以学生为中心,在课堂上为学生留下自主学习和发挥的空间,进而真正提高学生的阅读能力。

3.教材有待完善

阅读教材是阅读教学的依据,所以阅读教材质量的高低也影响着阅读教学的效果。但是,目前大多数的英语阅读教材还有一些不合理的地方,主要表现在以下几个方面：

(1)阅读材料的语法结构较为复杂,晦涩难懂。

(2)阅读材料的内容过于简单,不适合学生阅读能力的发展。

(3)阅读材料的文化含量与科学性比较低。

(4)阅读材料涵盖的体裁有限,不利于学生阅读能力的全面提升。

(5)阅读练习的题型比较少,大都是单项选择题等客观题型。这样的阅读教材忽视了学生现有的阅读能力和即将要达到的阅读能力,没有考虑学生的学习兴趣,也没有反映时代特征。

(二)学生方面的现状

1. 受母语思维影响

受文化与思维方式的影响,英汉两种语言在遣词造句上有很大不同。例如,英语句子中只能有一个谓语动词,动词受形态变化的约束,是句子的中心,并借助一些连接词把句子的其他各个语法成分层层搭架,呈现出由中心向外延扩展的"分岔式"结构。而汉语一般通过多个动词的连用或流水句形式,按照时间的先后顺序和事理推移的方式,把一件件事交代清楚,呈现出一线形的"排调式"结构。

再如,中文习惯于将次要的描述性信息放在句子的前部,而将重要的信息放在句子的后部。与之相反,英文句式的表达特点是将重要信息放在句子前部,而将次要信息置于句子的后部。学生如果熟练掌握中英句式间的这种差别,在阅读中就可以适当分配注意力,提高阅读的速度和效率。

因此,在英语阅读教学中,教师的教不应仅仅局限在语言知识的讲解上,还应注重对学生进行跨语言文化的思维训练。

2. 阅读观念有误

在阅读观念方面,很多学生也存在一些偏差,从而影响其阅读能力的提高。有些学生将词汇量等同于阅读能力,片面地认为词汇量大就意味着阅读能力强。实际上,阅读能力提高不仅仅关系到阅读量,还受词义把握、句子结构、语法知识、语篇分析等多方面能力的影响。此外,还有些学生将阅读速度等同于阅读能力,认为阅读速度快就代表阅读能力好。实际上,阅读能力不仅包括阅读速度,还包括理解的准确率。因此,学生应端正学习观念,不能一味求快,也不能用扩大词汇量来代替阅读练习,而应从综合的角度考虑来提高阅读能力。

3.欠缺背景知识

缺乏一定的背景知识是学生阅读学习中的一个重要问题。背景知识指学生掌握的各种知识,包括语言知识本身、文化背景知识和学生已有的各种生活经历与经验。丰富的英语文化背景知识能促进学生英语阅读能力的提高;反之,缺乏背景知识会造成阅读理解的困难。就目前来看,我国学生普遍缺乏英语文化背景知识,对英语国家的历史、地理、文化等不了解,从而制约了英语阅读教学的顺利开展。对此,学生应扩充知识面,展开广泛的阅读,从不同的角度认识英语国家的背景知识,进而提高阅读的准确性。

第三节 基于网络多媒体的英语阅读教学原则

在英语阅读教学中,虽然各大院校的学生存在差异,所教授的内容与方法存在差异,但教学原则是共同需要遵守的。当然,基于网络多媒体的英语阅读教学也不利外。

一、兴趣原则

兴趣是学习的内在动力,它可以激发个人了解或学习某种事物的内在动机,从而将个人的主动性和积极性充分调动起来。在阅读教学中,学生如果自身对阅读感兴趣,那么无论是在课上还是在课下,学生都会集中注意力,积极主动地投入教学活动和自主学习中。因此,对英语教师来说,要想使阅读教学真正取得成效,首先要善于激发学生的兴趣,具体来说,要采取丰富多样的手段,对教学内容进行适当变化,此外要有效避免教学活动中的枯燥情绪,以免使学生感觉教学呆板无味。总之,教师要让学生在兴趣的引领下积极参与到教学中。

二、真实原则

真实原则是阅读教学应当遵循的重要原则,具体来说可从以下两个方面入手。

(1)注重阅读目的的真实性。教师应深刻认识阅读教学的目的,并据此来对阅读练习进行多样、丰富的设计,选择合适的教学方法。通常而言,学生的英语阅读目的也是多种多样的,有的是为了对自身的语言知识进行获取和验证,有的是为了消遣,有的是为了批判作者的思想,因此教师应依据目的的不同来采用相应的教学方法和练习。

(2)注重阅读材料的真实性。为了更好地激发学生的阅读兴趣,教师应选择学生喜闻乐见的或与学生的日常生活紧密相关的阅读材料。此外,教师应重视阅读材料中的语言使用情况,使其与学生的实际语言水平相适应。同时,为对学生的阅读技能进行专项训练,教师可以选择不同体裁与题材的阅读材料,从而提高学生的综合阅读能力。

三、循序渐进原则

学生阅读水平的提高是一个循序渐进的过程,不可能一蹴而就。而阅读教学目标的达成是一个总体规划和长远规划的过程,也不可能立马达成。因此,在教学的过程中,教师应遵循循序渐进原则,对阅读材料的选择、阅读方法的选择、任务的完成等进行细致周密的考虑,并引导学生寻求最适合自己的学习方法,扎扎实实地学习,最终完成阅读任务,提高阅读水平。

四、选择合适的阅读材料原则

在大学英语阅读教学中,教师要为学生选择和推荐合适的阅读材料,即在选择时充分考虑文章本身的难度、思想性、知识性和多样性。

(1)就阅读材料的难易而言,其难易程度要与学生的水平相适应。影响阅读难易程度的因素有很多,归纳起来主要包括文本因素和读者因素两大类。

其一,文本因素包括文本的语言本身、语篇结构、内容的主题、文章中是否含有辅助理解的内容。其中,语言本身是指文章中的词汇是否生僻,句子结构是否复杂;语篇结构是指文本中信息的组织方式是否符合规范的结构,结构清晰的文本更易于理解;内容的主题涉及学生是否熟悉该主题,是否在有关的方面存在较大的文化差异;辅助理解的内容则是指文章中是否附有图表、地图、照片、插图等各种有利于阅读理解的视觉辅助内容。

其二,读者因素包括读者自身的语言知识、百科知识、语篇知识。

(2)思想性和知识性是指教师在选择阅读材料时要考虑文章内容是否有利于学生的健康成长,是否能传递给学生新的知识。

（3）教师在选择阅读材料时，还要考虑文章的多样性，即要选择多种内容、多种文体的文章让学生阅读。这样才能让学生有机会体验各种内容和文体的阅读过程，认识各种文体的特征，了解更多的专业知识和背景知识。

五、重视文化背景知识原则

学生在阅读时，不仅需要具备一定的语言基础知识，还要具备该文本所涉及的态度、价值观和共有的经历、对行为方式的期待、达到共同目标的方式等外部世界知识。一般来说，学生在阅读那些与自身具有相同文化背景的著作会相对容易一些，这是因为背景知识也是文化的一部分。可见，文本的语境和读者的背景知识会影响阅读理解。如果学生能够掌握一定的背景知识，并通过各种技巧激活这些背景知识，就能够弥补中西方文化中存在的语境空白，理解以英语文化为背景的文本。

因此，英语阅读教学要遵循重视文化背景知识的原则。对教师来说，在备课时要精心选择阅读材料，理解并吃透其中存在的文化语境空白，充当背景知识和文化内涵的传递者，让学生通过一定的渠道了解要处理语篇的文化语境知识，提高学生的阅读理解能力。

第四节　基于网络多媒体的英语阅读教学方法

一、策略教学法

学生在阅读过程中的策略主要有以下三种，教师在教学过程中要注意培养学生这些阅读策略。

（一）元认知策略

元认知策略是指学生安排、监控、调节和评价阅读学习任务，以提高阅读效率的方法。具体来说，元认知策略主要涉及以下几种阅读活动：

1.确定阅读的目的

当代外语教学理论认为，阅读的目的是获取信息、学习语言知识、掌握阅读技能。但是，这些目的并不是最终的目的，阅读的最终目的是培养独立的阅读者。独立的阅读者应该具备以下技能：

(1)能快速阅读。
(2)能把握文章中心和大意。
(3)能找出文章的逻辑线索。
(4)能根据上下文猜测词意。
(5)能独立地使用工具书。
(6)能根据已有知识推断作者的意图。
(7)能阅读不同体裁的文章和实用文体。

2. 选择阅读材料

学生除了阅读教材之外，还应该尝试原文材料的阅读。当然，在这些原文材料的选择上，应该考虑选择难易程度适中、主题熟悉、自己感兴趣的材料。

3. 制订阅读计划

制订阅读计划是指阅读任务的性质、阅读的方法、步骤以及预计阅读的结果。具体来说，在制订阅读计划时，可以采用以下策略。
(1)预测文章的主旨。
(2)激活已有的知识。
(3)自我管理。

通过这些策略的运用，学生不仅能更好地理解文章，也能达到阅读学习的目标，为下一步的阅读做准备。

4. 监控阅读过程

阅读中的监控是指阅读者依据一定的标准对阅读进程以及阅读后的效果进行及时的评价，如果发现阅读过程中存在不足，及时修正和调整。

阅读中的监控策略主要有以下三种：
(1)方向策略，主要是为了明确阅读的目标，确定阅读方式。
(2)进程策略，要求阅读者一边阅读一边思考。
(3)策略监控，主要是运用自我提问的方式，检验自己的答案是否正确，从多种角度分析所遇到的问题，推理得出结果。

5. 评价阅读过程

在阅读活动即将结束时，学生需要按照阅读计划检查阅读效果，总结成功与不足之处。评价阅读过程主要包括纠正阅读过程中的错误和调整阅读思路，它既是阅读活动的末尾，又是调节阅读策略的新一轮阅读活动的开始。

第九章 基于网络多媒体的英语阅读教学新探

在评价阅读过程后,若未达到预期的阅读目标,学生要注意对原因进行分析与总结,以便下次阅读顺利进行。

6.做笔记

学生在阅读过程中做笔记,可以对阅读材料有更好的理解。学生在做阅读笔记时,需要明确阅读材料的写作目的,这有助于节省阅读时间。在做笔记时,学生还要明确材料中信息的组织方式,即阅读材料中的信息的逻辑顺序。此外,学生做笔记要注意有选择性和系统性地记笔记,记录文章或段落的主要思想,过滤那些与阅读要求无关的信息。

(二)认知策略

阅读中的认知策略是指学习者处理阅读材料,或针对某一阅读任务所采取的具体阅读方法。

恰当使用有效的阅读策略对文章的理解来说意义重大。常用的阅读认知策略包括预测、寻读、略读、寻找主题句、推理判断等。这里我们主要就其中的几种策略进行重点介绍。

1.略读

略读,不要求学生掌握所有的细节,而是根据需求进行有选择的阅读,可有意识地略过一些词语、句子甚至段落。略读的目的在于帮助阅读者在最短的时间内了解文章的大意或中心思想。

由于略读主要适用于了解文章大意,把握中心思想,因而需要学生对语篇的题材有所关注。学生在使用略读时应注意第一段和最后一段,以及各段的第一句和最后一句。通常情况下,第一段是一篇文章的梗概,有助于学生抓住主要主题、观点,而各段的首句和末句一般提供文章的线索。

在对略读技巧进行讲解的过程中,教师要注意提醒学生重点阅读文章的第一段和最后一段,以及各段的开头句和结尾句。此外,教师要提醒学生注意对关键字词以及关联词进行总结和积累,提高学生的阅读能力。

2.寻找主题句

文章的主题句常常能反映作者的基本思路和文章中心思想,所以想要理解文章,寻找主题句是关键。学生在学习过程中要注意总结文章中主题句常见的位置以及不同位置的主题句的特点。主题句的位置通常比较灵活,多见于以下几种:

(1)位于段首。作者在写文章时通常会先引出一个话题,然后针对这一话题进行详细的阐述,所以主题句设置在段首的可能性很大。主题句置于段首不仅清晰醒目,也易于被读者把握。

(2)位于段尾。主题句有时位于段尾,不同于位于段首的主题句,位于段尾的主题句多是对上文的总结,或是对上文的描述提出的建议。

(3)同时位于段首和段尾。主题句有时候会同时出现在文章的段首与段尾,这种情况在文章中出现得也很多。也就是说,文章主旨在段首和段尾可以同时概括出来,但段尾的主题句并不是段首主题句的重复,多是对文章主题的引申。此外,段首和段尾的主题句在用词和句型结构方面存在一定的差别。

(4)位于段落中间。有时候主题句会位于段落的中间,此时主题句之前的段落是主题句的铺垫,目的是引出要叙述的主题,而主题句之后的段落是对这一主题的进一步阐述。

(5)暗含于段落之间。并不是所有的段落都有主题句,在有些文章中,无论是段首、段中还是段尾,都找不到明显的主题句,尤其是在多段文章中。这类文章的主题句大都暗含于段落当中。阅读这样的文章时,读者需要抓住文章的细节,在头脑中形成初步的印象,进而发挥逻辑概括能力,对文章的主旨大意进行概括总结。

3. 推理判断

很多信息并不能从文章字面意思上看出,因此就需要推理判断。推理判断对学生的要求较高,它要求学生以理解全文为基础,从文章提供的各个信息出发,对文章逐层进行分析,最后准确推断出文章的中心思想。推理判断包括直接推理判断和间接推理判断。

(1)直接推理判断。直接推理判断是一种常用的阅读策略,该策略要求学生不仅理解原文的表层意思,还要依据所提供的信息合理的推断文章的结论。直接推理判断题中常含有 infer、imply、suggest、conclude 等词。例如:

In some cultures, the act of touching another person is considered very intimate and is therefore reserved for people who know each other very well. In the United States, for example, young children are taught that it is rude to stand too close to people. By the time they are adults, Americans have learned to feel most comfortable when standing at about arm's length away from people to whom they are talking. And many Americans do not touch each other with great frequency while talking (this is particularly tree of men). In contrast, other cultures have more relaxed roles regarding touching. For example, it is usual for friends—both men and women—to embrace each other when they meet in some countries. When they talk, they generally stand closer than Americans do, and they touch each other more often. They are as much at ease doing this as Americans are with more space between them.

( ) According to this passage, different cultural backgrounds _____.

A. have little to do with human behaviors

B. influence human interactions

C. show that one people is superior to another

D. have produced the same human behavior

经阅读可以发现,根据文章的字面意思我们很难找到想要的信息,此时只能根据文章的细节信息来推断文章大意。上述文章分两个部分说明了身处不同文化背景下的人们接触的距离和频率,首先介绍了美国人对这一行为的看法和反应,然后说明了其他文化背景下的人们对这一行为的看法。通过比较即可获得正确答案,正确答案为 B。

(2)含蓄推理判断。含蓄推理判断是一种含蓄、间接且较为复杂的推理方式。这种推理方式通常要求学生挖掘文章的深层内涵去推测和揣摩作者的态度以及文章的主题等。这种题型中一般没有 infer、conclude 等明显表示推理的词,因此需要仔细观察、判断。含蓄推理判断主要涉及以下几种情况。

第一,推断文章的来源。推断文章的来源这类题型对学生的要求较高,它要求学生具有一定的文体知识,能够推断文章采用何种体裁,出自何处。

常见的问法有以下几种:

Where would this passage most probably appear?

This passage is most likely a part of…

The passage may be assigned reading for a course in…

The passage may be taken from a longer article on…

The passage can best be described as…

第二,推断文章的写作目的。作者在写文章时通常会表达明确的目的。例如,写议论文是通过自己主观上的议论,以使读者有所"信";写说明文则是通过客观地介绍某种事物、方法和观点等,以使读者有所"知"。可见,明白了文章的写作目的,对于文章的理解和文章主旨的把握十分有利。

常见的问法有以下几种:

The passage is intended to…

The author implies that…

What is the purpose of this passage?

The main purpose of this passage is…

This passage mainly tells us…

The author writes this passage to…

Which of the following statements is implied but not stated in the passage?

Which of the following may best describe the purpose of this passage?

第三,推断作者的态度。作者在写作过程中,不可避免地会流露出对人或事物的观点和态度。准确把握作者的态度和观点,对文章的整体以及深层含义的理解有着重要的意义。需要注意的是,在推理判断过程中切勿掺杂自己的想法和观点,否则可能会与作者的观点南辕北辙。在推断的过程中,可以巧妙利用背景知识、描写环境气氛的语言以及表达态度、感情、观点等的词语。

常见的问法有以下几种:

What is the writer's attitude towards…?

How does the writer feel about…?

The writer is of the opinion that…

The tone of the passage can best be described as…

(三) 社交/情感策略

阅读中的社交/情感策略,是指学生通过外在的帮助或者自我的情感调整来完成阅读任务的策略。

心理状态作为情感因素的一部分,对阅读效果有很明显的影响。焦虑就是一种重要的情感变量,体现在阅读中就表现为阅读焦虑。如果不能有效地克服焦虑,将对学生的阅读产生负面影响。在阅读过程中,要想克服焦虑情绪、保持良好的心理状态,可以从以下几个方面入手:

1. 避免思想开小差

有的学生阅读时注意力不集中,思想经常开小差,对读过的内容视而不见,这必然会降低阅读的效果。

2. 避免急于求成

在阅读过程中,很多学生对自己要求过高,希望通过一两次阅读就掌握学到的全部阅读技能,掌握材料的全部信息。这种心态不仅会影响阅

第九章　基于网络多媒体的英语阅读教学新探

读时的心境,也会使视觉器官和大脑都无法集中在阅读上,阅读效果也不好。

3.避免过度重视阅读方法和技巧

虽然阅读技巧与方法的使用十分重要,但这应该是学生在阅读中自然而然发生的。如果学生将过多的时间、精力用于思考阅读的方法、技巧等因素,势必影响对阅读材料及阅读过程本身的关注程度,即分散了阅读的注意力,难以获得较好的阅读效果。

二、探究教学法

探究教学法是由教师和学生共同探究而完成的教学活动,具体来说,学生在教师的引导下主动参与活动,发现问题并寻找答案,在完成教学任务的同时培养学生解决问题的能力。具体来说,探究教学法在英语教学中的实施步骤有以下几个:

(一)引入

第一步是引入工作,即教师在课堂上首先应做好相关的引导工作。明确探究主体以及学生的学习需求,并将学生引入探究学习的学习氛围,在教学的一开始就使学生感受到阅读教学和学习的乐趣。

(二)探究

探究环节是学生进行探究学习的重点环节。在这一环节,教师可以将学生分为若干小组,让各个小组的成员自行选择相应的探究任务。

例如,可让组内的其中一员负责理解整个语篇的大致含义;其中一员负责对文章段落进行划分,并找出中心句和一些关键词;其中一员负责收集同文章主题相关的信息等。如果有需要,教师可以进行更具体的任务分配。此外,学生在探究过程中,不可避免地会遇到一些问题,教师最好不要袖手旁观,而要给予适当的引导和帮助。各组员的任务都可分为不同的阶段,在探究阶段的最后,需要注意整合结果,更好地完成探究任务。

(三)解释

解释具体是指对探究的主题所进行的解释。通过研究学习活动,教师可以对学生的表现和在具体活动中所遇到的问题进行分析和总结。

具体而言,在进行解释的过程中,首先,教师要解释主题,并对各组的表现进行点评。其次，教师可以对阅读进行讲解，这与传统教学中的讲解基本相似，所讲解的内容也是学生需要探究的内容。最后，教师要引导学生对自己在整个活动中的具体表现进行回顾。

（四）阐述

详细阐述环节所阐述的内容一般要结合具体的情况做相应调整。例如，可以对探究式学习的目的进行阐述，也可以向学生扩展一些相关的知识。这一环节一般需要在教师和学生双方协商的基础上进行开展。

（五）评价

评价环节是最后环节，是对整个探究学习活动的最后总结。在这一环节，教师与学生都需要对探究活动进行自我评价并进行相应的反思。这一环节会涉及对学生优点的肯定、缺点的明确和反思，师生间也可以基于一些需要探讨的话题进行交流与讨论，确保学生能够在探究学习中真正学有所获。

三、多媒体辅助教学法

随着多媒体技术的迅速发展，其与英语教学的结合也越来越受到重视。多媒体可以使声与像、图与文有机地融合起来，具有极强的表现力与强大的功能。将多媒体引入英语阅读教学将会提高教学效果。英语教师应充分发挥多媒体的优势，将教学内容多角度、多层次地呈现给学生，为学生带来视听和感观上的立体刺激，强化阅读学习的效果。

此外，多媒体辅助英语阅读教学能为学生提供大量较为自然真实、生动形象的语言信息以及与之相匹配的情境信息，使学生的阅读学习更轻松、愉快，同时可以帮助学生在脑海中建立起情境与语言输入之间的联系，使学生更好地理解与把握文化背景知识。

四、批判性阅读教学法

（一）批判性阅读教学法概述

传统的阅读教学方法更关注文本符号的识别和辨认，但忽略了对篇章内容的预测、设疑；注重对具体信息的理解、梳理，但忽视了对信息内涵的分析、质疑；注重对句法词法的分析、运用，却忽略了对作者观点的推断、批判。概括而言，这种传统的阅读教学就是采用海绵式的思维方式，仅仅是对文本

第九章　基于网络多媒体的英语阅读教学新探

进行静态的解读和信息吸收。

批判性阅读教学法就是针对传统型阅读教学的弊端提出的,这种阅读教学方法更注重培养学生的批判性思维能力。在具体的阅读教学过程中,要求对文本进行更高一层次的理解,应涉及释义、评价技能等层面。同时要使读者能够辨别重要信息和非重要信息,能够明确区分事实、观点等,相应地,也能很好地确定作者的目的、语气等。此外,还有一些阅读材料所传达的内容不仅仅局限于上述层面,甚至在文章的叙述中会出现信息留白,此时,借助于批判性思维就要对作者的言外之意进行推断,填补语篇的信息空白,进而得出符合文章逻辑的结论。

（二）批判性阅读的主要步骤

进行批判性阅读通常需要经历以下几个主要步骤:
(1)预习文本。通过预习文本来获取与文本话题相关的背景知识。
(2)确定阅读的目的,并决定文本的组织结构。
(3)提出问题,对问题进行审视、理解。
(4)同义转译并对作者的观点进行归纳。
(5)对作者的背景进行考察并分析作者背景与阅读材料中一些观点间的关系。
(6)确定作者的目的、态度。
(7)将所读到的观点与其他观点相联系。
(8)撰写与所读内容相关的文章。
(9)对读者关于某话题的背景知识进行评估。
(10)同别的读者针对阅读材料中的观点进行探讨和分析。

批判性阅读并不是对所读内容进行简单、机械的记忆,而是用批判性的思维学会在阅读过程中提出问题,寻找各种假设,并在此基础上进行分析综合,对作者所传达的要点有明确的认识。批判性阅读就是采用淘金式的思维,对文本进行动态解读和信息再造。

（三）批判性阅读教学法的具体实施

通过对批判性阅读教学法以及批判性阅读教学的主要步骤进行分析,我们对批判性阅读的本质属性有了基本的理解和认识。同时,我们还对国内外的批判性阅读研究进行了具体分析。

费尔克洛思(Fairclouth)提出了三维批判性语篇分析理论框架,如图9-2 所示。

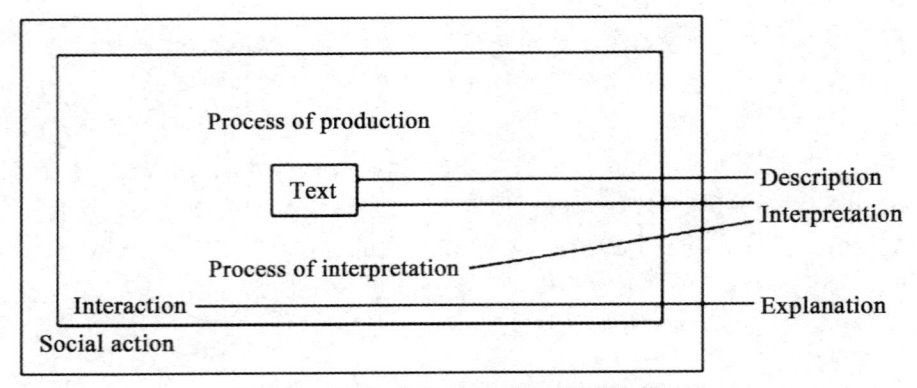

```
┌─────────────────────────────────────────┐
│  ┌───────────────────────────────────┐  │
│  │   Process of production           │  │
│  │                                   │  │
│  │         ┌──────┐  ─────── Description
│  │         │ Text │  ─────── Interpretation
│  │         └──────┘                  │  │
│  │   Process of interpretation       │  │
│  │                                   │  │
│  │   Interaction ────────── Explanation
│  │  Social action                    │  │
│  └───────────────────────────────────┘  │
└─────────────────────────────────────────┘
```

图 9-2　三维批判性语篇分析理论框架

(资料来源：傅萍、康响英，2014)

在借鉴这一理论框架的基础上，我们提出了批判性阅读四步教学法：读前讨论——质疑与设疑；读中任务——分析与解惑；读后练习——总结与写作；整体回归——批判与反思。

1. 读前讨论

在阅读文本之前，教师应有意识地引导学生根据教学内容标题、信息词、关键词等有限的信息对阅读的内容进行预测，并在其知识储备中对主题有关的信息点进行快速搜索，对先前与该主题有关的经验进行盘点，然后对这些相关信息进行认知整理、归纳设疑。

值得注意的是，阅读前的设疑不应太过于复杂，应将时间控制在五至八分钟。提问的方式最好应采取派对式、师生问答式以及自言自语式等。典型的提问有以下几种：

Why does the writer choose this topic?

What will the writer try to make his/her readers believe about the topic?

阅读前，设置这些讨论式设疑或预测活动对激活学生的已有知识非常有帮助，并且还能很好地激发学生探求未知愿望、兴趣等。

2. 读中任务

步入阅读阶段之后，教师应适当地引导学生带着这些预测的疑惑与期待通读全文并了解文章大意，确定文章的论题和结论，并运用海绵式的方式来寻找结论线索，采取淘金式的思维方式对作者的观点进行解读。

第九章　基于网络多媒体的英语阅读教学新探

在阅读过程中,教师还应鼓励学生借助于上下文的线索以及自己已有的相关图式来猜测和推断文章中不熟悉的词汇、句意,并对存有疑问的部分进行深入分析和自我解惑。对于阅读材料中的一些无法理解或不能接受的观点提出质疑。教师可以将这些问题写在黑板上组织学生进行讨论。在具体的讨论过程中,具体应采取哪种形式应根据所提问题的多寡以及复杂程度来定。例如,可采取全班集体讨论、四人小组或两人派对等形式。

在运用批判性阅读教学法进行教学时,教师引导学生进行发现、提出、分析、解答问题都应围绕着培养学生的批判性思维这一目标来实现。在这一阶段,可以围绕以下几个典型的问题进行提问:

What conclusion does the writer put forward basing on the theme?
Does the description/report reflect the real world?
What is the theme I am going to read?

3. 读后练习

阅读前的预测、设疑是为阅读过程中的分析、解惑做铺垫,阅读后的练习则是巩固和发展的过程。由于阅读课上的讨论往往会受到时间的限制,要想将阅读过程中遇到的所有问题都讨论透彻不太可能,因而这就需要学生在课后针对一些感兴趣的问题进行独立、深入地思考。这一阶段的总结和写作是将批判性思维加以内化的非常有效的手段。教师还可以借助布置家庭作业的方式使批判性阅读在课堂之外得到很好的延伸。

此时进行写作可以根据实际情况变换写作体裁,如采取写小评论、读后感、小报道以及阅读日志等形式。在进行总结和写作时,可以围绕以下几个典型的问题进行提问:

Were I the writer, what viewpoint would I bring to my readers?
What does the writer try to make us believe?
Is there anything important left untouched but needed to?

4. 整体回归

前述的总结和写作是阅读过程中表达思想的一种非常有效的手段。而要想检验阅读过程中是否真正获取了信息、在理解深度和认识角度上是否到位,思考问题以及思想表达是否正确,就需要借助于评价和反馈来实现。从这一意义上来看,写作并不是阅读的结束,而恰恰是回归的过程。批判性阅读教学法的最后一个步骤就是整体回归。也就是批判和反思。在整体回归阶段,可以围绕以下几个典型的问题进行提问:

Why should I miss the most important information?

Why couldn't I question the writer's viewpoint of ... as the other students did?

五、词块阅读教学法

（一）词块阅读教学法概述

词块具体指的是词汇之间的组合搭配，它是由两个及其以上的词汇构成的一个密不可分的整体，并在语义、语法层面具有特定的含义。词块又具体包括习语、短语以及固定搭配等形式，词块具有形式固定，运用频率和信息输出量都比单个词汇高的特点。

词块阅读教学具体指的是充分利用语法、语义、语境三者间的优势，让学生将英语学习中的一些词汇组块，从而形成预制词块，让学生借助于词块循环的形式来感知、记忆并输出语言。这种教学方法能使学生借助于词块的形式记忆并存储单词。在运用词块教学法进行阅读教学时，将词块直接输出，能有效缩短语言的输出时间，并能很好地提高阅读教学的效果。

（二）词块阅读教学法的具体实施

将词块教学法运用于阅读教学中，具体可分为以下步骤：

1. 明确词汇目标，输入并激活词块

输入并激活词块是阅读教学中实施词块教学法的首要环节。很多英语阅读教学的基本素材中都存在着大量的词块，因而教师在运用词块教学法进行教学时，首先应根据具体的教学内容确定词汇目标，筛选出阅读材料中学生比较难理解和掌握的重点词汇，然后依据词块特征对这些重点词汇进行词块特征归类，这样能为学生输入和积累词块做好铺垫。

接着，教师可以结合教学内容，借助于多媒体、竞赛等多种形式，积极地为学生创设教学情境，这样，学生就能很好地将教学前与课堂教学相关的词块从记忆中调出来，使大脑中储存的词汇得到有效激活，并为阅读打下良好的基础。

2. 设计活动任务，巩固并强化词块

（1）快速阅读文章，以辨认词块

辨认词块是阅读教学中实施词块教学法的重要前提。学生只有在文章中找到习惯性表达、固定搭配等，就能接受这些词块并很好地运用这些

第九章 基于网络多媒体的英语阅读教学新探

词块。

教师首先可以根据文章的难易程度让学生快速阅读文章，自主找出文章材料中的重要词块，也可以教师给出词块，让学生去文章中寻找。然后，学生可以以小组为单位探讨词块的具体含义和用法。最后，教师在学生讨论的基础上，进行有针对性的讲解和补充。

（2）结合具体语境领悟词块

英语属于语言学科，因而语言各项技能的学习都应结合具体的语境才能取得较好的教学和学习效果。学生在辨认词块的基础上，还应对经常使用的一词多义的、易错的短语进行重点理解和巩固。此时如果能将这些词块内容融入具体的语境中进行教授，能取得更好的教学效果。例如，教师可利用图片或活动的形式，让学生在具体的语境中深刻地理解并领悟词块的具体意义。

（3）积极练习以巩固词块

通过大量、有效的练习通常可以较好地巩固所学的知识。阅读教学过程中的词块教学也是如此。学生在辨认、领悟之后，还往往需要通过多样化的练习来巩固所学，进而来消化和吸收所学知识。在词块阅读教学中，教师也可以结合学生的实际情况为学生设计出填词、造句、英语解释英语等多样化的练习来帮助学生巩固所学词块。

3. 采用多种方法，运用并落实词块

运用并落实词块是在阅读教学中实施词块教学法所要实现的最终目标。英语教学也要实现以下目标，即让学生能用其所学进行交流并解决实际问题，并在此过程中不断提高其英语综合运用能力。在运用词块教学法教授阅读时，教师也应积极地为学生设计复述、背诵、改写、写作等教学环节，以实现学生对所学词块的创造性地运用。与此同时，教师也能够对学生的词块运用情况有更加全面的把握，将词块教学法在阅读教学中的运用实现最优化。

第十章 基于网络多媒体的英语写作教学新探

写作是学生表达思想的方式,也是一种高度复杂的思维过程。英语写作能力的培养和提高对外语学习者具有重要意义。随着英语国际性地位的确立,英语写作已经成为英语教学的重要内容,写作教学也成为培养高素质英语写作人才的重要途径。本章就对基于网络多媒体的英语写作教学进行详细探究。

第一节 写作与写作能力

一、写作

(一)写作的定义

从语言输入与输出的角度来看,写作与口语一样,都是语言的输出活动,属于一种产出性技能。英语中与"写作"相对应的表达是 writing,该词的含义不仅涉及写作的结果,也涉及写作的过程。如果说一篇文章写得好,不仅是说其创作出了漂亮的文章,还说其创作的过程非常完美。写作过程的好坏直接影响着写作结果的成功与否。关于写作的定义,中外学者从不同的角度出发给出了不同的解释,以下就对一些具有代表性的观点进行说明。

瑞密斯(Raimes,1983)认为,写作包含两大功能:一是为了学习语言而进行写作,通过写作,学习者能够对自己所学的语言知识进行巩固,如词汇知识、词组知识以及语法结构知识等;二是为了写作而进行写作。在写作的过程中,学生动脑表达自己的观点就是强化学习的过程,就是将自己所学知识用于交际的过程,只有通过学习,写作技能才可能获得。

威廉姆斯(Williams,2007)指出,写作并不是口语的附带成分,而是人

第十章 基于网络多媒体的英语写作教学新探

们传达思想、交流情感的重要形式。写作是非常复杂的,尤其是思维方式很复杂,需要写作者掌握多种知识和技能。

卡纳尔和斯温(Canale & Swain)认为,写作不仅需要写作者将其语言能力、社会语言能力、策略能力展现出来,还需要将其结果展现出来。

我国学者王俊菊(2006)从认知心理学的角度对写作进行了解释,他认为写作不仅仅是视觉上的编写行为和书写过程,还是一个包含复杂活动的解决问题的信息加工过程。

总体而言,写作是写作者运用书面语言来传达思想、交流信息的过程与结果的集合,既涉及写作者多方面的知识和技能,还涉及对意义的传达和信息的加工,因此写作既是语言运用的手段,也是学习运用语言的目的。①

(二)写作的属性

1. 主体性

写作往往是由个体的形式展开,所要传达的也是个体的思维方式和思维结果。写作动机的产生、写作活动的开展及结束以及写作活动的深层支配,都是围绕个体展开的。简单来说,写作的整个过程都是围绕个体展开的。写作之所以具有主体性,主要是因为写作表达的是人的本性,纸笔的运用只是其外在的表征。基于此,即使某一文章、著作是由个人完成的,其也是沿着个体化的轨迹才开始运行的。

由此可见,写作的本性是个体的。西方艺术大师罗曼·罗兰(Romain Rolland)在对苏联艺术家的评论中指出:"对社会生活的良好习惯予以关心,不应该妨碍每个人倾注于内心的生活。在这连续不断的感情和行为的激流中,人们应该为自己保留单独的房间,离开人群,他们仍旧可以单独居住。"我国现代文学大师沈从文对写作的个体性认识与罗曼·罗兰的看法是一致的,他在《习作选集代序》中指出:"我虽然明白人们应该在人群中生活,需要吸取其他一切人的气息,贴近人生,只有这样才能不断扩大自己的人格和心灵。但是,当到执笔写作时,就会大不相同,除了需要用文字捕捉事象和感觉外,很明显与外界是绝缘的,不能粘连在一起。我认为应该是这样,必须是这样。一切作品都需要融入自己的个性,浸透自己的感性和人格。为了实现这一目的,写作时需要独断,彻底的独断。"

---

① 何广铿.英语教学法教程:理论与实践[M].广州:暨南大学出版社,2011:225-226.

2. 独创性

独创性是写作的显著属性,这可以从以下两个方面来解释:

(1) 与动物相比,人类的写作活动具有独创性。动物不可能像人那样自己制造工具,只能根据自己的本能来活动。相比较而言,人类能够创造和使用工具,而且对工具有着依赖感,人类能够进行思维活动,能够在有限的外在现实中创造一个无限的内心世界,而内心世界反过来制约着人的外在现实世界。"夫文心者,言为文之用心也。"古代学者刘勰一语道破了写作的本质。在这里,"为文之用心"就是说写作要认真进行思维,这也说明写作是一种思维活动。由此可见,写作是受写作主体认识、情感、意志等内在精神世界支配的活动,而不仅仅是外在的一般活动。

(2) 人与人相比,每个人的写作活动都各具特色,具有独创性。美国写作家威廉·W·韦斯特(William W. West)在他的《提高写作技能》一书中明确指出:"任何写作都具有创造性,且任何写作都包含一种新的表达过程,涉及起源、发展、形成。即使写作者在写作中使用的是二手资料,写作者也能够创造出一种新的、唯一的表达形式。这是因为,在写作中写作者会产生一些新的东西,这些东西是认真的且能够表达出写作者的才能。"韦斯特的这一阐述非常有力且具体,深入地说明了写作是因为写作主体的独创而具有独创性。当写作主体具有一定张力的思维后,他们就将自己的思维以独特的形式呈现出来,这也使写作的东西更加赏心悦目,并成为独特的商品。在这一过程中,写作行为也在发生改变,即由普通的精神生活逐步上升为精神创造。

3. 交流性

人们之所以进行写作活动,从根本上来说是为了交际,因此写作具有交流性的属性。写作活动作为一个开放系统,具体包含写作主体、写作客体、写作载体和写作受体四大要素。可以说,写作的过程就是各个要素之间的交流过程。在写作产品的生产阶段,交流活动主要发生在写作主体与写作客体之间,在这一阶段,写作主体不断认识写作客体,写作客体也不断向写作主体传递自己的信息。而在写作产品的流通阶段,具体包含以下三种交流活动:

(1) 写作主体通过写作载体获得与写作客体之间的交流,也就是写作主体通过写作载体传递信息,写作受体再通过写作载体获得信息。

(2) 写作主体与写作客体之间的交流,通过写作载体,写作主体实现了与写作客体的交流,这一方面加深了写作主体对写作客体的认识,另一方面

第十章　基于网络多媒体的英语写作教学新探

能使写作主体发现写作载体的不足,进而不断对写作载体进行完善。

(3)写作载体与写作客体之间的交流,这是一种隐性的、间接的交流,是通过写作主体的认识和时间实现的。

4.社会性

写作虽然是个人行为,但也是社会"共同体"的体现,在一定意义上呈现出一定的社会性。随着社会生产力的发展,写作经历了甲骨、青铜、绢帛、纸张、网络传输等不同的阶段和书记形式,即便发展阶段不同,书记形式有所差异,但有一点是不变的,即写作对社会活动的主动参与和依赖。可以说,写作以其特有的形式直接参与社会生活。无论是诗歌、小说、散文等文学创作,还是感谢信、邀请函等日常活动,写作都与人们的生活紧密相关。一方面,人类的思维和行动受社会活动和生活形态的影响,社会活动和生活形态进而决定的写作的走向和形态;另一方面,写作记录着社会的发展历程和不同面貌,对社会发展和社会活动起着"备忘录"的作用。

5.实践性

从发生学的角度来说,写作的目的是为了传达思想、交流信息,因此具有实践性。从严格意义上说,在文字出现之前就已经存在写作行为。例如,非洲原始人类在岩石上刻画是为了向其他部族传递消息,告诉他们动物存在的区域,警告他们可能发生的危险。考古学家也指出,世界各地存在着岩刻和岩画,是原始人类为了记事而画出的,即使所刻画的是一些比较简单的人形,但也具有明确的标示作用。这就说明,最初的写作并不是为了抒发情感,也不是为了进行创作,而是为了向大家说明一些重要的事情。随着社会的不断发展,人类改造世界的经验变得更为丰富。但是,这些经验会随着持有者不断消失而消失。为了保证这些经验能够传承下来,避免后代走弯路,人们就有了一个愿望,即能够将言语传达出去,并在时间上予以固定。因此,一些记录工具、记录符号不断发明出来,这也是为了实现这些愿望做准备的。总之,最初的写作与人们的社会生活是密切相关的,尤其是其具有存储信息的能力和作用。

从心理学的角度而言,写作则是生产和创造活动。最初的写作活动是为了记录和传递信息,但在写的过程中,人们发现了更加重要的东西,即精神生产。通过"写"这一活动,可以将人类虚无的精神转化为物质符号,使得虚空的意识具有了物质的形式。如果不经过"写"的活动,即使人具有丰富的意识,也无法证明其存在。可以说,写的行为证实了人内部世界的存在。

(三)写作的过程

写作是一项非常复杂的思维活动。写作的过程主要包括以下几个环节:

1. 选题

合适的主题对写作的重要性不言而喻。主题是一篇文章所体现的中心思想。在写作教学中,教师应选择学生熟悉并感兴趣的主题,使学生有话可说,有内容可写。

2. 搜集与选择材料

确定了主题后,要做的是搜集与主题相关的材料。只有具备了足够的材料,才可能写出好文章。材料收集完成后,还应以写作主题为中心对材料进行精心选择。如果脱离了主题,材料也就失去了意义。

3. 组织文章结构

在上面的步骤完成后,即可着手谋划篇章。如何开头,哪些内容先写,哪些内容后写,如何过渡,如何结尾,均需要认真揣摩、精心组织,这就是组织文章结构的过程。运思谋篇是写出好文章的关键。

4. 修改

修改是文章写作的最后一步。修改属于写作活动的高级阶段。只有经过认真的修改,文章质量才能得到提高。因此,要培养写作能力,既要多练习写,还要多修改。

需要说明的是,上面几个环节不是孤立存在的,而是相辅相成、不可分割的。

二、写作能力

写作能力是学生依据所掌握的专业知识,结合相关语言知识,运用各种写作策略和修辞技巧产出不同体裁作品的能力。[1] 具体来说,写作能力主要由以下几个因素构成。

---

[1] 严明.高校学术英语写作能力评价体系建构[J].外语学刊,2014,(6):109.

第十章　基于网络多媒体的英语写作教学新探

(一)知识能力

知识能力是写作能力的基础构成,因此一直都是被讨论最多的内容。知识能力大致包括百科知识能力和语言知识能力两部分。其中,百科知识的积累是一个长期的过程,需要学生发挥高度的主观能动性,即在平时生活中自主学习、努力积累。此外,百科知识的学习对不同学生来说具有很大差异性,因此这部分内容很少被学校视为培养的重点。相比之下,语言知识能力,具体到英语学习中就是英语语言知识,一直是我国英语教学的重要内容。语言知识涵盖的内容非常丰富,从语音、词汇、语法到听、说、读,再到英语文化,这些都是学生提高写作能力所必备的。可见,要想提高写作能力,首先要从掌握专业词汇开始。其次,一些常用的表达形式、语法手段也会影响写作的效果。这就需要教师在教授语言基础知识时多加注意,因为大部分学生对语言知识的获取都是通过教师在课堂上授课实现的,只有教师自身加强有关写作知识的摄取,才能满足学生的学习需要。

(二)体裁能力

体裁能力就是对不同文本类型特点的掌握与运用。对体裁的研究大致始于20世纪90年代初。目前,围绕体裁研究,主要形成了三个流派,即以马丁(Martin)为代表的澳大利亚学派、以斯韦尔斯(Swales)和巴迪亚(Bhatia)为代表的ESP学派以及以米勒(Miller)为代表的北美新修辞学派(严明,2008)。其中,ESP学派的研究成果最为丰富。

近年来,国内很多学者也借鉴国外的理论成果,对写作能力进行了研究。结果发现,对体裁特点的把握往往更容易使学者们的成果被外国学者所接受。斯韦尔斯在定义话语共同体的过程中,将"使用并占有一种或多种体裁"视为不同话语共同体间最重要的区别特征(Swales,1990)。他认为,交际行为的组织是否成功,在一定程度上取决于体裁运用的熟练程度。因此,体裁能力应当是教学中重点培养的写作能力。

(三)认知能力

在整个写作过程中,对写作环境的认知能力是基础。因为写作不是发生在真空环境中,而是受很多内在和外在因素的共同影响。写作能力就体现为作者对写作环境的认知、思考以及生成文本的能力。

写作环境可以根据时间分为共时环境和历时环境两个部分。历时环境可以理解为一种背景知识,与知识能力有一定的重合。共时环境则指写作行为发生时的学术和文化环境,其构成较为复杂,涉及写作目的、读者需求、学科特点、评价期望等因素。这些是写作行为发生的基础。约翰斯(Johns,1993)认为,读者意识、写作目的和文本之间呈互动关系,三者之间相互作用,最终形成写作成果。从一定程度上来说,将写作目的与外在资源相结合的能力就是对写作环境的认知能力。可见,只有对写作环境进行充分的认知,才能更好地进行写作行为。

第二节 英语写作教学的内容与现状

一、英语写作教学的内容

(一)结构

文章的结构是写作开展的前提,对文章整体表达影响深远。

1. 谋篇布局

谋篇布局是写作的必要前提,写作者可以根据写作目的选择适当的扩展模式。从篇章结构上看,结构是:引段—支撑段—结论段。从段落的结构上看,结构则是:主题句—扩展句—结论句。不同题材、体裁的文章,有着不同的布局方式。例如,在议论性文章中,主题句主要用于陈述读者认为正确的观点,扩展句是以说明的顺序扩展细节阐述原因,而结论句重点用来总结或重述论点。在说明性文章中,主题句主要用来介绍主题,扩展句用来以时间、重要性等顺序扩展细节说明主题,而结论句主要重述主题、描述细节。

2. 完整统一

所谓完整统一是指文章的所有细节如事实、例子、原因等都必须围绕主题展开,做到内容切题,与主题不相关的句子必须删除,同时要保证文章段落的完整性。

3. 和谐连贯

段落中句子的顺序和思路的安排都要具有逻辑性,句子与句子之间要有机地联系在一起,内容需要一环紧扣一环,流畅地展开,使段落成为一个和谐连贯的整体。运用正确且连贯的词或词组,可以把句子与句子有机地

第十章　基于网络多媒体的英语写作教学新探

联系起来,使随行文更加流畅,并能引导读者跟着作者的思路去思考问题。对于过渡语,可以进行"短文填空"的专项训练。需要指出的是,过渡词语不可不用,也不可滥用,需要确保结构流畅、简洁,避免冗长、累赘的描述。

(二)句式和选词

英语中比较常见的句型有强调、倒装、省略等,并且每种句式都有各自不同的变形,这就需要学生进行大量的练习。在写作教学中,教师应该采用示范和讨论的方式,帮助学生掌握正确的表达方式,增强他们对句式的认知。

选词通常与个人的喜好有关,所以它也是个人风格的体现。但由于选词也是作者与读者之间的交流方式之一,因此选词还要考虑语域的因素,如正式用词与非正式用词的选择、褒义词与贬义词的选择等,还应考虑角色及读者对象的因素。[①]

(三)拼写和符号

如果缺少规范的拼写与符号,句子的含义就难以表达,文章的内在逻辑关系也难以体现出来,这就在无形之中提高了读者的阅读难度。可见,拼写与符号是英语写作教学中不可或缺的重要内容。具体来说,学生首先应保证拼写和符号的正确性,以避免引起阅读障碍。在保证正确性的基础上,学生应努力使拼写、符号规范、美观,易于辨认。虽然这些都属于细节问题,却对写作有着重要的影响作用。

二、英语写作教学的现状

(一)教师教学的现状

1. 教学改革滞后

受传统教学思想的影响,我国的英语教学一直都是应试教育,这阻碍了英语写作教学的进一步发展。近年来,虽然许多专家、学者、教师开始对学生的英语习得能力进行关注,但是因为改革力量薄弱,效果甚微。例如,学生英语思维能力的多方位、多角度、发散性、创造性、广阔性仍然没有得到足够的重视和训练。此外,有些教师在实际授课过程中,往往是为了教写作而

[①] 何少庆.英语教学策略理论与实践运用[M].杭州:浙江大学出版社,2010:142.

教写作，未能将其与其他技能的教学有机地联系起来，从而使写作教学成为一个孤立的存在，也使写作教学事倍功半。

2.课程设置不合理

尽管大多数教师和学生都早已认识到了写作的重要性，但由于课程设置不合理的情况客观存在，使写作教学仍未得到应有的重视，效果也不尽如人意。具体来说，在每单元的课文讲解、听力理解、阅读理解等方面耗费了教学的大部分时间，导致几乎没有多余的时间留给写作教学，大多数时候写作只是作为教师留给学生的课后作业存在的，这就使写作成为了可有可无的教学内容。这样的课程设置很难使学生的写作知识得到丰富，学生的写作能力也很难得到培养。

3.教材比较落后

目前，我国大学英语教学采用的写作教材主要是大学英语综合教材或读写教材。这类教材将英语阅读与写作联系起来，通过阅读积累写作知识，通过写作培养阅读的灵感，这利于培养学生的语感，培养学生使用英语思考问题的思维，提高学生综合运用英语知识的能力。但是，仔细解析这类教材可以发现，其存在以下不足：

（1）在英语写作教材内容中，有关西方文化的内容较多，与中国文化相脱离。例如，教材中常出现圣诞节、情人节、万圣节等西方文化知识，较少涉及中国的传统节假日、中庸之道、礼仪之道、君子之道等文化知识，这在一定程度上不利于中国优秀传统文化的传承与发展。

（2）从教材编写上来看，目前英语写作教材中主要是说明文、议论文、记叙文等文体，有关商务英语写作、专业论文的撰写等方面的资料较少，英语写作教学的目的性不强，实用性也受到一定的影响。

(二)学生写作的现状

1.语言基础掌握不扎实

英语中的很多词汇都在词性、词义、用法、搭配等方面有自己的特点，当学生按照汉语词汇的用法进行英语写作时，常常出现词汇使用方面的问题。不仅如此，很多学生由于不熟悉英语的句法表达习惯，还常常出现一些句法方面的问题。例如，主谓不一致、语态不一致等错误。因此，学生要想写出一篇佳作，首先需要努力掌握基本功，只有基本功扎实了，才有可能进一步提升写作能力。

第十章　基于网络多媒体的英语写作教学新探

2. 中式英语现象严重

语言与思维、文化等都有紧密联系,并在很大程度上受这些因素的影响。中国学生由于长期在汉语环境下生活,母语思维不可避免会对他们的英语学习产生影响,且很多都属于消极影响,"中式英语"就是一个最典型的现象。具体来说,英语语言中的词汇在结构、用法、含义、搭配等方面都存在诸多不同,学生在写作过程中如果难以找到准确的对应词,常常利用汉语思维和已有的英语构词知识想当然地生造一些词汇,从而造成词不达意的后果。例如,用 sky girl 或 air girl 来表示"空姐",用 hand heart 来表示"手心"。再如:

He put all of hope on me.

不难发现,"他把所有的希望都寄托在了我身上"是作者想表达的本义,但其使用的表达方式与英语习惯大相径庭,会令英语读者不知所云。应修改如下:

He places all his hopes on me.

3. 套用作文模板情况严重

我国很多学生平时没有足够的时间练习写作,因此在考试前常将希望投向各种作文模板。不可否认,作文模板对学生的写作在某些方面确实具有积极作用,它可以帮助学生了解各类文章的结构框架。但它也存在很大的弊端,许多学生由于写作基础薄弱,只是机械地套用格式,对段落的组织安排以及连接词的恰当使用都没有真正理解,而这很容易使学生的写作出现连接词误用、段落衔接不自然等问题。

4. 篇章缺乏连贯性

在篇章写作的完整性方面,很多学生存在着严重的问题。学生的文章往往缺少主题句,而且句子之间缺乏必要的关联词,从而使得语序混乱、表达不通顺、主题思想不突出。文章是由很多不同的句子组成的,其主要目的在于表达思想,起到交际目的。换句话说,为了达到这一目的,文章句子就要依据一定的语法规律和交际原则形成有序的网络结构,语言表达具有很强的连贯性。而这正是中国学生所缺少的,因此学生的文章缺乏紧凑感,无法形成一个有意义的篇章结构。

5. 文化知识储备不足

要写出地道的英语文章,学生不仅要具备准确用词、合理谋篇的能力,还要掌握一定的英语文化知识。语言学习同文化学习密不可分,一旦学生缺乏对所学语言国家的文化背景知识的了解,其语言学习就会受到阻碍。因此,要学习和掌握英语语言,必须了解和掌握英语文化。中国大学生虽然一直在学习英语语言,但思维依旧停留在汉语思维上,很少接触英语文化知识,因此他们的思想和思维方式比较中国化,写作也是汉语式写作。所以,大部分学生除缺乏基本的语言知识外,文化背景知识也有待提高。丰富的文化知识对写作有着显著的促进作用,它可以使学生形成西方思维,使写出的文章更加符合英语表达习惯。

第三节 基于网络多媒体的英语写作教学原则

一、以学生为主体原则

以学生为主体原则就是在写作教学开展的过程中,以学生为中心,尊重学生的主体性。但要使学生真正成为学习的主体,首先要激发学生的兴趣,提高学生的主动性。使学生成为学习主体的方式有很多,其中小组讨论就是提高学生主动性的一种有效方式。另外,教师是否组织、如何组织学生进行小组讨论以及如何对学生的作文做出反馈是写作教学能否成功的关键。教师在小组讨论时可采用多种方式。下面介绍几种方式,教师可以根据教学实际和学生水平灵活加以运用。

(一)复习式

复习是一种很好的帮助学生巩固所学知识的方法。此外,通过复习,学生可以了解到自身的薄弱之处,从而有针对性地加以改进。需要注意的是,在采用这种讨论方式时,教师要切忌简单地重复知识,应该保持一定的新鲜感,以保持学生对讨论的兴趣。

(二)提问式

在小组讨论的过程中,提问是一个重要环节。提问的作用是多方面的,它既有利于降低学生的写作难度,还可以引导学生归纳信息、表达思想,学生之间的提问还可以鼓励学生开口,勇于质疑。提问的重点在于得当性,这主要体现在两个方面。首先,教师提问的方式要得当。其次,提问问题的次序要得当。教师应向学生提出明确的问题,从而使学生能够清楚地把握提问的对象,使教师能通过学生的回答得到有效的反馈信息,深入了解学生的学习状况与能力。

教师提问时,为了避免课堂秩序的混乱,还要提前对回答的方式予以确定,如写在纸上或举手回答。此外,教师提出的问题应注意难易程度,从而使不同能力与水平的学生都能积极参与进来。

(三)卷入式

卷入式也是小组讨论的重要形式。在大部分情况下,这种方法可以让尽可能多的学生参与到写作教学中。为了给所有学生提供参与、回答的机会,教师可灵活采取多种方式,如让学生重复问题或重复答案、让学生提出问题、让学生集体回答等。

(四)反馈式

如果想了解学生的基本情况,反馈式是一种十分有效的方式。小组讨论的效果在很大程度上取决于是否能随时获得全班的反馈信息,因为教师正是根据反馈信息来对课堂进展进行及时调整的。具体来说,教师如果想了解每个学生的情况,可让学生将答案快速地写在纸上,然后对全班进行巡视,进行检查。通过巡视,教师就可以获得反馈信息。

(五)学生互助式

学生互助式为学生共同完成一个问题的回答或者学生之间的相互问答提供了平台,学生在此过程中还能够学会怎样尊重、支持他人的观点。需要注意的是,学生互助式的关键在于鼓励同学相互协作,解决难题,而不是由教师直接给出答案。

二、重视写前准备原则

坎贝尔(Campbell)认为,写作前有必要进行调研、搜集资料、积累材料、酝酿论点及分析问题等活动。积累写作素材既是重要的写作准备活动,也是培养写作能力的重要手段。为了让学生积累更多的写作素材,以便更好地培养学生的写作能力,教师要鼓励学生在阅读范文的基础上对一些段落、句子、词块等进行背诵。背诵输入有助于克服英语写作中的负迁移,产出地道的英语表达方式。地道的英语是通过一些固定而优美的句型和英语的习惯说法来表达的。学生之间的讨论在写作过程中也具有十分突出的作用。通过讨论,学生可以获得写作的素材。头脑风暴、对话题的讨论、构思等写前活动不仅可以减轻学生的写作负担,而且可以培养学生的写作元认知策略以及学生对写作的积极情感。

三、综合性原则

综合性原则也就是坚持写作与听、说、读相结合的原则,因为写作并不是孤立存在的。英语学习是一个系统的过程,写作只是英语教学的一部分。虽然听、说、读、写各有自己的特点,但在本质上它们之间是相互依赖、相互促进的关系。具体来说,说可以为写奠定基础,写则是说的发展;把听作为输入的方式来获取写的内容,以写来反映听的结果;通过阅读范文,学生可以获取一系列的写作资源,如语言、观点、篇章结构等资源,这些通过阅读获得的写作资源在一定程度上能减轻学生的写作负担。

四、选择适当教学模式原则

英语写作教学的模式主要有四种:重内容的教学模式、重过程的教学模式、重结果的教学模和小组教学模式。这四种写作教学模式各具特色,所适应的学生群体也各不相同。其中,重内容的模式对学生的语言能力要求较高,并不适合所有学生。重过程的教学模式强调协作本身的过程性,因而是一种比较科学的教学模式。重结果的教学模式缺乏对写作过程的监控,不利于写作能力的培养,因此该模式不可取。小组教学模式属于新课程背景下的教学模式,强调以学生为中心,能在很大程度上调动学生学习的主动性。可见,教师所选择的写作教学模式应该结合学生的特点,做到因材施教。

五、重视评估原则

教师在写作教学中尤其要重视评估原则,并不是学生写完作文交上就了事了,学生的习作必然存在这样那样的问题,教师只有进行认真的评阅,才能使学生及时得到反馈信息以进一步修改习作,不断提高写作能力。一般来说,写作教学过程中涉及的评估主要有两种,即结果评估和过程评估。

(一)结果评估

"写作成品"是写作完成的标志,对写作结果的评估也就是对学习成绩的评估。在传统的教学环境中,教师通常采取"等级"方式来对学生上交的作业进行评估,即结果评估。这种评价方式虽然可以在一定程度上帮助学生发现问题,但其缺点也是十分明显的,既增加了教师的负担,也容易使学生失去写作的信心。

根据相关研究成果,要切实帮助学生提高写作水平,仅依靠写作惯例的监测是远远不够的,还应使用建设性、鼓励性的反馈。此外,对写作过程与写作内容的评估也有助于培养学生对写作的兴趣和正确态度。在面对学生的错误时,教师应避免过度纠错对学生自尊心带来的伤害。教师在学生几经修改或校稿以后及时进行反馈是目前较提倡的做法。教师在给出反馈时,应当以鼓励为主,并在必要时指出需要改进之处。

(二)过程评估

对于英语写作来说,结果评估多于过程评估。然而,如果将写作教学看作一种过程,过程评估的重要性也是不言而喻的。一般来说,过程评估具有十分丰富的形式,且是在写作过程中进行的,既可以由教师进行评估,也可以由教师在示范如何评价的基础上发展学生互评的能力,即由学生以讨论的方式进行。教师可在互评讨论环节为学生提供一些可参考的问题。需要注意的是,这些问题应当对互评的成功起到关键性的作用。此外,学生自评也是过程评估的有效形式。

第四节　基于网络多媒体的英语写作教学方法

一、语块教学法

教师在教学中可以采用语块教学法,培养学生运用语块的意识,促使学生不断积累语块,以使学生在写作过程中可以迅速提取并直接运用,提高语言表达的自动化程度,从而写出地道、精美的文章。具体而言,教师可参考如下两个方面。

(一)建构相关的话语范围知识

所谓相关的话语范围知识,主要包含与主题相关的各种社会知识与文化知识。在传统的写作教学中,这一环节未引起重视,但是不得不说,这是写作教学的第一步。在这一阶段,教师需要完成以下几个步骤。

(1)引导学生学习和掌握与话语范围相关的知识,可以通过交流,让学生对其他学生的相关经历有所了解。

(2)对与话语范围相关的双语语言进行比较,尤其是不同语言的异同点,从而了解这些语言背后的文化背景,以及文化背景对话语范围所产生的影响。

(3)对与话语范围相关的词汇及表达形式进行列举、选择与整理。

具体而言,教师可以引导学生开展如下教学活动:

(1)教师提前为学生准备一些与话语范围相关的语篇,让学生对这些语篇进行比较与探讨,以便发现不同语言的异同点。

(2)在课堂上,教师组织学生探讨自身的经历,如旅游经历,可以让学生对自己旅游过的地方、乘坐的交通工具等进行描述。

(3)为了让学生对主题有更深刻的感受,教师可以组织学生参加与主题相关的活动,如讨论购物主题时可以让学生亲自去超市购物。

(4)教师安排学生准备一些与主题相关的物品,如实物、照片、视频等。

(5)教师让学生从写作的角度来认真阅读语篇,并对语篇中的语言符号、辨别意义等有所了解。

(6)学生在阅读语篇的过程中,将自己遇到的生词等进行归纳,并将这些新词与已学内容相联系。

(二)建立相关语类的语篇模式

在这一阶段,教师写作教学的主要目的包括以下几个:

(1)让学生对语类及相关主题的语篇能够有清楚的了解和把握。

(2)让学生对语类结构与结构潜势有深刻的了解。

(3)让学生对语篇语境有清楚的把握。

(4)让学生对交际目的、交际功能有清楚的了解。

在这一阶段,教师需要完成以下几个步骤的工作:

(1)通过分析语篇,向学生传达与语类相关的知识。

(2)通过分析语篇,让学生感受与语类相关的词汇、结构等,分析这些词汇、结构等如何表达主题。

(3)通过分析语篇,让学生感受语类的社会意义。

具体来说,教师在这一阶段可以安排如下几种活动:

(1)教师为学生阅读一遍语篇。

(2)教师与学生一起阅读语篇,可以是教师领读,也可以是学生轮流阅读。

(3)教师引导学生根据语篇的内容,对相关社会与文化背景进行推测,

第十章　基于网络多媒体的英语写作教学新探

如作者写作语篇的目的、所处的时代等。

（4）教师让学生回忆他们在其他时间学过的类似的语篇，并组织学生分小组交流语篇的主要观点、主要内容等。

（5）教师组织学生分析语篇的结构与框架，如语篇由几个段落构成，这些段落如何衔接等。

（6）教师或者学生寻找一些类似的语篇，对语类结构进行分析。

（7）教师以语类为基础，引导学生对一些规律性的语法模式进行总结与归纳。

（8）教师引导学生思考语法模式与语类的关联性。

二、体裁教学法

体裁教学法是随着体裁理论发展而成的一种新的教学法。体裁教学法把体裁和体裁分析理论运用于课堂教学中，围绕语篇的图式结构开展教学活动。在英语写作教学中，体裁法的具体实施步骤和优缺点如下所述。

（一）体裁教学的步骤

体裁教学法的实施具体可分为以下几步：

1. 范文分析

范文分析是体裁教学法的重要环节。教师通过范文介绍某一体裁，重点分析其图式结构。通过讲解范文的体裁结构、语篇结构和语言特点，突出与这一体裁相关的社会语境、交际目的的分析，让学生对此体裁有一个直观、全面的了解。在范文分析过程中，教师可向学生介绍和体裁有关的社会文化、历史、风俗习惯等背景知识。另外，为使学生对范文体裁有更好的理解，教师可选择几篇同一体裁的不同文章，让学生分组讨论并分析。讨论的内容可以围绕以下几个方面：该体裁有什么语言特征和意义特征；该体裁相关的图式结构如何；该体裁的交际目的和社会语境如何体现。

2. 共同协商

分析完范文以后，教师需要安排师生互动、生生互动，实现写作前的沟通交流，为写作提供更多的素材，明确写作思路。另外，教师可让学生运用体裁分析的方法解析同一体裁的不同语篇，目的是让他们通过实践将学到的体裁分析知识融会贯通。

3. 模仿写作

根据范文分析和共同协商的结果,教师协助学生共同完成这一体裁文章的模仿写作,其中包括阅读、研究、搜集和整理资料、写作等不同阶段。模仿写作并非简单地照搬范文,而是有意识地运用上一步骤中所获得的体裁知识,使学生通过模仿把这些结构特点和语言特点转变为自己的知识。

4. 独立写作

学生选择一个题目进行研究,然后写出这类体裁的文章。此阶段是模仿写作阶段的延伸,教师可给学生一个新的题目,让他们模仿范文体裁的特点进行自我创作,目的是让学生学以致用。

(二)体裁教学法的优缺点

体裁教学法在英语写作教学中的优点主要体现在以下几个方面:
(1)有助于学生掌握不同体裁的语篇交际目的、篇章结构和语言特点。
(2)有助于学生正确认识语篇,即语篇不仅是一种语言建构,还是一种社会意义的建构。
(3)有助于学生掌握语篇的图式结构,了解语篇的建构过程,从而帮助学生理解和撰写某一体裁的文章。

当然,体裁教学法也存在一定的缺点。例如,秦秀白(2000)经过分析后认为,体裁教学可能导致教学活动太过死板。如果教师本人缺乏想象力和创造力,可能使学生感到这种教学方法呆板、枯燥。另外,由于体裁种类十分繁杂,课堂教学不可能穷尽所有体裁,因此体裁教学法仍具有相当大的局限性。

三、对比教学法

英汉语言之间存在诸多差异,因此对比教学法是让学生了解语言差异、提高教学质量的重要方法。在英语写作教学中,要让学生写出的文章用词地道、语句流畅、逻辑连贯,教师就必须引导学生深入了解英语与汉语的差别。具体来说,教师可有意识地演示与剖析英汉语篇在遣词造句、文章结构等方面的差异,帮助学生在写作时有意识地避免汉语思维的影响,写出符合英语表达习惯的作文,主要涉及以下几个层面。

(1)语句层面。教师在批改学生作文时应指出不符合英语表达习惯的语句,并可注明地道的英语表达方式加以对比,使学生更清楚地看到差别,并在不断的修改过程中逐渐学会用英语进行思考与表达。例如：

原文：老、幼、病、残、孕专座。

中式英语表达方式：Seats reserved for seniors, young people, patients, the disabled and the pregnant.

规范英语表达方式：Seats reserved for the old, the young, the sick, the disabled and the pregnant.

分析：英语表达在对词汇进行选择时往往注重读者的感受。

（2）语篇层面。教师可引导学生了解并思考英语文章是如何发展主题、组织段落、实现连贯的，以此来帮助学生对英语的语篇结构有一个立体的、综合的认识。

（3）题材、体裁层面。教师可以对英语文章进行细致的分析，以使学生了解和掌握各种题材和体裁的文章的写作技巧、注意事项等。

四、文化导入法

教师在写作教学中应多向学生强调文化因素的重要性，将文化背景知识融入教学过程，这样才能显示语言学习和教学的生命力。在具体的写作教学中，教师可采用以下几种方法来培养学生的文化意识，提高学生的写作能力。

（一）融入西方文化知识，提高学生的文化意识

在跨文化交际中，因文化差异导致的错误远比语言本身出现的错误严重，因此在英语写作教学中，教师应重视文化差异因素对学生写作的影响，并采取有效的方法来提高学生的文化意识，这对提高学生的写作能力具有重要意义。

在英语写作教学中，教师应成为中西方文化间的中介者和解释者。作为中介者和解释者，教师首先应对某一语言成分所依附的文化内涵及文化背景有一个深入的了解，继而对学生进行讲解，做到语言教学与文化教学的并进。除了要向学生分析语言本身所承载的文化背景知识外，还应适时补充一些西方国家的风俗习惯、社会规则、生活方法、思维模式等文化背景，将西方文化背景知识融入写作教学的各个环节。教师要适时总结中西方文化差异，并形成系统的文化规则，然后介绍给学生，以提高学生的文化差异敏感度和洞察力，培养学生的跨文化交际意识。

(二)培养学生的英语思维模式

我国学生的英语作文普遍存在两大缺陷,即"重点不突出"和"黏着性差",而这两大缺陷很大程度上是因为欠缺英语思维造成的。对此,在大学英语写作教学中,教师应有意识地引导学生对中西方不同的思维方式和特征进行对比研究,包括基本词汇文化内涵比较研究、深层文化对比研究、情景对话行为规则的研究等,帮助学生学习和掌握西方的组织篇章的思维逻辑,引导学生能够用英语思维模式进行写作,从而使学生写出符合英语语言交际规范的文章。这就需要学生用西方的写作思维模式勤加练习,没有大量的练习,写作理论与技巧只能流于形式。学生只有勤写多练,才能发现自己写作中的问题,不断将所学语言文化知识以及英语思维方式应用于英语写作实践,从而逐步提高英语写作能力。

(三)开设文化选修课

教师还可以通过开设英语文化选修课的方式来丰富学生的文化知识,扩大学生的文化视野。具体来讲,教师可以开设"语言与文化""跨文化交际""语用学"等课程,还可以适当地使用一些国外出版的教材。这样可以进一步扩大学生了解和掌握西方文化的空间,使学生在写作中逐渐养成英语思维,进而写出地道的英语文章。

五、网络辅助教学法

20世纪90年代以来,计算机网络与多媒体技术的发展为我们解决英语写作教学的诸多难题提供了有利条件。多媒体和网络具有资源丰富、情景真实、灵活自如、不受时空限制的特点,通过多媒体和网络,学生可以接触到地道的英语,了解英语文化以及英语文化与汉语文化的不同,还可以激发学习的兴趣,培养自主学习能力。下面通过写作的三个阶段分别介绍多媒体技术手段在写作教学中的运用。

(一)构思

写作前,学生需要有写作的愿望,同时考虑与组织自己的思路,拟定写作提纲。借助现代教学技术手段,能帮助学生打开思路。具体来说,不仅包括写作计划、创造性思维、提纲、概念匹配以及图表等写作要素,而且备有具体的写作专题所须考虑的一系列相关的方面,学生写作前从中选择需要的内容,在此基础上经过整理,一般就能为写作做好准备。

第十章　基于网络多媒体的英语写作教学新探

(二)草拟

在草拟文章阶段,学生可利用计算机中的文字处理软件起草,随时修改内容与文字,同时利用网上提供的一些修改与编辑文章的项目辅助自己的写作。例如,The Daedalus Integrated Writing Environment(DIWE)即可让教师与学生以及学生之间同时了解写作内容,指出写作过程中的错误或提出修改意见。这样做一方面加强了教师对学生写作的个别指导,另一方面开展了学生之间的互帮互学,是写作教学中合作学习的具体体现。

(三)成文

在成文与定稿阶段,学生可利用各种软件推敲词与句的用法,在综合考虑教师与同学的意见后定稿。传统的英语写作练习在定稿后就交给教师,而使用现代教学技术手段能使学生根据出版的要求修改文章,在网上出版,并与其他同学或朋友交换文章。有些网站设有学生论坛,专供学习外语的学生发表自己的写作成果。例如,美国伊利诺伊大学的网站 ExChange (http://www2.lei.uluc.edu/Echanges/)上就有这样的论坛。学生的文章如能在网上发表,与全世界的读者分享,这对学生来说是巨大的鼓舞。

第十一章 基于网络多媒体的英语翻译教学新探

随着科技和经济的飞速发展,社会越来越重视英语翻译人才,对这类人才的需求也越来越多。基于此,各高校开始重视英语翻译教学。要培养出优秀的英语翻译人才,高校就要提高英语翻译教学的质量,结合当今时代发展和学生的学习现状,利用网络多媒体技术的发展,制订一系列英语翻译教学的措施。

第一节 翻译与翻译能力

一、翻译的定义

中外学者对翻译的概念有着各自的看法,下面是其中比较典型的解释。

约翰逊(Samual Johnson)在《约翰逊词典》(Samual Johnson's Dictionary)中对翻译的解释是:"To translate is to change into another language, retaining as much of the sense as one can."[1]该定义是从语用学角度界定的,指出翻译是在尽量保存原意的基础上将一种语言译为另一种语言。

尤金·奈达(Nida)对翻译的解释为:"Translating consists of reproducing in the receptor language the closest natural equivalent of the source language message, first in terms of meaning, and second in terms of style."他的观点是:翻译是用最贴近、最自然的等值体来复制出源语的信息,其中意义是第一位的,风格是第二位的。这一定义是语义层面的,认为翻译的对象就是意义。

兰伯特和罗宾(Lambert & Robyns)将翻译理解为:"Translation is

---

[1] 李建军.新编英汉翻译[M].上海:东华大学出版社,2004:4.

第十一章　基于网络多媒体的英语翻译教学新探

identical to culture."[①]这一定义从文化学角度出发,认为翻译是一种文化。翻译是一种跨文化的交际活动,不仅涉及语际的转换,还涉及文化因素。要使翻译更准确,译者必须首先熟悉文化背景知识。

张培基(2008)强调:"翻译是运用一种语言把另一种语言所表达的思维内容,准确而完整地重新表达出来的语言活动。"[②]

王佐良指出,翻译不仅仅涉及语言方面的问题,同时涉及文化方面的问题。因此,译者要对外国文化与自己民族的文化都有一个深入的了解,同时对两种文化进行比较。[③]

综合以上观点,笔者将翻译的定义概括为:翻译是在一定目的的指导下,在目标与文化框架内将源语信息转化成译语信息的过程。需要指出的是,在翻译过程中,完全再现源语信息是不可能的,因为这样的翻译其实只是实现了部分翻译。

二、翻译的性质

萨瓦里指出,翻译是一门选择的艺术。不管是翻译习语、典故,还是翻译文化负载词,均存在选择的艺术。译者在进行词汇层面的转换时,会面临多种词义差异大或小的对等词汇。译者的选择是一个美学选择的过程。译者对风格的传译也是一个难点。优秀的译者要有深厚的语言功底,广博的源语知识,对源语持有一种批判的眼光,这样在翻译过程中才能有的放矢。

纽马克(Newmark,1991)指出:"翻译既是科学,又是技巧和艺术。"(Translation is a skill and art as well as a science.)纽马克在对语言的二元划分的基础上阐释了翻译的性质。他指出,语言分为标准语言与非标准语言。标准语言仅有一种正确的翻译方法,且有规律可循,这体现了翻译的科学性。非标准语言有多种不同的变体,所以译无定法,可以从多种选择中挑选正确的译法,这就要靠译者的审美能力与判断力,体现了翻译的艺术性和技巧性。

奈达也持类似的观点,他认为翻译不但是一种艺术,还是一门科学,是可以且必须用客观原则加以规范和描述的,翻译活动决不可随意进行。

---

① Edwin Gentzler. *Contemporary Translation Theories*[M]. London:Routledge Inc.,1993:186.
② 张培基.英汉翻译教程(修订本)[M].上海:上海外语教育出版社,2009:1.
③ 李建军.新编英汉翻译[M].上海:东华大学出版社,2004:4.

三、翻译的过程

(一)理解

翻译过程中的第一个步骤是理解,更是表达原文的先决条件。译者首先要理解原文的语言现象,进而理解原文的逻辑关系和文化背景。

1. 理解语言现象

词汇涵义和句法结构是语言现象的主要组成部分,因此在翻译时,译者有必要对这两个方面进行理解。

(1)理解词汇含义

著名语言学家弗思(J. R. Firth)曾说:"Each word, when used in a new context, is a new word."也就是说,在不同的语言环境中,即便是同一个词也有不同的含义。英语中一词多义的现象十分常见,因此在翻译的时候要注意不仅要理解词的表面含义,还要准确把握词在具体语境中的含义。例如:

In the sunbeam passing through the window are fine grains of dust shining like gold.

细微的尘埃在射进窗内的阳光下像金子一样闪闪发光。

fine 在此句中的含义为"微小,细小"。

There is a definite link between smoking and heart disease and cancer. But this doesn't make you too uncomfortable because you are in good company.

原译:抽烟和心脏病及肺癌的确有关系。但这并不能使人们感到太大的不舒服,因为你在一个好公司。

改译:抽烟和心脏病及肺癌的确有关系。但这并不能使人们感到太大的不舒服,因为和你一样抽烟的人很多。

company 作为可数名词时有"公司"之意,但作为不可数名词,则是"伙伴、伴侣"之意。句中 good company 没有任何冠词,为不可数名词,如果译为"因为你在一个好公司"显然是不正确的,因此应根据具体语境译为"和你一样抽烟的人很多"。

(2)理解句法结构

因英汉民族生活在不同的环境中,在语言和思维模式方面有着很大的差异,因此在句子结构上英汉两种语言也表现出很大的差异。在很多情况

第十一章　基于网络多媒体的英语翻译教学新探

下,英汉语会采用不同的句法结构来表达同一意思,而且英语中还有很多的特有句型和表达形式。所以,在翻译过程中着重分析和理解原文的句法结构是很有必要的。例如:

The greatness of a people is no more determined by their number than the greatness of a man is determined by his height.

一个民族的伟大并不取决于其人口的多寡,正如一个人的伟大并不取决于他的身高一样。

要想正确翻译上述句子,正确理解 no more…than… 这一结构是关键。在表示两者相比较时,这一结构的含义 not any more than;表示对双方都加以否定时,常译为"同……一样不""既不……也不"。

Language can create its own loveliness, of course, but it cannot deliver to us the radiance we apprehend in the world, any more than a photograph can capture the stunning swiftness of a hawk or the withering power of a supernova.

语言固然能创造自身之美,却无法言传人们在世间感悟的那番美的意境,这恰如照片不能捕捉飞鹰掠天的惊人速疾与超新星爆耀的摄人威力一样。

any more than 这一结构与前面的 cannot 连用表示否定意义"不能……也不能"。同上述例子中的 no more…than… 一样,表示"语言不能……就像照片不能……一样"。

There was no living in the island.

原译:那岛上无生物。

改译:那岛不能居住。

句型"there is no…+动名词"的含义是:"We cannot+动词原形",或"It is impossible to do…"。

2. 理解逻辑关系

翻译本身就是一个逻辑思维活动,因此翻译过程离不开逻辑。进行语法分析可以帮助我们理解原文的语言结构,但有些问题必须借助逻辑分析才能得以解决。而且,不仅在理解原文时要运用逻辑分析,在语言表达时也要运用逻辑分析,以使译文逻辑合理。例如:

The engine didn't stop because the fuel was finished.

原译:因为燃料用完了,引擎没有停止下来。

改译:引擎并不是因为燃料耗尽而停止运转的。

"因为燃料用完了,引擎没有停止下来。"这样的翻译很明显是不符合逻辑的,通常燃料用完了,引擎就应停止运转。引起这一翻译错误的是没能正确 not…because…这一具有歧义的结构,not 是该否定谓语动词,还是否定 because 引导的从句,就要看翻译的句子是否符合常理和逻辑了。在这里,not 直接否定的是 because。

Bruce engaged low gear and drove at a terrifying speed.

原译:布鲁斯接通了低速挡,开车速度令人吃惊。

改译:布鲁斯将汽车发动起来,开车速度令人吃惊。

原译中的"低速挡"和"开车速度令人吃惊"很显然是相互矛盾、不符合逻辑的。*Longman Dictionary* 对 low gear 的解释为:low gear in a car is used for starting(汽车里的低速挡是用来发动的)。

We realized that they must have become unduly frightened by the rising flood, for their house, which had sound foundations, would have stood stoutly even if it had been almost submerged.

原译:我们想他们一定被上涨的洪水吓坏了,因为他们的房子基础坚实,即使快遭水淹没了,也会屹立不倒的。

改译:我们认为,他们对上涨的洪水过于担忧,因为他们的房子地基坚固,即使差不多被洪水淹没,也不会倒塌。

因没能正确理解 unduly 这一词义,原译中前后句呈现出明显的逻辑关系错误。实际上,在原文中 unduly 一词的含义是"过分的害怕、不必要的担心"。

3. 理解文化背景

翻译的过程不仅仅是将一种语言转换为另一种语言的过程,更是不同文化间的移植和交流过程。在正确理解原文的语言现象、逻辑关系的基础上,充分地还原原文的文化背景,如政治、经济、历史、地理、文学、风俗习惯、典故等,将更能完美地表达原文的内涵,使译入语读者对原文有一个更深刻的了解。但这样就对译者提出了更高的要求,即要求译者考虑目的语文化和源语文化对翻译的影响,要准确地捕捉源语中的文化信息,合理地处理好两种文化之间的转换,充分、准确地向译文读者传达原文的思想内涵。例如:

Pull a Pearl Harbor on somebody.

对某人进行突然袭击。

Pearl Harbor 珍珠港,是第一次世界大战期间美国在太平洋的重要军港,日本偷袭此港,给美国造成了重大的挫伤和损失,Pull a Pearl Harbor on somebody 这一习语便产生了,同时 Pearl Harbor 也就有了"进行突然袭

第十一章　基于网络多媒体的英语翻译教学新探

击"的引申含义。

（二）表达

翻译的第二个阶段是表达。表达是理解的升华和体现，是理解的目的和结果，更是语言信息转换的关键。表达的好坏受译者对原文的理解程度以及对译文语言的修养程度的影响。在这里主要就译者在表达过程中应注意的问题进行具体介绍。

1. 准确措辞

英语中，一个词往往不止一种含义，如果在表达时仅对号入座，就很容易造成错译。因此，在表达阶段，译者需要联系上下文来确定英汉词语在语义上的对应关系，进而选用正确的词汇，准确地表达原文。例如：

And no wonder if, as she said, she lived untouched these last twelve years.

无怪乎她在这十二年来，如她自己所说的，一直守身如玉呢。

untouched 的字面意思为"未触摸过的、处于原始状态的、未受影响的"。如果在翻译的时候采用其字面意思来表达，显然不能表达原句的真正含义。译文中将 untouched 译为"守身如玉"则十分贴切，也符合汉语的措辞习惯。

The invention of machinery has brought into the world a new era—the industrial age. Money had become king.

机器的发明使世界进入一个新纪元即工业时代，金钱成了主宰一切的权威。

"君主""国王"是 king 的基本含义，但如果直接将其基本意思生搬过来，就会使译文不能准确表达原文含义，也不符合译入语的表达习惯。实际上，除了表示"君主""国王"外，king 还是"最高权威"的象征，所以在翻译时采用其引申义"主宰一切的权威"更加合适。

He put forward some new ideas to challenge the interest of all concerned.

原译：他提出许多新见解，挑战了有关人士的兴趣。

改译：他提出许多新见解，引起了有关人士的兴趣。

challenge 的基本含义是"挑战"，但如果按其基本意思将 challenge the interest 译为"挑战兴趣"，显然是不符合汉语的搭配习惯的，译文将其译为"引起"，更能准确表达原文的含义。

2. 自然流畅

要想被译语读者所理解和接受,译文必须符合汉语的表达,即译文语言流畅,通顺自然。因此,译者在保证译文准确的前提下,还要考虑译文的自然流畅性。例如:

The idea that the life cut short is unfulfilled is illogical because lives are measured by impressions they leave on the world and by their intensity and virtue.

原译:被削短的生命就是一事无成的观点是不合逻辑的,因为人生的价值是由它们留给世界的印象和它们的强度及美德度量的。

改译:"生命短暂即不圆满",这种观点荒谬无理。生命的价值在其影响、在其勃发、在其立德于世。

因过于拘泥于原文结构,所以原译非常生硬、牵强、不自然。而改译则抓住了原文的两层含义,句子脉络清晰、自然流畅,十分便于读者阅读理解。再来看下面类似的例子:

The study found that non-smoking wives of men who smoke cigarettes face a much greater than normal danger of developing lung cancer. The more cigarettes smoked by the husband, the greater the threat faced by his non-smoking wife.

原译:这项研究表明抽烟男子的不抽烟妻子患肺癌的危险比一般人大得多,丈夫抽烟越多,其不抽烟的妻子面临的威胁越大。

改译:这项研究表明,妻子不抽烟而丈夫抽烟,妻子得肺癌的危险性比一般人大得多。丈夫抽烟越多,妻子受到的威胁也就越大。

3. 衔接与连贯

看一篇译文行文是否流畅自然,关键是看译文是否衔接连贯。所谓衔接,就是采用合适恰当的语句进行连接。英汉语篇中都会采用很多的衔接手段,但采用的衔接方式都各具特色同时也有巨大差异。因此,这就要求译者在表达阶段必须具有衔接意识,整体把握语篇意义,准确地对源语的衔接方式进行必要的转换、变通,以确保译文的衔接、连贯。例如:

His quick expression of disapproval told me he didn't agree with the practical approach. He never did work out the solution.

原译:他脸上迅速出现的不赞成的表情告诉我,他并不同意这种切实可行的做法。他一直没有研究出这个答案。

改译:他马上露出不赞成的表情,我想他并不同意这种切实可行的做

第十一章　基于网络多媒体的英语翻译教学新探

法,而后来他也一直没有研究出答案。

尽管原译句子内部的翻译并没什么问题,但因没有表达出句子之间的转折关系,所以句子之间的衔接非常不自然。而改译则将句子之间的转折关系表达了出来,非常自然、流畅。

The breeze had risen steadily and was blowing strongly now. It was quiet in the harbor though.

原译:风渐刮渐大,此刻已经相当强劲了。港口静悄悄的。

改译:风势不断地加强,现在已经刮得很厉害。可是港内却很平静。

though 一词对于表明前后两个句子之间的转折关系十分关键,但原译并没有将这层转折关系表达出来,使得原译前后句之间失去了衔接与连贯。改译则表达出了这层关系,成功地传译了原作的内涵。再如:

Writers cannot bear the fact that poet John Keats died at 26, and only half playfully judge their own lives as failures when they pass that year.

原译:作家们无法忍受这一事实:约翰·济慈26岁就死了,于是就几乎半开玩笑地评判他们自己的一生是个失败,这时,他们才刚刚过了这一年。

改译:诗人约翰·济慈仅26岁便与世长辞了,作家们对此深感遗憾。他们过了26岁之后,便会不无戏谑地叹息自己一生无所作为。

4. 文体风格对等

在翻译时,除了要考虑准确措辞、自然流畅、衔接连贯外,保持译文与原文的风格对等也是需要译者注意的一个问题。因为,保持风格对等可以有效再现原文的风韵,使读者对原文有更加深刻的认识。例如:

The sun is warm now, the water of the river undisturbed.

原译:暖洋洋的阳光下,河中的水静静地淌着。

改译:阳光正暖,江面水波不兴。

原句作者用短短的十几个词将其简约的风格表达了出来。原译虽然没有翻译问题,也表达了原文的含义,但原译不够简约,不符合原文的风格。而改译行文简洁,结构符合原文,较忠实地还原了原文的风格。

We do what we say we'll do; we show up when we say we'll show up; we deliver when we say we'll deliver; and we pay when we say we'll pay.

原译:言必行,行必果。

改译:我们说了做的事一定会做;我们说来就一定会来;我们说送货就一定会送货;我们说付款就一定会付款。

很显然,原文的风格并不是简约型的,而原译则过于简练,明显有别于原文的风格。而改译与原文的风格更加相符。

(三)审校

虽然审校是翻译过程中的最后一个环节,但它是翻译中不可缺少的一部分。审校是理解与表达的进一步深化,是对原文的进一步核实与推敲。所以,检查译文的失误、遗漏和欠缺之处是审校的主要目的。在具体的审校过程中,以下几点值得注意:

(1)审校译文中人名、地名、数字、时间等信息是否有误。
(2)审校译文中重要的词、句、段是否有误。
(3)审校译文与目的语的表达习惯是否相符。
(4)审校译文的逻辑是否清晰,是否与原文风格相符。

译文的审校通常要进行两到三遍。第一遍主要对译文内容进行审校,第二遍主要对文字进行加工润色,第三遍着眼于译文的整体,重点对译文的风格、流畅性进行检查。

理解、表达、审校这三个翻译环节是相互统一、不可分割的整体。其中,理解是表达的基础,表达是理解的目的,审校是理解与表达的深化,只有三者紧密相连,译文才有可能更加完美。

四、翻译能力的定义

有人指出,一位优秀的译者是必须能熟练地使用两种语言的人。这种观点过于极端,因为两种语言能力综合在一起与翻译能力并不是等值的。对此,奈达提出,有的人可能是在不同的语言环境中学会两种语言的,所以可以流畅地讲这两种语言,但是他们不一定可以胜任将一种语言翻译为另一种语言的任务。

艾伯特·纽伯特(Albert Neubert,2000)指出,翻译能力涉及五个方面:语言能力、文本能力、主题能力、文学能力和转化能力。他还认为,这五种能力共同作用可以使翻译活动与其他交际活动区别开来。

阿里森·毕比(Allison Beeby,2000)指出,翻译能力是一个抽象的概念,翻译能力可以转换成转换能力、对比语言学能力、对比语篇能力以及超语言能力。

奈达(2000)指出,译者能力应包括四种能力或知识:双语能力、双文化能力、足够的文本知识与行之有效的写作能力。

切斯特曼(Chesterman,1997)指出,翻译能力包括对某一文本或词语

第十一章 基于网络多媒体的英语翻译教学新探

生成一系列可能译文的能力以及快速准确地从其中选择一种最贴切的译文的能力。

比尔(Roger Bell,1991)指出,翻译能力是译者进行翻译活动的必备知识与技能。

威尔斯(Wilss,1982)指出,翻译能力是在全面了解源语与目的语的文本和语用知识的基础上,可以使两种单语能力实现更高层次的融合的一种跨语言的超能力。他认为,译者在翻译中应及时完成工作,同时做到化繁为简。

根据以上学者对翻译能力的解释,本书将其概括为如下几个方面:

其一,专业英语能力。
其二,双语文化能力。
其三,双语能力。
其四,文本分析能力。
其五,目的分析能力。
其六,跨文化交际能力。
其七,策略能力。
其八,操作能力。

五、培养学生翻译能力的意义

英语翻译教学是在学生除了翻译之外的其他语言能力积累到一定程度之后才能顺利开展的一项教学活动和过程,其目的是培养学生语言综合能力的高级技能。具体来说,培养学生的翻译能力主要有如下几个意义。

(一)利于增加学生的文化背景知识

众所周知,翻译不仅是两种语言之间进行的转换活动,更是两种文化之间的转换活动,因此为了保证翻译的高质量,学生就需要掌握语言背后的文化。这就是说,教师在培养学生的翻译能力时,除了向学生讲授翻译知识外,还需要将文化层面的知识融入进去。当然,文化知识不仅是目的语文化知识,还包括母语文化知识,教师要对两种文化知识进行对比,从而让学生了解语言差异产生的根源。因此,在培养学生翻译能力的过程中,学生可以掌握很多与语言相关的文化知识。

(二)利于提高学生的英汉语言修养

在翻译过程中,学生不仅要保证译文的完整性与对源语意义的准确再现,而且要保证译语风格与源语风格的一致、译语修辞手段与源语修辞手段的一致。因此,在培养学生翻译能力的过程中,教师可以引导学生学习这些层面,从而提升学生的英汉语言素养。

对于不同的文体,教师需要引导学生保证不同文体的特色。例如,对于科普类语篇的翻译,教师需要告诉学生:译文应该做到简练,避免深奥、晦涩,让读者可以轻而易举地获取自己想要知道的东西。

在学习翻译时,学生往往会经过多重训练,这对于他们提升自身的语言素养有着重要作用。

(三)利于培养学生的跨文化交际能力

不管对英语还是汉语而言,都有着自身的、特定的交际模式。在学习翻译的过程中,学生不仅需要掌握英汉两种语言知识,还要掌握英汉两种文化知识,尤其是两种文化的差异性,这样才能掌握特定的交际模式。如果学生不了解这种交际模式,那么必然会造成交际的障碍。

(四)利于满足社会对翻译人才的需求

不同的时代,社会对英语人才的需求有很大不同,所以教学模式也要有一定差异。近年来,随着全球化的推进,国与国之间的交往更为密切,这就需要翻译发挥中介与桥梁的作用。译者的翻译是否流利、准确,直接影响着交际的开展。21世纪对翻译人才的需求更大、要求更高,所以培养学生的翻译能力极为重要。

(五)利于巩固和加强学生的综合语言能力

英语教学技能涉及听、说、读、写、译。在这些技能中,翻译技能发挥着重要作用,并且学生会将自身所学的知识运用于笔译和口语。在笔译中,学生可通过深层次地分析和研究源语的语音、词汇、语法等,从而巩固自身的这些层面的知识。在口译中,学生可通过与对方进行交际,在对原文分析的基础上进行意义传达,从而锻炼听说能力。总之,对学生翻译能力的培养,在一定程度上促进着其他能力的提升。

第十一章　基于网络多媒体的英语翻译教学新探

第二节　英语翻译教学的内容与现状

一、英语翻译教学的内容

英语翻译教学的内容具体包括以下方面：

(一)翻译基础理论

翻译基础理论知识包括"对翻译活动本身的认识、了解翻译的标准、翻译的过程、翻译对译者的要求、工具书的运用等"[①]。

学习翻译基础理论知识可以帮助学生从宏观上来确定组织译文的思路。只要确保正确的译文思路，即使有一些细微错误，也有利于学生修改译文。

(二)英汉翻译技巧

翻译技巧是为了保持译文的顺畅，在遵循原文内容的前提下，对原文的表现手法或方式加以改写的方法。翻译技巧有直译、意译、音译、增译、省译、正译、反译、套译等。在翻译学习的过程中，学生应掌握这些翻译技巧，以提高翻译的质量。

(三)英汉语言对比

英语翻译教学内容还包括英汉语言对比，主要涉及两个方面的内容：

(1)语言层面的对比，具体如词法、语义、句法、篇章等的对比，使学生掌握英汉语言的异同。

(2)思维、文化层面的对比。英汉语言通过不同层面的对比，帮助学生在翻译时恰当并准确地传递原文的信息。

(四)翻译实践

翻译具有实践性，所以翻译教学还应涉及翻译实践。英语教师应注意向学生讲授如何依据翻译理论更好地翻译。所以，英语翻译教学应探讨如何构建恰当、科学的翻译教学理论体系，同时在英语翻译教学实践中进行合

---

① 高华丽.翻译教学研究：理论与实践[M].杭州：浙江大学出版社，2008：3.

理、有效的运用。

二、英语翻译教学的现状

（一）师资队伍素质低，教学水平不足

一些教师因为受传统教学模式影响较大，在翻译教学中不能根据学生的特点和需要进行教学。出现这种问题，归根结底是因为师资队伍的水平低下，对英语翻译教学没有充分的认识，这方面的专业知识掌握不足。如今的英语教学都是多种教学方式与工具并用的教学，对此，教师也做出了较大努力，但仍然没有改变英语翻译教学中的问题。这是因为，有关部门并没有对教师进行专门的培训，教师整体的翻译教学水平无法得到有效提升。

（二）教材跟不上要求

在英语翻译教学过程中，师生使用的教材内容主要与文学相关，但是在学生未来的工作和生活中，面临的翻译事宜与文学相关的少之又少。另外，教材上的习题几乎都是与文学有关的，并且习题多是按照四、六级或者专四、专八的形式出的，对于学生以后的工作和生活都没有多大的实用性。这样，虽然学生在校期间可能在翻译上的成绩比较优异，但一旦走向社会，其对学生的工作和生活发挥不了不大的作用，从而难以适应社会的发展。

（三）学生缺乏对目的语国家文化的了解

每个民族都拥有属于自己的文化，包括社会习俗、历史事件以及典故等。如果学生在翻译过程中根本不了解目的语国家的文化背景，那么将会出现很多问题，甚至闹出笑话。另外，对于一些典故故事，因为很多都是其他国家有的，而我国没有的，面对这种情况，学生必须知道对这类文化知识进行转换以及替换，如果不这样做，将会使读者无法理解翻译的内容。

总之，英语语言有着独特的语言文化背景，为了更好地掌握这种语言，提高学生的翻译水平，英语教师应注意培养学生的跨文化意识，让学生对文本的内容、精髓有更好的把握。

(四)英语翻译教学重视程度不够

大学英语教学一直以来是以"听、说、读、写"这四项为英语课程的教学重点,"译"往往不被重视。有些高校甚至不开设专门的英语翻译教学课程,有些高校开设了英语翻译课程,但是课时较少,根本无法提高学生的英语翻译能力。有些高校虽然也会在课堂上讲解课后翻译题,但是没有对学生进行翻译知识、理论、技能等方面的系统专业培训,这不利于提高学生的英语翻译能力。一些零散的英语翻译教学可能还会对整体的英语教学有影响。

(五)测试手段不足,难以激发学生的兴趣

我国英语翻译教学还存在一个明显的问题,即缺乏对学生学习效果的测试手段。因为不论学校、教师还是学生,对于英语翻译教学都没有给予充分重视,并且所采用的教学与学习方法也非常单一、陈旧,这就使得对学生学习效果检测的手段严重缺乏。不少学校和教师在翻译教学中忽视了对学生学习效果的考核,有的学校或教师甚至回避这种测试,最终出现了"教师只管讲、学生只管学、没有考试考核"的问题。英语四、六级考试是考核英语学习效果的主要方式,并在1995年后设置了一部分翻译测试题型,但是翻译的题量并不大,题型也很单一,最重要的是翻译的分值占整个试卷总分数的比例很小。此外,翻译测试手段的缺失严重削弱了学生对翻译学习的兴趣。

(六)学生缺乏实践经验积累

对学生英语翻译能力的培养,需要经历一个长期的过程。在英语翻译教学中,学生面对的翻译文本不仅有文体上的交叉,而且不同文体对应的风格存在较大差异。如果学生不进行一定的翻译实践,就难以准确地进行翻译,无法传递多种文体信息。在当前我国的翻译教学中,学生翻译出来的文本存在诸多问题。经过分析可以发现,出现这些问题的主要原因在于,学生仅加强课后练习,很少参与翻译应用实训。因为课后练习量有限,涉及的知识点也有限,所以很难从根本上提高学生的翻译能力。

(七)翻译教学的内容与教学目标不符

为了满足社会对翻译人才的需求,在英语翻译教学中,教师应注重培养学生的翻译能力和实际运用能力,促进学生的全面发展,达到培养复合型、

应用型人才的目标。然而,在当前的英语翻译教学中,很多教学的内容过于陈旧,没有与时俱进,与教学目标不符。因为翻译教学内容与现实需求的融入度不够,忽略了学生实际运用能力的培养,使得学生对英语翻译教学缺乏兴趣,不会花更多时间在翻译学习中,使得翻译能力较为低下。

(八)大学英语翻译教学地位薄弱

翻译教学是英语教学的一个重要内容,在课程设置上也有着一定的体现,但从实际教学过程看,其并没有得到应有的重视,翻译教学效果也差强人意。在英语教学中,培养学生的语言实时转换能力是翻译的重要目标,这种转换一般有很多不确定性,如果学生在学习过程中没有得到相应的锻炼,就会出现不适应的情况。

(九)课程设置不合理

当前,很多高校的英语翻译课程都被设置成了一门公共课,面向全校不同专业的学生,甚至一些学校并没有英语翻译课程。作为一门公共课,英语翻译教学中主要有如下问题。

(1)课时有限,每周大概 2 个课时,教师也难以在这么短的时间内完成相应的教学任务,所以在课上只能点到为止,教学效果并不理想。

(2)上课人数太多,很多都是 100 人以上,学生人数多,使得教师的翻译教学没法照顾到每一位学生,只能用一刀切的教学方式,更无法根据每位学生的翻译情况给予有针对性的指导。可见,英语翻译教学课程设置的不合理严重影响着翻译教学质量的提升。

第三节 基于网络多媒体的英语翻译教学原则

一、循序渐进原则

任何活动都需要坚持循序渐进原则,翻译教学也不例外,过分地急于求成显然不可取。在实际的翻译教学中,教师应该从简单到复杂、从浅显到深刻,让学生逐步学习到翻译知识,并扎实掌握。

例如,在翻译教学的初期,教师应该将翻译的一些基础知识介绍给学生,进而对一些技巧和理论进行讲解。但是,如果教师反过来先讲解技巧与理论,就必然会让学生感觉到晦涩难懂,也让学生很难将知识运用到实践中。

可见,翻译教学中坚持循序渐进原则必不可少,不仅可以提升学生的翻译学习兴趣与积极性,还能够调动学生的自信心,提升他们的翻译技巧与能力。

二、普遍性原则

翻译行为是语言行为的一种,而语言行为本身具有经验性特征,这就决定着翻译教学应该坚持普遍性。通过感觉对事物的经验进行把握,这种经验往往是纯粹的经验,是一种局部的、表面的经验,因此很难普遍地说明翻译行为与现象,也很难正确地指引翻译活动。但是,我们并不能将这种经验中的开拓性与典型性抹掉,而是应该以一种科学的态度客观对待。

翻译活动在普遍性原则的指导下,能够产生新的经验,从而实现真正的调整与检验,并实现深层次的优化与修正。也就是说,教师在翻译教学中必须坚持普遍性原则,以便让学生对普遍原则的基本指导思想有清楚的了解,从而对翻译实践活动进行指导。

三、实用性原则

在开展翻译教学时,教师需要与学生的实际情况联系起来,注重实用性。由于学生的翻译学习主要是为之后的工作准备的,这种与学生实际相结合的教学,有助于调动学生的积极性,从而提升教学与学习的效果。

四、实践性原则

在翻译学习中,实践性是其重要的特征之一,这就要求翻译教学也需要坚持实践性原则。在翻译教学中,教师需要为学生创造翻译练习的机会,如去一些正规的翻译公司实习,通过实践来考察自己的翻译能力,如果有所欠缺,那么就需要针对欠缺的层面进行弥补。同时,这种实践训练也有助于调动学生的积极性,还能够为他们以后进入社会奠定基础。

五、精讲多练原则

翻译教学中要坚持精讲多练原则,这包含两大层面:一是要求精讲,二是要求多练。众所周知,翻译教学属于技能教学中的一种,如果仅仅采用传统的方式来开展教学,即先进行讲解与灌输,后进行练习,那么这样的教学方式很难提升学生的翻译能力。因此,就当前的翻译教学而言,教师应该将讲授与练习相结合,并在实际的练习中,让学生归纳和总结翻译的相关知识点。

例如,在进行翻译练习之前,教师可以给学生讲解一些相关技巧,然后让学生进行练习。学生完成一阶段的练习之后,教师要对学生的练习进行仔细分析和批改,然后针对学生的练习进行讲评。需要注意的是,讲评并不仅仅是点评,是基于对原文的系统分析,对知识进行整理,从而将其上升为理论。

六、速度与质量结合原则

在翻译教学过程中,教师还需要注意速度与质量的结合,即不能仅注重速度,而忽视译文的质量,也不能仅注重质量,而忽视速度。在翻译时,学生会更多地关注翻译的质量,害怕因为某字词的偏差影响翻译的效果。但是,对质量的过多关注必然会降低翻译速度。因此,在翻译时,除了要注重质量外,还需要把握好速度,这样才能顺利完成翻译任务。

要想提升学生的翻译速度,教师可以对学生开展限时训练,让学生在规定时间内完成任务,并随着学生速度的提升,不断增加难度。

当然,学生除了在课堂上进行限时练习外,还可以在课下进行,这样学生可以循序渐进地把握好翻译速度,在有限的时间内完成翻译作品。

第四节 基于网络多媒体的英语翻译教学方法

一、展开翻译课堂教学,增加英语习得

各个大学可以直接使用与教材相配的多媒体教学光盘,但是由于设备资源情况不同,且配套的光盘大多是缺乏系统性的翻译教学内容,因此教师需要根据不同的情况来制作多媒体课件。也就是说,多媒体课件的制作需要建立在教学过程、教学目标、教材内容、教学媒体的基础上,坚持互动性原则,以提升学生的自主学习能力,确保不同层次的学生在翻译能力上都能够得到提高和训练。

第十一章　基于网络多媒体的英语翻译教学新探

据此,在开展翻译课堂教学之前,教师设计的翻译教学模块需要利用声音、图片、动画等刺激学生的大脑,使学生之前难以理解的翻译理论变得更为生动、有趣。在具体的翻译课堂教学中,教师既要对英汉互译的技巧进行分析和总结,还需要补充相应的中西方文化知识,使学生能够对翻译的基本常识得以系统掌握。虽然这样的教学还是按照译例分析—课堂翻译—课后练习的方式,但是其内容和形式和传统的翻译教学大不相同,主要体现在以下两个方面:

(1)形式上不再是单调的板书形式,而是以媒体形式呈现,节约了大量时间。

(2)内容上是针对不同层次的学生展开的,在课堂上由教师指导和学生自主选择,这有利于改善课堂教学的氛围。

二、培养学生的跨文化意识,教授学生文化翻译策略

在翻译过程中,学生经常会出现误译、错译等问题,其主要可以归结为英汉语言文化背景的差异较大。例如,在西方文化中,得到亲人的帮助后会说"Thank you!",但在中国家庭,如果夫妻之间用这种方式表达感谢,会显得两人的关系比较疏远。由此可见,翻译不应仅仅完成语际转换,还必须充分了解其中涉及的文化内容。因此,在英语翻译教学中,教师应该注意对学生跨文化交际意识的培养,并教授学生一定的文化策略。在文化翻译中,主要有归化和异化两种常用策略,教师在教学中应当引导学生根据具体语境,带着辩证的眼光灵活地运用这两种策略。下面就对归化和异化进行详细介绍。

(一)归化

归化是"用符合目的语的文化传统和语言习惯的'最贴近自然对等'概念进行翻译,以实现功能对等或动态对等"[①]。例如:

Both of them always go Dutch at the restaurant.

原译:他俩在饭店一向去荷兰。

改译:他俩在饭店一向各付各的。

这句话如果直译,会让译语读者不知所云,go Dutch 在原文中是带有文化色彩的词语,荷兰人喜欢算账,无论和别人做什么事,都要同对方把账算得清清楚楚,因此逐渐形成了 let's go Dutch 的俗语。采用归化法使译文

---

① 武锐.翻译理论探索[M].南京:东南大学出版社,2010:128.

读起来比较地道和生动。

——你做的菜真好吃！

——哪里，哪里，几个家常小菜而已。

—What delicious food you've made!

—Thanks, I'm glad you like it.

在中国文化中，谦虚是一种美德，面对别人的赞许，常用避让的方式进行处理。而在西方文化中，面对别人的赞许，人们常会欣然接受。所以，这里应该采用归化策略来译，提高跨文化交际的效率。

等改完了剧本，你再唱你的《西厢记》或再唱你的"陈世美"。

（影片《一声叹息》）

After finishing the script, you can play out you "Casablanca" thing.

采用归化进行翻译，译文显得更自然，用英语读者所熟悉的 Casablanca 进行表达，易于读者理解与接受。

(二)异化

异化是以源语文化为导向的一种翻译策略，力求使译文更好地反映异域文化特性和语言风格。

例如，一些词汇原本在汉语或英语的语言系统中是不存在的，后通过异化策略翻译，使一些具有浓郁异国文化特色的词语不断被不同文化背景的人们所接受，并广泛传播与运用。

英语：

qi gong(气功)

kong fu(功夫)

tou fu(豆腐)

汉语：

因特网(internet)

酸葡萄(sour grapes)

洗手间(wash hands)

再如：

The town's last remaining cinema went west last year and it's now a bingo palace.

这个城镇留存的最后一个电影院去年也倒闭了，现在它成了一个宾戈娱乐场。

在英语中，bingo 是西方国家设计的一种配对游戏，从而帮助人们更快地认识来参加聚会的人。翻译时，对其可进行异化处理，翻译为"宾戈"

第十一章　基于网络多媒体的英语翻译教学新探

游戏。

宝玉笑道:"古人云,'千金难买一笑',几把扇子,能值几何?"

（曹雪芹《红楼梦》）

"You know the ancient saying," put in Paoyu, "A thousand pieces of gold can hardly purchase a smile of a beautiful woman, and what are a few fans worth?"

（杨宪益、戴乃迭　译）

例中的"千金难买一笑"进行了异化处理,使中国文化特色得以保留,可以帮助目的语读者中导入中国的"异域风情"。

采用异化策略的优点在于可以打破各种文化差异所引起的沟通界限,有效维护文化的多样性。

在翻译实践中,有时只用归化或只用异化无法达到最佳的翻译效果,因此需要将两种策略有机结合,学生对此应多加练习。

三、优化教学内容

在网络多媒体环境下,英语教学拥有更丰富的资源,但这也为学生选择合适的资源带来了难题,因此英语教师就要对资源的内容进行严格把关,而学生要将更多的精力放在英语翻译训练上。

在英语课堂教学中,翻译只是其中的一个环节,学生很难通过课本锻炼和提高翻译能力,所以教师应该将英语大纲和教材中的内容进行整合,重新构建一个全新的教学框架,提炼出有利于学生学习的英语知识点,然后根据知识点向学生提问,这样就形成了一个有针对性的教学模式,循序渐进,从而有效提高学生的翻译水平。

四、对已知英语素材进行扩充

要翻译好句子,必须先具备足够的词汇量及良好的英语素养。在过去的相当长一段时间里,我国学校对学生进行口语对话练习,这在一定程度上提高了学生的口语水平,但当他们面对一些较为复杂的语句时仍然是心有余而力不足。而网络多媒体技术的应用,为学生提供了更多的接触英语和使用英语的机会。例如,电影《暮光之城》,因为男女主人公出众的外貌与高超的演技而深受广大学生的喜爱。剧中的对白都为纯正的美式英语,学生通过看电影,不但可以了解英语的语言习惯与一些习惯用法,而且培养了英语语感,为翻译也打下了一定的基础。与此同时,学生在看电影的过程中也在大脑中积累了更多的语言素材,掌握了更多的语言知识,这就为其灵活地翻译英语句子提供了方便。

五、制作教学课件,建立翻译素材库

课件是一种新的教学模式,但它的制作只靠个别教师很难完成,且教师自身的知识结构、时间资源等也非常有限,所以新模式更强调资源共享、集体备课。

在制作教学课件时,建立翻译素材库的过程中,教师应注意如下几点:

(1)在翻译教学过程中,要制作优秀的课件,应该根据需要及时进行补充,并对翻译的素材库进行更新。学生要从具体的、大量翻译实践中归纳出理论,之后将其上升为理性认识,并对实践进行指导。翻译素材应该与时俱进,能反映当时社会的不同层面,难度也要有层次性。教师也要发挥主观能动作用,不断地扩充素材库。

(2)在翻译教学方法上,教师应该将课堂与课外相结合。传统的翻译教学模式中往往是教师讲得比较多,学生练习的机会少,学生是被动的,这就导致学生很难有兴趣去了解翻译技巧,所以课堂内的讲练结合是十分必要的。在练习的基础上,教师给予一些指导性的意见,引导学生归纳自己的翻译技巧和方法。

(3)在翻译教学内容上,教师除了注重精讲,还需要注意多练。翻译毕竟属于大学英语教学的一部分,因此不可能占据多余的课时。这就要求教师应该从教学大纲出发,通过集体讨论对精讲的翻译理论和技巧进行确定,为教师提供一个框架。同时,教师要根据自己的情况进行局部的更改和发挥。另外,在具体的实践中,教师设计的翻译练习要保证题材、体裁多样,难度要适中,并能够及时做到调整和更新。

六、应用网络书籍进行教学

纸质类教材是所有教学的主要教学用具,并且这种形式已经沿用了100多年的历史。然而,随着网络多媒体技术的发展,大量网络书籍出现在人们的视野中。网络书籍是指通过个人的账号密码,登录到网络图书馆的操作系统中,并在其中寻找自己需要阅读的书籍,之后根据查找结果自行挑选。对学生来说,网络书籍大大缓解了他们的压力,每天不用再背着沉重的书本,只需在课上用电子设备登录网络图书馆寻找到所需的书即可。并且,英语翻译教学也需要这种环境,很多网络图书馆都是用英文注释的,对于学

生来说要想完成查找工作就要熟悉其中的提示性单词、短语、句子，这也大大缓解了英语翻译教学的开展难度。应用网络书籍进行翻译教学，可以使学生长时间地接触英语，这样自然而言地就提高了英语语言能力，也为教师开展英语教学工作减轻了一定负担。

七、构建以学生为中心的多媒体英语交际教学机制

在传统的英语翻译教学中，通常都是以英语教师为中心引导学生的学习。这种陈旧的教学方式，很难激发学生的学习兴趣。然而，互联网的出现，为英语翻译教学带来了很大便利，教师可以构建以学生为中心，结合互联网资源来进行英语交际教学机制。

多媒体中包含丰富的英语翻译技术，不管是查找相关资料，还是进行英语翻译，互联网技术均能帮学生实现英语翻译的深入学习。

运用多媒体技术在计算机上通过各种形式来学习英语，这种丰富性和多样性，更能激发学生的学习兴趣。例如，如今出现了很多网络社交平台，教师可以建立一些线上学习交流平台，如建立微信群，还可以创建相关的英语论坛等。

通过线上的交流方式促进学生之间的英语交际，这样不但可以强化他们对英语词汇量以及语法的应用，而且可以加深他们英语书面写作的能力，对促进学生英语口语的练习也有很大帮助。这样，就能从更多层面促进学生的英语翻译能力的提升。

八、改善教师的教学方式，提高教师计算机应用水平

基于网络多媒体的英语翻译教学，与计算机技术的应用有着密切关系，但一些英语教师的计算机水平较差，难以有效地通过互联网来指导英语翻译教学。因此，要想提高英语翻译教学的质量，就必须先改善教师的教学方式，提高教师应用计算机的水平，引导他们与时俱进，这样才能更好地带领学生借助互联网平台获取更全面的英语翻译资料，也才能随时随地与学生通过互联网平台用英语进行互动，及时解决学生在翻译学习中遇到的困难。

教师利用所学的计算机技术，可以有效结合互联网时代的发展，制定适合学生的英语翻译教学模式，充分地发挥网络多媒体在英语翻译教学中的价值和意义。

九、扩大课堂信息量,克服课堂教学的局限性

对整个英语教学来说,翻译教学的课时较为有限,所以在网络多媒体环境下教师应该充分利用这些资源扩大课堂的信息量,从而克服课堂教学的某些弊端。在具体的教学中,教师要坚持以学生为中心,以信息化为手段,减轻学生的焦躁情绪,缓解学生的紧张。并且为了弥补课时不足的问题,教师可以将在课上没能详细讲解的翻译模块放在网上,由学生在课下自行选择学习。

此外,教师还应有计划地增加翻译教学的难度,增加一些跨文化交际、英美文化方面的知识,扩大学生的视野。学生可以通过校园网阅读中英文文章,并自行进行翻译,然后与优秀的译文进行对比并讨论,最终仿照原文写作形式来提高自己的翻译水平。

学生在翻译练习过程中可以从自己的专业和兴趣出发。如果学生学的是医学专业,那么可以选择医学材料进行翻译练习;如果学生是学旅游专业的,那么他们可以选择旅游材料进行翻译练习。

第十二章　基于网络多媒体的英语文化教学新探

众所周知,语言与文化密不可分,语言是文化的重要组成部分,同时是文化的重要反映。任何一门语言其背后都蕴含着丰富的文化背景知识。从这个角度来说,学习语言就是学习文化。正因为如此,英语文化教学受到越来越多的人重视,不管是教师还是学生都逐渐意识到,学习英语仅仅学习语言基础知识是不够的,只有清楚了解语言背后的文化现象,才能真正掌握这门语言。在当今网络多媒体快速发展的时代,多媒体以其独有的优势,受到越来越多人的青睐,被广泛运用到英语教学中。本章就对基于网络多媒体的英语文化教学进行详细探究,首先介绍文化与文化能力,然后剖析英语文化教学的内容与现状,并探讨英语文化教学的原则。在此基础上,本章最后提出基于网络多媒体的英语文化教学的各种有效方法,供师生参考。

第一节　文化与文化能力

一、文化

(一)文化的含义

对于文化的定义,不同的学者有着不同看法,可谓众说纷纭,莫衷一是。这里列举一些比较有代表性的关于文化的定义。

1.词典定义

《牛津简明词典》(*Concise Oxford Dictionary*)对文化的定义是"艺术或其他人类共同的智慧结晶"。这一定义主要是从智力产物的角度阐释文化的内涵,即深度文化,如文学、艺术、政治等。

《美国传统词典》(American Heritage Dictionary)对文化的定义则是："人类文化是通过社会传导的行为方式、艺术、信仰、风俗以及人类工作和思想的所有其他产物的整体。"这一定义拓宽了文化的包含范围,既包括深层文化,又包括浅层文化,如风俗、传统、行为、习惯等。

《现代汉语词典》对文化的定义是:"广义的文化人类社会历史发展过程中所创造的物质财富和精神财富的总和。"

我国《辞海》(1989)对文化的定义是:"文化广义指人类社会实践过程中所获得的物质、精神的生产力和创造的物质、精神财富的总和。狭义的文化指精神生产力和精神产品,包括一切社会意识形式:自然科学、技术科学、社会意识形态。有时又专指教育、科学、文学、艺术、卫生、体育等方面的知识与设施。"

2. 国外学者的观点

英国文化人类学家爱德华·泰勒(E. B. Tylor)对文化的描述性定义极具代表性,在《原始文化》一书中,他首次将文化作为一个概念提出,并且将它系统地表述如下①:

Culture refers to the complex whole which includes knowledge, belief, arts, morals, custom and any other capacities and habits acquired by man as a member of society.

文化是一种复杂体,它包括知识、信仰、艺术、道德、法律、风俗以及其余社会上学得的能力与习惯。

这一定义不仅将文化看作一个整体事物进行概述,而且似乎通过列举将文化所包括的所有内容涵盖其中,非常典型。

美国著名人类学家威斯勒(C. Wissler)认为:"文化就是某个社会或部落所遵循的生活方式,它包括所有标准化的社会传统行为。"这一定义强调了文化的规则和方式,其中"某个社会或部落所遵循的生活方式"使文化的定义得以固定,其中的方式主要是指共享或共同的模式、行为如何表现、对不守规则的制裁以及人类活动的社会"规划"等。

3. 国内学者的观点

梁漱溟认为,文化涉及民族生活的各个方面,包括精神生活方面,如注重情感的宗教、艺术,注重理智的哲学、科学等;社会生活方面,指的是人们对于周围的人——家族、朋友、社会、国家、世界之间的生活方法,如社会组

---

① 李建军. 文化翻译论[M]. 上海:复旦大学出版社,2010:6.

织、伦理习惯、政治制度及经济关系等;物质生活方面,如饮食、起居以及人类对于自然界的要求等。

任继愈先生在对文化进行界定时,从广义和狭义两个角度进行了分析。他认为,广义层面的文化,主要涉及哲学著作、宗教信仰、文艺创作、风俗习惯、饮食器用等。狭义层面的文化,专门用来指能够代表一个民族特点的精神成果。

张岱年和方克立认为:"凡是超越本能的、人类有意识地作用于自然界和社会的一切活动及其结果,都属于文化;或者说,'自然的人化'即文化。"

综上所述,我们可以从广义与狭义两个方面来对文化进行解释。广义上的文化是人类创造的一切活动,不仅包括精神文化,也包括物质文化。狭义的文化仅指精神文化,即社会的意识形态、风俗习惯、语用规范以及与之相适应的社会制度、社会组织等。

(二)文化的分类

文化根据不同的标准有不同分类,这里主要介绍如下几种分类法:

1. 两分说

两分说认为,文化包括价值体系与技术体系两类。

价值体系指的是人类在自我塑造的过程所形成的主观的、人格的、精神的、规范的东西。

技术体系指的是人类通过对自然事物进行加工而形成的客观的、非人格的、技术的、器物的东西。

价值体系和技术体系通过语言与社会结构构成文化的统一体,这一统一体就是广义的文化。价值体系与特定民族的生活方式与生产方式相对应,以形成借助语言来传播的价值观以及行为准则,这指的是狭义的文化。

2. 三分说

文化的三分说把文化分为三类物质生产文化、制度行为文化以及精神心理文化。

物质生产文化是人类改造自然、征服自然的活动与成果。

制度行为文化是人类对社会制度及人的行为规范加以建立的活动与成果。

精神心理文化是在人与自我的关系中,人类主体意识创造活动的过程与成果。

3.四分说

四分说将文化分为四类,分别为物质文化、制度文化、行为文化和心态文化四类。

物质文化指的是可感知的、为了使人类物质需求得以满足的物质实体的文化事物。人类的衣、食、住、行等都属于物质文化。

制度文化指的是人类在社会实践中所建立的各种各样的社会规范和组织。

行为文化指的是人类在长期社会实践交往中约定俗成的行为模式。行为文化具有浓厚的地域色彩与民族色彩。

心态文化指的是人类在长期的社会实践与意识活动过程中所形成的价值观、审美观和思维方式。心态文化是文化的核心。

4.其他分类

除了上述分类,文化还可以按照其他标准进行分类,这里简单介绍如下:

(1)高层文化、深层文化与民间文化

根据文化层次的高低,文化可以被分为高层文化、深层文化与民间文化。

高层文化又成为"精英文化",是指相对较高雅的文化,如文学、艺术、哲学、历史等。

深层文化又称"背景文化",是指那些起决定和指导作用的,同时又隐而不露的文化,如世界观、价值观、人生观、思维模式、情感态度、心理结构等。

民间文又称"通俗文化",是指那些与人们的日常生活密切相关的文化,如人际交往方式、社交准则、生活方式、风俗习惯等。

(2)文化主信息、文化次信息和文化零信息

根据信息的承载量和重要程度可以将文化分为三种:主要文化信息、次要文化信息和零文化信息。主要文化信息通常是那些对理解原作发挥重要作用的信息。次要文化信息就是对理解原作发挥次要作用但是仍有文化特色的信息。零文化信息就是没有文化特色的信息。需要特别指出的是,零文化信息是一个相对的概念。首先,文化的民族性一般大于共性。某一文化信息对甲而言是零文化信息,但对乙可能就不是,如中国文化中的龙在汉语中是零文化信息,但在西方文化中却不是如此。其次,文化之间没有绝对的零文化信息。文化中任何语言手段所包括的文化信息均有特别之处,所以不存在绝对的零文化信息。

第十二章 基于网络多媒体的英语文化教学新探

(三)文化的特征

1.共同性

文化的共同性指的是人类共同创造同时又为全人类所享有、继承。由于物质文化是以物质实体的形式体现人对自然界的利用与改造。除此之外,形成于不同社会的制度文化、行文文化以及心态文化也具有可借鉴性。例如,一些净化人类生存环境、维护公共卫生等社会公德与行为规范得到人类的普通接受;文学艺术作品,如我国曹雪芹的《红楼梦》、西方莎士比亚的作品受到中外读者的喜爱等。

2.传承性

不管是交际文化还是知识文化,物质文化还是精神文化,都是某个民族长期社会历史活动的经验总结和思想结晶,对于后人来说都是一笔巨大的精神财富,具有巨大的文化价值和重要的指导意义。文化有其传承的途径。文化并非都是虚无缥缈的,大部分的文化都有其物化的载体。即便是抽象的思想内容也可以通过其他的语言载体进行记录和传承。文化传承的途径主要有两个:第一,通过一代又一代人的口口相传或亲身实践。换句话说,就是通过年轻一代对学校的教育训导及父辈的言传身教进行学习和模仿,逐渐掌握并实践老一代的行为准则、道德规范等。第二,通过书面语进行传承。几乎所有的国家和民族都会将其文化传统以书面语的形式记录在相对易于存放、可长期保存的介质(如竹简、纸张、羊皮纸等)上,正因为如此,人们今天才可以通过浩如烟海的书籍来学习和了解众多国家多姿多彩、灿烂辉煌的文化。

3.符号性

在表示和表达语言、文字、图形等时,往往需要通过符号来实现。人们使用具体的符号对具体事物,或抽象概念进行表达。符号是任意的,文化不同,形态与意义也有所不同。

以语言为例,语言作为文化的一个构成因素,具有明显的符号性特征。例如,汉语中的"猫",在英语中是 cat,在法语中是 chat。这就体现了语言具有多样性,不同的语言要素(如语音、形态等),反映了符号的任意性。

4.稳定性

每一种文化都有着内部稳定的文化结构,如习俗、道德、世界观、人生观等,这种稳定性是文化得以发展的根基。需要指出的是,文化的稳定性并不是指文化一成不变。文化是在稳定的基础上不断吸收外来文化,从而保持自身结构的稳定与平衡。社会生产力、科学技术、新的观念、政治格局等因素都可能推动文化的发展。这种发展是文化表层结构的变化,但是内在文化根基保持不变。

5.动态性

文化的稳定是相对的,动态则是绝对的。实际上,文化是动态发展的,在不断的更新中前进。人类社会时时刻刻都在改变,随着时间的不断推移,其中的文化也会相应地发生变化。一个地区或民族的生存空间并非是完全封闭的,因此一代人的文化模式不可能完全彻底地被下一代所继承,后代实际上继承部分文化,舍弃一部分,然后增加新的文化成分,并最终形成特定时期的文化。

二、文化能力

文化能力从狭义上来说指的是文化理解力,即在交际过程中对异质文化根源具有的敏感程度和洞察能力。从广义上来说,文化能力可以理解为跨文化交际能力,由于交际双方的文化差异很大,如在世界观、语言观、价值观等方面存在不同,因此就增加了交际的难度。而跨文化交际能力就是指交际者在跨文化语境下进行交际的能力。

(一)跨文化交际能力的含义

"跨文化交际能力"(intercultural communicative competence)指的是针对跨文化交际过程中出现的关键性问题,如文化差异、文化陌生感、文化内部态度、心理压力等的处理能力。在具体的跨文化交际实践中,跨文化交际能力体现在得体性和有效性两个方面:

(1)跨文化交际能力的得体性(appropriateness)包括以下几个方面:

其一,符合目的语文化的社会规范。

其二,符合目的语文化的行为模式。

其三,符合目的语文化的价值取向。

(2)跨文化交际能力的有效性(effectiveness)主要指的是能够实现交际目标。

跨文化交际能力带有内在性,可以由交际者有意识地进行知识输入,并利用一定的语言技巧在跨文化交际的行为中得到体现。

第十二章　基于网络多媒体的英语文化教学新探

(二)跨文化交际能力的构成

国内有学者将跨文化交际能力概括四个组成:言语交际能力(verbal communicative competence)、非言语交际能力(nonverbal communicative competence)、跨文化适应能力(competence of cultural adaptation/adjustment)、语言规则和交际规则的转化能力(competence of transformation of two rules),下面进行具体介绍。

1. 言语交际能力

在跨文化交际能力中,言语交际能力是其基础与核心部分,主要包括以下几个方面:
(1)语法知识。
(2)语言概念意义和文化内涵意义的了解与运用能力。
(3)语言运用的正确性。
(4)语言运用的得体性。

言语交际能力并不单单指交际者具备扎实的语言知识,还要求交际者能够根据具体的交际语境来使用语言知识。

2. 非言语交际能力

非言语交际能力在交际行为中也有着重要的影响,不仅能够辅助言语交际的进行,对于交际问题与障碍的化解也大有裨益。具体来说,非言语交际能力指的是言语交际之外的一切交际行为与方式,包括以下几个方面:
(1)体态语,如身体的动作、接触等。
(2)副语言,如非语言的声音、沉默等。
(3)客体语,如服饰、妆容、肤色等。
(4)环境语,如空间信息、领地观念、时间信息、颜色等。

由于跨文化交际的进行,非言语交际的作用越发为人们所了解,因此重视非言语交际,并在交际中重视不同文化背景下的非言语交际方式十分重要。

3. 跨文化适应能力

跨文化适应能力指的是交际双方对对方文化的适应能力。在跨文化交际实践中,跨文化适应能力的表现具体包括以下几种情况:
(1)能够克服文化休克障碍。
(2)能够正确认识和了解跨文化交际对象。

(3)在交际中能够调整自身的行为方式、交际规则。
(4)能够适应新的交际环境,并能在其中展开生活、工作与交际。
(5)能够被新的文化交际环境所接收。

4.语言规则和交际规则的转化能力

语言规则和交际规则的转化能力也是跨文化交际能力的重要体现。语言规则指的是语言的具体规则体系,如语音、词汇、语法等。交际规则,顾名思义就是指导交际进行的行为准则。任何交际行为都包括言语交际行为和非言语交际行为准则。在交际中,交际者需要具备扎实的目的语语言规则,同时还需要学习母语与目的语转换的方式,从而规范自己的言语表达。针对跨文化交际中的文化问题,需要交际者对比与总结目的语与母语文化在思维、风俗、价值观方面的不同,从而进行规则的转换,促进交际的顺利进行。

第二节 英语文化教学的内容与现状

一、英语文化教学的内容

(一)言语文化

言语文化可以细分为以下几种文化:语音层面的文化、词汇层面的文化以及语法层面的文化。

1.语音层面的文化

一种语言的语音既是使用该语言的人之间顺利交流的基础,又是说话人文化特征的反映。

例如,美国英语中没有英国英语中的双元音/ɪə/、/uə/、/ɛə/,相应地是在前面的元音后添加/r/音,说话人的地域文化特征体现在其英语发音中。

2.词汇层面的文化

词汇是意义的载体,蕴含着丰富的文化内涵。对于文化教学中一些蕴含文化内涵的词汇,学生除了要了解其表层含义,还要了解其背后的文化内涵。

第十二章　基于网络多媒体的英语文化教学新探

例如,在西方文化中,红色(red)通常象征着"危险信号""激进、叛乱",而在汉语文化中,红色是"革命"和"进步"的象征。

3.语法层面的文化

语言文化还涉及语法层面的文化。西方人注重理性思维,受此影响,英语重形合,常通过一些连接手段实现句子结构与逻辑的完美融合,而语法则揭示了连字成词、组词成句、句合成篇的基本规律。而汉民族则更强调悟性和辩证思维,受此影响,汉语重意合。在大学英语教学中,教师应注意讲授这方面的知识。

(二)非言语文化

非言语行为是传递文化信息、表达思想感情的主要手段之一。胡文仲认为,非言语交际是指"那些不通过语言手段诸如手势、身势、眼神、面部表情、体触、体距等的交际方式"。要明确非言语行为的确切含义,必须将其置于特定的语境中。

胡文仲依据跨文化交际,将非言语行为分为以下四类:
(1)体态语,如基本姿势、礼节动作等所提供的交际信息。
(2)副语言,如沉默、话轮转接等。
(3)客体语,如皮肤的修饰等所提供的交际信息。
(4)环境语,如时间与空间信息等。

(三)交际文化

不同文化中的人们在称谓、问候、谦语、道谢、答谢、恭维、称赞等方面存在很大的差异,不了解这些差异,就会产生跨文化交际的误解。例如,在英美国家,人们认为收入、年龄、婚姻等均属于个人隐私,认为对这些问题进行询问是不礼貌的。学生应了解中西方不同的交际文化差异,在交际中更得体地使用语言。这里就对中西方交际文化差异进行举例说明。

1.寒暄

中国人初次见面时常常会问及对方的年龄、工作、家庭情况等,如"你今年多大了?""你是做什么工作的?""你结婚了吗?"等问题,有时也会表现出对对方的关心,如"你好像瘦了,要注意身体啊!""你脸色不太好,是不是不舒服?"等。在平日的寒暄中,中国人则通常会说"去哪啊?""吃饭了吗?"等,表示对对方的关心。但是对于西方人来说,如果他听到"吃饭了吗?",会以为对方是在请他吃饭,从而容易产生误会。

西方人见面寒暄时往往不会谈论个人的年龄、收入、家庭情况、住址、信仰等问题,因为这是个人的隐私。他们常常讨论的话题是天气,这是因为英国的天气变化无常,有时一天中甚至会出现犹如四季的变化,这导致人们对天气产生了一种特殊的感觉。总之,学生在跨文化交际过程中应多了解这些不同的文化背景,避免涉及个人隐私问题而引起别人的反感。

2. 客套

在表达客套这方面,中国人一般很注重形式,讲究礼仪,重视表象;而西方人多是直线性思维,讲求效率和价值,没有过多的繁文缛节。

这里我们以打电话为例进行说明。中国人在打电话时常常用下面的话作为开头:

"请问您是谁?"

"喂,您好。麻烦您请××接电话。"

而西方人在打电话时通常用下面的方式开头:

"Is that ×× speaking?"

"Could I speak to ×× please?"

此外,西方人在接电话时通常先说明自己的身份或号码。例如:

"Hello,375692405."

"Hello,this is Tom. Could I speak to John,please?"

3. 答谢

别人对我们表达感谢时,出于礼貌,我们通常需要答谢,以维持良好的人际关系。在答谢方面,中西方也体现出了明显的文化差异。具体来说,中国人在答谢时往往会说:"不用客气""别这么说""过奖了""这是我应该做的"等,以表示谦虚的含义。但如果与西方人交往时这样回答"It's my duty"就违背了初衷,因为"It's my duty"的意思是"这是我的职责所在",是不得不做的。

此外,中国社会推崇"施恩不求报"的美德,因此人们在答谢时往往推脱不受,对受惠者给予的物质回馈或金钱奖励也常常当场拒绝,实在无法拒绝而收下时也会说"恭敬不如从命"。

西方人对待别人感谢之词的态度与中国人有很大的不同,他们常常会说"Not at all.""It's my pleasure.""Don't mention it."或"You're welcome."在收到物质回馈或金钱奖励时也往往高兴地接受,他们认为这是对自己善举的肯定和尊重。

第十二章　基于网络多媒体的英语文化教学新探

4.迎客

中国自古以来都是礼仪之邦，因此非常重视礼仪。当有尊贵的客人来访时，主人通常会出门远迎，在见面时会采用握手礼或拱手礼。在一些较为庄重的场合甚至要行鞠躬礼。问候语也有很多。例如：

"欢迎！欢迎！"

"别来无恙？"

"您的到来令敝舍蓬荜生辉。"

"与您见面真是三生有幸！"

西方人除了在外交场合会出门远迎客人外，在一般的场合都没有这种习惯。此外，西方人多采用握手礼，在一些庄重的场合还要行拥抱礼或吻颊礼。问候语则通常是"How are you?"或"Glad to see you again."

5.宴请

中国人历来重视礼仪和形式，讲求礼尚往来，在受到别人的帮助后，出于感谢会请客吃饭。宴席举办前会发请帖以示尊重和敬意。宴席之日，东道主会在门口亲自迎宾。宴席开始后，席间的客套话也是此起彼伏，如"略备薄酒，不成敬意""感情深，一口闷"等，主人向客人们敬酒，客人们回敬。此外，中国人十分好面子，重名声，因此宴席往往会尽力操办，追求气派。近年来，整个社会倡导厉行节约，反对铺张浪费，带动人们珍惜粮食，得到从中央到民众的支持，并引发了一场"光盘行动"。这有利于节约资源、保护环境，有利于弘扬中华民族节约的传统美德，推动社会进步的正能量。

西方人在进行宴请前通常会向客人发出电话或口头邀请，将具体的时间、地点和活动内容等说明清楚，并请求对方给予答复。西方人认为没有说明时间、地点和活动内容的邀请就不是真正意义上的邀请，非常重视对方的回复。受邀者通常也会明确拒绝或爽快答应，并表示谢意。

此外，西方人在安排饮宴时不像中国人那样求面子，而是更看重饮宴现场的情调。他们会进行精心地布置，选择静谧温馨的、新颖奇特的或是热烈火爆的场所。饮宴的形式多以自助餐、酒会、茶话会等为主，客人们十分随意，没有过多的客套话，主人也仅会说一句"Help yourself to some vegetables, please."此后客人便可以自由吃喝。在饮宴结束离开时，也只是轻握一下手或点头示意即可。

6. 道别

与迎客时相同,在道别时,中国人也常常会远送。客人和主人互说些叮嘱的话。最后,客人通常会说:"请留步",主人说:"走好""慢走""再来"等。"送君千里,终须一别"就表达了主人与客人间依依惜别的情形。

而西方人在道别时并不太注重形式,双方示意一笑或打个再见的手势即可,有时会说"Bye""See you later""Take care"之类的道别语。

二、英语文化教学的现状

(一)教学理念不系统

虽然很多学者对我国文化教学的理念不断进行丰富,但是在世界跨文化教育发展基础与环境的差异下,与欧美国家相比,我国的跨文化外语教学仍然处于起步阶段,在研究深度、广度和系统性上带有明显的不足。

这一差距在很大程度上是由于我国的英语跨文化教学缺乏科学的教学理念,现存的教学理念不具有系统性。跨文化教学不论是在教学内容、教学大纲、教材、教学方法、教学评估方面都做得不是十分全面。

(二)教学缺乏计划性

我国英语教学长期以来都将关注点放在词汇、语法等基础知识方面,忽视了英语作为语言符号背后的文化意义。在这种教学理念的指导下,跨文化教学也缺乏一定的目的性与计划性,很多教师一想到些文化点就展开教授,不会进行文化教学计划。这种无序跨文化教学的影响了文化教学的效果。

(三)文化教材缺失

教材是教师在教学过程中的重要依据和来源,但从我国目前的文化教学现状来看,文化教材缺失,文化教材不实用,这是导致文化教学效果不佳的重要原因。具体来说,我国文化教材中的大部分文章都是科技性或说明性的,而真正关于西方国家思维方式、风俗习惯等方面的文章很少。我们知道,学生只有对西方国家的风俗习惯等有一个深入的了解,才能在自身的跨文化交际中更加注意,因此这方面教材的缺少显然对学生文化意识和思维能力的培养十分不利。

第十二章　基于网络多媒体的英语文化教学新探

第三节　基于网络多媒体的英语文化教学原则

一、对比原则

中西方文化存在很多差异,因此在文化教学中首先要对中西方文化进行对比分析,坚持对比原则。对中西方文化对比可以帮助学生及时巩固本民族文化,同时了解不同文化之间的差异,以便在跨文化交际中避免因不了解而出现的误解。不仅如此,对不同文化进行对比有助于学生尊重文化差异,避免形成种族中心主义,培养多元文化意识。我国很多学生之所以经常犯文化类知识的错误,就是因为缺乏对文化差异的了解,只关注文化的相似性,却忽略了文化的差异性。因此,在文化教学中,教师要从各个层面加强对不同文化的对比分析。

二、实用原则

英语文化教学要坚持实用性原则,即所教授的文化内容应与学生所接触的语言内容、与日常交际所涉及的层面相契合。学生学习英语的最终目的是为了顺利进行交际,文化学习也不例外,学习文化知识的目的是为了顺利进行跨文化交际。因此,英语文化教学内容应当符合实用原则,根据学生的实际需求开展教学活动。具体来说,坚持实用原则可以避免让学生认为语言与文化的关系是空洞的、抽象的,同时将文化教学与语言实践相结合,可以将学生学习语言与文化的兴趣激发出来,产生良好的循环效应。坚持实用原则要求文化教学的内容要具有代表性,且符合学生的学习需求。例如,如果学生的专业是法律英语,教师应该多进行法律英语文化的传授;如果学生的专业是旅游英语,教师要多进行旅游英语文化的传授。

三、适度原则

英语文化教学还要坚持适度原则,这主要体现在以下几个方面:

第一,教学内容要适度,也就是说,教师在实际教学过程中,要根据教学目的,适度教授文化内容,而不是不加限制或在不考虑学生需求和接受能力的前提下,强行向学生讲授所有文化相关内容。

第二,教学方法要适度,也就是说,教师在英语文化教学中要为学生创造适当的机会,鼓励其进行研究式、探究式学习。

第三,教学材料要适度,也就是说,教师不能盲目地选择教学资料,而应选择那些能代表主流文化的普遍性文化内容。

做到以上三点,就说明教师很好地贯彻了适度原则。对教师来说,如果发现学生在学习过程中遇到了文化障碍,那么就可以根据当时当景的文化障碍,进行必要的文化背景介绍。同时,为了避免学生以后出现类似的文化问题,所讲授的文化维度可以适当放宽。切忌一下子讲太多内容,因为讲太多一时无法全部接受并消化,加之课堂时间有限,如果无限制地进行文化教学,会使教学缺乏针对性。总之,教师在文化教学中要把握好适度原则。

四、分别组织原则

通常来说,英语跨文化活动主要有大型集体活动、小组活动以及个人活动三种类型,其中以小组活动最为常见。这三种活动相互影响、相互作用。大型集体活动的效果取决于小组活动的质量,而小组活动的效果又取决于个人活动的质量。教师在组织英语跨文化活动时,应合理安排这三类活动形式,使三者相互配合,最终提高跨文化教学的效果。

例如,教师可以遵循分别组织原则,在充分了解学生英语水平、个人兴趣的前提下,尊重学生的意愿,将其分为不同的小组,如会话小组、表演小组、戏剧小组等,目的是保证每个学生的才能都得到最大限度的发挥。

五、及时总结原则

在英语文化教学中,要坚持及时总结原则,以及时发现并改正问题。因此,在英语文化教学中,坚持总结原则是非常重要的。无论是哪种活动形式,在活动结束之后,教师都要及时进行分析与总结,发现所取得的进步与问题,找出问题的原因,从而为以后跨文化教学活动的开展做好充分的准备。

六、重视课外活动原则

虽然如今文化教学受到越来越多人的重视,但毕竟课堂时间是非常有限的,教师在这有限的时间观要进行语言基础知识和技能教学,又要留有足够的时间与学生进行互动,开展各种教学活动,因此真正进行文化教学的时间很少。但是这并不代表教师就可以放弃文化教学,相反,教师应当充分利用课外时间,对课堂教学与课外教学进行有机结合。例如,教师可以充分利用文化教学内容丰富多彩的特点,在课外组织丰富多样的实践活动,如英语角、英语晚会、读书活动、配音比赛等,帮助学生在巩固语言知识的同时,不断积累文化知识。

第四节　基于网络多媒体的英语文化教学方法

一、文化讨论法

文化讨论法是教师进行文化教学的重要方法,它充分尊重了学生的主体地位,让学生主动讨论关于文化的各种知识,促进学生共同进步。文化讨论法的优点很多,既能让学生在讨论中无形获得文化知识,又能一改沉闷的课堂氛围,有效调动学生学习的积极性,同时能给每个学生以发言和表现的机会。因此,教师在文化教学中,可以灵活采用文化讨论法进行教学。

具体来说,教师以班级为单位,组织学生就某个专题开展面对面的讨论,并在讨论过程中解决实际问题或解答特定课题。教师可以提前布置一定的任务,让学生进行有针对性的讨论。

二、背景讲解法

背景讲解法是教师教授文化知识的重要途径。简单来说,就是教师在讲解语言知识时,适时插入对于相关文化背景知识的讲解,使学生在学习语言知识的同时,了解并掌握文化知识。对文化知识的讲解可以穿插在任何语言知识与技能的教学中。这里主要以听说教学和阅读教学为例进行说明。

(一)在听说教学中进行

在听说教学中,教师可根据单元的主题,适当插入文化讲解。教师可以让学生先进行对话表演,从中能够听出他们已经了解了哪些文化知识,还有哪些部分需要介绍,然后再进行有针对性的练习,加深学生的印象。例如,每个国家都有着丰富的节日文化,教师可以提前给学生布置任务,要求他们在上课前仔细查阅某种或某些节日的相关信息,如来历、习俗等,然后在课上与同学进行分享,最后由教师进行总结并讲解。

(二)在阅读教学中进行

很多学生在阅读过程中会发现,能很容易理解文章大意,但如果涉及文化方面的内容,理解得就不是很透彻。基于此,教师除了要讲授英语基本知识,还应该引导学生学习与课文相关的背景知识。

在阅读教学中,教师要尤其注意文学经典作品的重要作用。英美文学在世界文学史上占有重要的地位,教师要充分借助英美文学的作用,丰富教学内容,让学生领略英美文学作品的魅力。由于英美文学作品重在赏析,因此在阅读教学中,教师首先要对作品进行分析,特别是对于精读部分的关键词和关键句要进行精讲。在此基础上,教师可以对相关背景知识,如历史、社会、作家、人物角色等进行讲解,帮助学生更好地进行理解和阅读。

三、信息技术辅助法

教师在文化教学中,要充分利用网络多媒体技术的优势,将其融入英语教学中。具体来说,网络多媒体技术辅助下的英语文化教学需要采取如下策略。

(一)务实手段,创设跨文化交际基础

利用网络多媒体技术,以现代媒体作为手段,实现教学资源、教学过程、教学效果的优化。网络多媒体技术是创设真实环境的最佳工具,其可以对声音、动画、图像、色彩等进行组合和运用,增强教学的形象性和直观性,从而有效帮助学生对所学语言国家的社会、阶级、文化等有一定了解和感受。另外,在网络多媒体环境下,学生愿意进行技能的训练,不仅提升了学生分析问题的能力,培养自己的判断性思维,还能够提升学生的语言意识和跨文化意识。在英语文化教学中,教师可以采用实时播放式的英语教学形式,即"课堂示教模式",其以教师为主,教师采用计算机软件、各种音频与视频设备等媒体将学生需要的知识传输出来。

(二)创设情境,营造跨文化氛围

建构主义理论认为,人是知识的建构者和积极探索者,知识的建构需要人与环境的交互。创设情境是建构意义的必然前提,因此教师应该创设信息丰富的环境,为学生提供更为真实的语言情境和语言信息输入,使学生能够真实、自然地学习语言。网络多媒体技术的发展为建构主义学习理论的推行和实施创设了良好的环境。

第十二章 基于网络多媒体的英语文化教学新探

由于网络多媒体技术具有传输量大、信息容量大、效率高等特点,因此在课堂教学中,运用网络多媒体技术能够使信息展示的方式更具多模态化,能在单位时间内为学生提供容量更大的学习资源。这是目的语文化输入的重要和有效途径。同时,当学生置身于真实的情境中,能够亲身体验目的语文化的美,体验目的语文化的新奇和快乐,在体验中增强对目的语文化的理解和认知,激发学生学习目的语文化的积极性和主动性。

也就是说,在快乐学习目的语文化的同时提升自己的跨文化交际能力。另外,教师可以让学生参与一些"暑假英语夏令营""语言学习示范中心"等活动,这是英语学习的第二平台,使他们将课堂上学习的知识运用到具体的实践中,创建丰富的英语体验环境,提升学生的跨文化交际能力和英语应用能力。

(三)组织协作,倡导交互式合作学习

建构主义理论认为,英语学习成效的关键在于教师如何进行分组,如何组织学生协作完成学习任务。通过协作学习,教师和参与活动的学生都能够构筑为一个学习共同体,使得师生之间、学生之间、学生与媒体之间进行有效的交互,在交互协作的过程中对学生的旧有图示进行激活,建构更为全面、准确的语言意义。通过协作学习环境,调动了学生的学习兴趣,激发了学生的思维和智慧,从而使整个团队或群体完成对知识和任务的意义建构。在具体的教学中,教师应该可以为学生设计和安排一些操作性强、任务性重的教学任务,并对任务的内容给予具体的建议和要求。然后,以小组为单位,将学生分成若干小组,鼓励学生进行组内交流,对任务中的文化内容进行归纳和总结,最终习得跨文化交际能力。

(四)组织会话,展示学习成果

在英语文化教学中,会话是不可缺少的,学习小组之间需要经过协商和会话来完成既定的任务。在会话过程中,每位学生的思维成果都能够为组内成员共享,最终实现学习任务意义的建构。之后,教师以小组的形式让他们对讨论的结果进行展示,展示的方式有很多种,如角色扮演、演讲、专题汇报、情境模仿、案例分析等。在展示的过程中,学生可以准备一些提纲、录音材料等。通过展示,教师可以了解学生对文化知识的掌握情况,以便进行下一阶段的任务学习。例如,在做演讲时,教师可以要求小组内所有成员都可以参加,共同配合,根据教师所提的问题进行汇报。其他小组在听取演讲的过程中,对其中的演讲情况和出现的问题进行记录,在演讲结束后进行讨论和解答。通过这一过程,全班所有成员都扩大了自己的知识面,对课文内容也有了更深入的理解。

（五）总结归纳，完成意义建构

建构主义学习理论认为，学习就是学生对所学知识进行有选择的主动建构的过程，在这一过程中，学生不再是被动的信息接受者，而是一个积极的学习者。同时，学生的建构结果受自身原有知识的影响，也就是说，学生都是在自身固有知识的基础上进行知识的筛选和建构。可见，学习过程不仅仅是信息的输入、提取、存储，而是新旧信息之间的交互，而最终目的就是实现意义的建构。

通过小组之间进行讨论，学生可以调动各种语言、非语言资源来建构意义，激发学生对两种语言文化的浓厚兴趣，让学生在本民族文化中体会目的语文化的魅力，逐渐建构跨文化交际能力和意识。

四、角色扮演法

角色扮演是培养学生文化能力的一种有效方法。在文化教学中采用角色扮演法，可以使学生身临其境地接触相应的文化，增强其对文化的理解和感知。角色扮演法通常由两名或两名以上学生参加，为了完成特定的目标分别扮演不同的角色，然后在教师及其他学生面前表演出来。没有参与角色扮演的学生可以做观众观察并发现学习目标规定的某些问题。角色扮演的主题可以是与来自其他文化的人第一次见面、进行国际谈判、在某一个你不熟悉的文化场景中拒绝别人等。角色扮演的脚本应该清楚、简洁，具有趣味性和戏剧的张力，而且结局应该是开放式的，采用日常生活工作或社交场景中使用的语言。角色扮演的实施过程如下：

（1）向学生说明角色扮演的目的是使他们练习使用某一策略，鼓励他们尝试新的活动。

（2）向学生描述角色扮演发生的情境。

（3）确定参与表演的学生，可以由学生自愿参加或者由教师指定，给每个参与的学生提供所需的背景知识，给他们足够的时间作准备。

（4）指导参与表演的学生的准备工作。

（5）给观看角色扮演的学生们分配学习任务。

（6）布置好表演的场地。

（7）开始表演之后要做笔记，记录下表演者说的要点，以便之后开展讨论。

（8）表演结束后，请观众思考，在相似的情境中，有没有其他的解决问题

第十二章　基于网络多媒体的英语文化教学新探

的方法。

（9）请学生回答一系列的问题，目的在于使学生能够描述角色扮演中呈现的问题，给学生思考其他策略的机会。

五、影视欣赏法

我国学生是在汉语环境中学习英语的，几乎没有机会与以英语为母语的人直接进行交流。但是，观赏外国影视作品可以弥补这一缺憾，将学生带入一个英语的环境中。而且现在的学生都十分喜欢看电影，教师可以通过影视欣赏的方式来加强学生对西方价值观念和思维方式的学习。影片中的语言生动、真实，词汇与语境非常贴切，语音能体现出人物的年龄、性别、地域、地位等特点，语速不是教学音频中的标准语速，而是由表达内容、故事情节所决定的真实环境中的语速，这些特点把语言知识与具体情境有效结合起来，为学生提供了真实的语言与文化信息，对于学生接触地道的英语，了解英语文化背景，提高应用实践能力十分有帮助。

第十三章 基于网络多媒体的英语教学评价新探

英语教学评价能够为教学质量的检验提供重要参考,是英语教学中不可或缺的重要组成部分。在英语教学过程中,教学评价是最后一个环节,不仅能够对教学效果进行有效的检验,还能为教师提供及时的反馈,从而为教学方式的修正创造良好条件。可见,正是通过教学评价的合理进行,整个教学流程才形成一个完整的链条。在当前的网络多媒体环境下,不仅英语教学的方式与方法需要更新,教学评价也需要更新,从而紧跟时代的发展,培养出社会真正需要的高质量人才。为此,本章就来探讨基于网络多媒体的英语教学评价的相关内容。

第一节 英语教学评价概述

教学评价是衡量教师的教学效果与学生的学习情况的重要指标,能够为后续教学活动的顺利进行提供指引与参考。本节就从定义、分类、内容、原则这几个层面对教学评价进行概述。

一、教学评价的定义

要想知道什么是教学评价,首先需要弄清什么是"评价"。评价这一概念是由泰勒(Tyler)提出的。对于评价的定义,不同的学者观点不同。但不得不说,从评价的定义被提出之日起,学者们就做出了评价和测试的区别。在很多学者眼中,评价是人类认知活动中的一部分,且是非常特殊的部分,它能够揭示出整个世界的价值,并对其进行创造与构建。

将评价的理念运用到教学之中就形成了教学评价。对于教学评价,中外学者的观点可谓见仁见智,但总体来说可以归结为以下四种观点。值得注意的是,这四种观点都有自身的不足和缺陷。

(1)教学评价是一种有系统性地去搜寻资料,以便帮助使用者恰当地选

第十三章　基于网络多媒体的英语教学评价新探

择可行的途径的历程。这种观点的优点在于强调了教学评价在决策层面的作用,其弊端在于很容易让人产生教学评价等同于教学研究的观念。实际上,教学评价与教学研究存在着差异,即研究目的与侧重的价值不同。在研究目的上,教学研究是为了获得结论,而教学评价是为了指导实践;在侧重价值上,教学研究是为了获取真知,而教学评价是为了获得价值。

(2)教学评价是一种将实际表现与理想目标进行比较的历程。这种观点认为教学评价内容、评价方法是对现实与预期的比较,具有较强的合理性。但是,这一观点过分侧重教学效果的评价,未考虑教学过程。因此,这一评价观点较为宽泛,让测评者很难把控评价内容的主次,因此也不可取。

(3)教学评价等同于专业判断。这种观点考虑到评价人员的主观性这一因素,认为教学评价的目的在于分清好与坏。但这一观点也是错误的、片面的,因为教学评价不仅是为了分清楚好与坏,还是为了找寻恰当的因素,对评价进行指导。

(4)教学评价等同于教学测验。这种观点是当前学者在教学测验的辅助下做出的认知。但是,教学评价与教学测验在本质上存在差异,因此将二者进行等同是错误的、片面的。这存在两个层面的原因。

第一,教学测验主要将数量统计作为重点,侧重于数量化,而如果有些教学事实不能做数量统计,那就不能称为教学测验,这恰恰违背了教学评价的定义。也就是说,教学评价不仅涉及数量分析,也涉及对事物性质的确定。

第二,教学实验将对教学现状的描写作为重点,目的是获得可观事实,相比之下,教学评价将对教学情况的解释与评判作为重点。

显然,上述观点都有利有弊。笔者从这些观点中选取合理成分,对教学评价进行了界定,认为教学评价是基于教学这一对象,从教学规律、教学目的、教学原则出发,运用可行的技术和手段,解释教学对象与目标的价值判断过程。[1]

二、教学评价的分类

根据不同的划分标准,教学评价的类型也不同。根据评价的基准,教学评价可以分为绝对评价与相对评价。根据评价的分析技巧,教学评价可以分为定性评价与定量评价。根据评价的主体,教学评价可以分为自我评价与他人评价。此外,根据评价的功能,教学评价可以分为诊断性评价、形成

---

[1] 滕星.教学评价若干理论问题探究[J].民族教育研究,1991,(2):81.

性评价与总结性评价。就目前的情况来看,根据评价功能所进行的划分最具有说服力。下面从这一观点入手,对教学评价的分类进行详细说明。

(一)诊断性评价

教学评价中的诊断性评价是教师为了满足学生的需要,在课程开始之前对学生展开的情感、认知、技能层面的评价。[①]

诊断性评价的目的是在对学生的基础知识、基本能力有所了解的基础上,为教学提供必备资料,从而对学生的真实情况和问题进行诊断,以便为解决问题做好准备。

诊断性评价往往在教学开展之前进行,这主要是为了测试学生的基本语言能力,并通过测试的结果,对学生分门别类地进行安置。有时候,诊断性评价也可以在教学中进行,目的是检测学生的学习问题和程度,确定阻碍学生某方面提升的因素。诊断性评价具有如下几方面的作用:

(1)对学生进行安置。

(2)对学生的学习准备程度进行监测。

(3)对学生产生学习困难的原因有所了解和辨别。

(二)形成性评价

1967年,斯克里文(G. F. Scriven)第一次提出"形成性评价"这个术语,后来很多学者进行了扩展和补充。形成性评价又称为"过程性评价",指的是在教学过程中,对教师的教和学生的学进行的评价,从而了解教师的教学过程与学生的学习过程中存在的问题,评价教师的教学行为与学生的学习能力。

形成性评价的目的是对学生的学习情况进行改进,而不是对学生的成绩进行评定。对于教学过程而言,形成性评价非常重要,是一个持续性的评价。其涉及的内容也非常广泛,如评价学习行为、评价情感态度、评价学习心理、评价参与情况等。形成性评价能够对教学效果与学习情况有及时的了解,便于对教与学进行反馈。形成性评价的作用主要有以下几个:

(1)强化学生的学习。

(2)对学生的学习起点进行确定,尤其是确定学生对内容的掌握情况,从而为下一阶段的学习确立起点。

(3)为教师提供反馈信息,通过评价,教师可以获得教学反馈,从而更好地指导教学实践。

---

① 林新事.英语课程与教学研究[M].杭州:浙江大学出版社,2008:219.

第十三章　基于网络多媒体的英语教学评价新探

（4）对学生的学习进行改进，因为行成性评价反映出学生在学习中的问题和缺陷，所以教师可以根据这一情况对学生进行指导和纠正，从而改进学生的学习状况。

实施形成性评价的手段有很多，主要包括以下几个类别：

（1）学习日志。学习日志与人们所熟知的日记不同。所谓学习日志，是指教师对学生日常学习过程所进行的记录，往往记录的是学生的学习行为和学习积极性。学习日志可以自己制订，也可以由教师制订，但是记录的过程是由学生自己完成的。

（2）专门调查法。专门调查法主要是为了调查学生的学习行为、学习活动、学习兴趣等，是一种有效地收集数据的方法。但是，专门调查法一般具有针对性，其主要采取访谈法或问卷法。

所谓访谈法，指的是将调查者与被调查者放置在同一空间中进行面对面的交谈，从而获得相应的语言材料。访谈法的进行主要是利用"听"进行信息的收集，是一种直接有效的调查方式，具体可以分为个体访谈与集体访谈两个形式。个体访谈，顾名思义就是通过面对面的交谈获得信息，这种调查方式详细、深入并且全面。集体访谈法是在集体中展开访谈，具有效率高、信息收集快的特点。

需要指出的是，访谈法并不是完美的，也具有一些缺点。就语体教学来说，访谈法所收集的信息都具有正式的特点，因此其与日常交际也必然存在明显的不同。此外，由于在访谈之前，被调查者已经了解了访谈的目的，因此在具体的朗读与回答时会很谨慎，从而影响调查的结果。

所谓问卷法，就是将语言行为调查放在书面上进行的一种方法，是一种利用"写"来收集语言材料的方式。问卷法的使用带有一定的要求，适合规模较大、人数较多的调查。调查法按照回答方式的不同，可以分为开放式回答和封闭式回答两种。开放式回答指的是在问题下方不直接给出答案选项，回答的内容也没有明确的规定与限制，被调查者从题面出发，将自己的见解自由陈述出来。封闭式回答指的是被调查者在题面下方的选项中选择自己认同的选项。

需要明确的是，开放性问题的设置一般需要保持中立，并在特定的语境中使用语言，问卷设计者可以为调查者设置一定的语境和背景。封闭式问题一般以可测标志为基础，从而为后续的定量分析提供一些便捷之处。

问卷法是调查法的有效方式之一，是信息转换的基本依据。通过采用问卷法，问卷设计者不仅可以测出被调查者的语言掌握与运用情况，还可以测出被调查者如何看待事物。问卷法在实施过程中的优点表现在问卷法实施较为方便,可以给被调查者充足的考虑时间。此外,问卷法不受被调查者人数的限制。

但是,问卷法也存在自身的缺点。首先,样本往往很难收集起来,也往往缺乏代表性。其次,问题如果设置得非常模糊,那么被调查者的回答也非常模糊,同时有些问题是纷繁复杂的,问卷很难完全表明。由于每种调查方法都带有自身的优缺点,因此在具体的调查过程中一般是综合不同的调查方式,从而得到更具有信服度的调查结果。

(3)观察法。观察法是通过观察被调查人的日常言语行为获得所需要的语言资料。这种方式是通过"看"进行的,可以分为隐蔽观察和参与观察两种方式。

隐蔽观察指的是在不显露调查者的身份对被调查者在不同的社会环境中的语言使用情况进行的观察。

参与观察指的是调查者本身参与到被调查者的活动中去,在活动中对被调查者的表现情况进行搜集。

对比这两种观察方式可以看出,虽然二者的具体操作方式不同,但是都将被调查者放在具体的语言环境中,带有较高的真实性。具体而言,观察法的优点表现在以下三个方面:

第一,观察法的操作较为简便,操作的灵活性较高。

第二,通过隐蔽观察的方式,可以了解被调查者一些不便说或者不能说的语言资料。

第三,对被调查者进行直接观察,提高资料收集的直观性与真实性。

但是,观察法本身也存在着缺点,表现在以下四个方面:

第一,通过参与观察的方式,被观察者的生活也许会受到一定的影响。

第二,观察所收集到的资料,其结果可能只是单个情况,很难被重复验证。

第三,观察法的观察并不能搜集到所有的语言现象和语言资料。

第四,观察法实施过程中,需要观察的事件并不是随时发生的,带有一定的随机性。

(三)总结性评价

总结性评价又称为"终结性评价""结果性评价",是在某一阶段或者某一学期结束之后进行的评价。总结性评价的作用可概括为以下几个方面:

(1)对学生的成绩进行评定。

(2)证明学生某一阶段或某一时期的语言水平。

(3)为学生提供下一阶段学习的反馈。

第十三章　基于网络多媒体的英语教学评价新探

(4)预测学生以后成功的可能性。

总结性评价具有以下几个方面的特点：

(1)就目标而言，总结性评价主要评价的是某一时期或某一阶段的教学情况，往往需要通过成绩来展现，从而为学生的下一步学习做铺垫。

(2)就评价内容而言，总结性评价具有较高的概括性，内容往往是知识、技能等的结合。

(3)就内容分量而言，总结性评价主要评价的是学生在某一时期或某一阶段对课堂内容的掌握情况，因此比较全面，分量较大。

在总结性评价中，测试是最常见的手段。下面重点对测试进行分析和探讨。

1.测试的概念

测试(test)又称作"测验"。美国著名心理学家安妮·安娜斯塔西(Anne Anastasi)认为，测试其实是对行为样本进行标准的、客观的测量。这一界定被认作是权威的、公正的。就这一定义而言，测试主要涉及以下三个要素：

(1)行为样本。所谓行为样本，指的是对语言能力表现行为进行有效的抽取样本活动。在测试中，受试者往往比较广泛，加之每名受试者有着自身的特点，所具有的语言能力也不尽相同。因此，测试无法涵盖受试者的全部表现，只能选择代表性强的样本进行测试，从而以这一检测作为依据，对受试者的语言能力进行评价与推测。

(2)客观的测量。所谓客观的测量，主要是对测量标准的强调，即标准是否与实际相符合。要想评定某一项测试是否具有客观性，可以考虑如下几点：

测试结果的有效性如何？

测试结果的可靠性程度如何？

测试题目的难易度和区分度如何？

这三个指标是对一项测试质量是否过关的重要衡量因素。

(3)标准化的测量。所谓标准化的测量，指的是测试的展开、题目的编制、对分数的解析等要按照一套严密的程序展开。只有进行了标准化测量，才能保证受试者的测试结果更具有有效性与真实性。

2.测试的手段

根据不同的标准，英语测试的形式有所不同，具体而言可以划分为如下几种。

(1)按照评分的方式划分。按照评分方式的不同,测试可以划分为如下两种。

第一,主观性测试。主观性测试的题型有很多,如翻译题、简述题、口试等,且设计也非常容易,学生可以自由陈述自己的观点与想法,这是对学生语言运用能力的考查。

第二,客观性测试。客观性测试的题型较为单一、固定,主要有判断正误、选择、完形填空、阅读理解等。学生只需要在相应位置做出答案即可,存在猜测的成分,因此很难测量出真正的语言能力。

(2)按照测试的用途划分。根据测试的用途,可以将测试划分为如下几种:

第一,成绩测试。成绩测试主要是对学生所学知识的考查,通常包含下面所说的随堂测试、期中测试与期末测试。这都是从教学大纲出发来设定的。例如,大学英语四、六级考试属于成绩测试,因为这是从教学大纲出发设定的。但是,大学四、六级考试也属于后面所说的水平测试。[①]

第二,潜能测试。潜能测试主要用于评价学生的潜能或者语言学习天赋。潜能测试不是根据教学大纲设定的,对学生掌握知识的多少也不在意,而是测试学生的发现与鉴别能力,可能是学生从未接触的东西。

第三,水平测试。水平测试主要是对学生语言能力的测试,即主要测试学生是否获得了语言能力,达到语言教学的水平,决定学生是否可以胜任某项任务。水平测试与过去的教学内容与学习方式并没有直接的关联性。

第四,诊断测试。诊断测试主要是对学生语言能力与教学目标差距之间的确定,从而便于从学生的需求出发设计题型。诊断测试主要是课程展开一段时间后对学生进行的一定范围的测定。[②] 通过评价学生这段时间的表现,确定是否学到了应有的知识,进而发现教学中的问题,改进教学,力求做到因材施教。

(3)按照学习阶段划分。按照某一学期的不同学习阶段,测试可以划分为如下四种。

第一,编班测试。编班测试主要是为分班做准备的,是从学生入学考量的。通过进行编班测试,教师可以对学生的语言掌握情况加以了解,从而有助于教材的选择与安排。编班测试还会从学生的水平出发,将程度相似的学生编制在一起,进行统一化的指导,从而实现真正的因材施教。由于编班

---

① 刘润清,韩宝成.语言测试和它的方法(第2版)[M].北京:外语教学与研究出版社,1991:11.

② 武尊民.英语测试的理论与实践[M].北京:外语教学与研究出版社,2002:31.

测试对于学生的差异性要求明显,因此在题型设计时应保证连贯与全面。①

第二,随堂测试。随堂测试是指学生经过一段时间的学习后,对学生进行的小测试。这一测试一般时间短、分量少、形式多样。一般情况下,随堂测试的形式很多,如听写、翻译、拼写等。在题目设计时,应该保证适宜的难度。通过随堂测试,教师可以了解学生每节课的学习程度和语言使用情况,为日后教学改进打下良好的基础。

第三,期中测试。期中测试除了可以将教学大纲的要求体现出来,还会基于随堂测试,形成一定的系统。在进行期中考试时,教师往往会组织学生复习或者让学生自己复习,之后让学生参加统一考试。期中考试不仅让学生产生紧张感与阶段感,还能激发他们独立思考问题,对知识形成一定的系统。

第四,期末测试。与以上三种相比,期末测试具有广泛的应用价值,也具有较长的时间跨度。一般来说,期末测试的目的如下:对学生某一时期的学习效果进行评价;促进学生系统地巩固知识;为下一学期的安排做准备。期末测试的题型应该从教学大纲出发,将本学期学生的学习内容反映出来,但是也不能完全照搬教科书,应该具有灵活性,从而更深刻地检测学生的学习情况。

三、教学评价的内容

教学评价的内容主要有五种:评价教师、评价学生、评价课程、评价教学过程以及评价教学管理。

(一)评价教师

在教学过程中,教师处于主导地位,教师素质的高低对于教学效果、学生成长意义巨大。因此,评价教师素质与能力显得尤为重要。具体来说,对教师的评价主要包含如下几点:

(1)对教师工作素质的评价,包含教学质量、教学成果、教学研究、教学经验等。

(2)对教师能力素质的评价,包括独立进行教学活动的能力、独立完成教学工作量的能力等。

(3)对教师政治素质的评价,包含工作态度、遵纪守法、为人师表、教书育人、政治理论水平、参与民主管理、良好的文明行为、坚持四项基本原

---

① 崔刚,孔宪遂.英语教学十六讲[M].北京:清华大学出版社,2009:309.

则等。

(4)对教师可持续发展素质的评价,包含教师发展的潜能、自觉求发展的能力、接受新方法与新理论的能力、本身的自学能力等。

(二)评价学生

学生是英语教学的中心,也是教学的主体。对学生进行评价是英语评价的主要内容。通过评价,教师才能对学生有充足的了解与把握,为社会培养出更优秀的人才,从而对教学进度不断展开调整。具体而言,学生评价涉及如下三种:

(1)学业评价。学业评价是从学科课程的目标与内容出发,对学生个体、群体展开的成果式评价。学业评价具有促进性、补救性与协调性。其一般以测量作为基础,对学生个体的学习进展情况加以反映,最后做出推断。

(2)学力评价。学力与发展观、人类观、学习观等有着密不可分的关系,受时代的影响,教育与学习的要求越来越高,这就导致学力也在发生改变,产生不同的学力观。就整体而言,人们对学力的认知有两大方向:一是强调学力是对技能与知识的掌握而形成的能力,二是强调学力是教学的结果,是后天形成的。因此,可以将学力定义为"学生在学业上所获取的结果"。而学力评价可以对学生的学习能力、个体差异进行甄别,从而使不同层次的学生都能完成自己的学习目标。

(3)学生的品德与人格评价。这也是非常重要的。在英语教学中,对学生品德与人格的评价侧重于教学内容的思想性与科学性。

(三)评价课程

合理、科学的课程设置对于提升教与学的质量非常有帮助,因此教学评价也需要对课程进行评价。课程评价主要是对课程价值、课程功能的评价,但是为了更好地开展课程评价,需要考虑和了解如下三种模式:

(1)行为目标评价模式,是由学者泰勒提出的。这一模式的中心在于确定目标,从而在此基础上组织教学评价。泰勒认为,既定目标决定着教学活动的开展,而教学评价也是判定实际的教学活动,从而根据反馈对教学进行改进,使教学效果与既定目标相接近。

(2)决策导向评价模式,又可以称为"CIPP模式",是由著名学者斯塔弗尔比姆(Stufflebeam)提出的。这一模式的中心在于决策,是将背景知识、输入、过程、结果结合起来的一种评价模式。

(3)目标游离评价模式,又可以称为"无目标模式",是由学者斯克里文(Scriven)提出的。斯克里文批判了泰勒的评价模式,并指出为了将评价中

第十三章　基于网络多媒体的英语教学评价新探

的主观因素降低,不能在设计方案时明确将活动目的告诉被评价者,这样评价的结果就不会受到预定目标的制约。

(四)评价教学过程

在英语教学中,大多数评价对于教学效果都非常侧重,即学生的实际成绩,但这些评价都忽视了教学的过程。因此,一些学者开始对形成性评价进行研究,并从中衍生出了对教学过程的评价。一般情况下,对教学过程的评价可从两个角度分析:一是对教学过程进行系统型的评价,二是对教学过程中各个环节进行评价。

(1)对教学过程进行系统性评价。对教学过程进行系统型评价是指以某一节课作为教学内容或目标,对课堂开始之前、课堂开始之中、课堂后练习进行系统和整体的评价。

(2)对教学过程中各个环节进行评价。对教学过程中各个环节进行评价主要是对课堂之前的学习、课堂教学、课后的练习进行观测与评价。这样做的目的是引导教师关注和把握教学的各个环节,将各个环节视作重点。

(五)评价教学管理

除了对教师、学生、课程设置、教学过程进行评价之外,对教学管理进行评价也是教学评价的一项重要内容,很多教学评价中忽视了这一点。所谓教学管理,是指将教学规律、教学特点作为依据,对教学工作进行组织和安排。

对教学管理进行评价是对教学过程与结果的评价。通过这一评价方式,评价者可以挖掘出教学管理中的问题,并对其进行改进。在进行教学管理评价时,两个层面的问题需要注意。

第一,需要注意评价的内容不仅包含对课堂的管理,还包含对学校的管理等。

第二,需要注意评价的指标的合理性与科学性,即需要将教学规章、教学计划、教学步骤、教学检查等囊括进去。

四、教学评价的原则

(一)参与性原则

在学习活动中,学生居于主体地位,当然也是评价的主体。因此,学生应该参与到评价的设计与制订中。一般来说,学生进行参与有助于提升语言评价的有效性与真实性。同时,学生的参与也可以让他们的英语学习更有积极性与主动性。在参与的同时,学生可以不断总结与思考,从而展开针对性训练,实现综合性的发展。

(二)多样化原则

语言评价的形式不应该是单一的,而应该具有多样性,尽力体现学生多个层面的学习表现,对学生语言能力各个层面进行真实、全面的考查。教师还应该从评价目的、评价方式等出发,既包含主观评价,也包含客观评价。

(三)发展性原则

语言评价的最终结果并不能够将学生在某一阶段的状态全部反映出来,语言评价的数据受多重因素的影响和制约。当代英语教学评价坚持发展性原则,要求语言评价要关注学生平时的学习态度、学习热情等层面,使学生真正实现在学业与学习过程层面的双向发展。

(四)效率性原则

注重效率是当代英语教学评价应当遵循的一个重要原则。影响当代英语教学评价顺利有效进行的因素主要有教学活动的设置、学生的配合、评价的方式等。

首先,课堂教学活动具有一定的目标,每一个教学环节都应围绕着课堂教学目标进行。

其次,评价的整个过程都需要让学生理解,如让学生理解所采用评价方法的作用和操作方式;让他们看到教学评价给他们的学习带来的切实的效益。只有让学生看到评价的实际效用,他们才会积极主动地配合。

再次,监控教学评价所采用的方法。这有利于方法的调整和具体操作等,从而保证教学评价的作用充分发挥出来。

最后,教学评价要以学生自评为主,推动他们成为自主学习者;通过自评学生从学习目标完成的情况中发现自身存在的问题。

(四)目的性原则

当代英语教学评价并不是盲目进行的,而是有一定的目的。没有了目的,当代英语教学评价也就从根本上失去了存在的意义。

学生应对教学评价的诸多方面有所了解,如教学评价的重要性、各种评价方式的操作和作用等。

教师对于各种评价方法的目的和预期的效果都应有所了解,不同评价方式的预期目标不同,适用的范围也不同,只有这样教师才能在诸多评价方式中做出正确的选择。

此外，教师在选择时还应结合自己班级和课堂的具体情况，并且注意各项方法技巧的作用。

第二节　基于网络多媒体的英语教学评价标准与方法

随着网络多媒体在当代英语教学中的运用，在当代英语教学评价中，网络多媒体评价法也是非常优秀的评价方式，而且对于评价学生的自主学习非常有效与方便。在对网络多媒体英语教学评价标准与方法展开分析之前，首先需要明确以下三个问题：

（1）网络多媒体英语教学评价的理念是什么？理念不同，其评价的出发点也不一样，从而必然会对教学评价标准的建立产生影响。基于网络多媒体的当代英语教学评价是建立在建构主义理论的基础上的，因此其出发点首先是学生，着重点在于过程评价和全方位评价。网络多媒体英语教学评价的一切活动都是围绕是否有利于学生这一问题展开的。简单来说，其评价的理念就是以学生为中心，这是该评价首先需要遵循的原则。

（2）网络多媒体英语教学评价与传统英语教学评价有什么不同？与传统英语教学评价相比，网络多媒体英语教学评价具有两个方面的特点。首先，评价的方法不同，主要表现在信息收集和处理的手段上。由于网络多媒体技术的融入，其评价的信息更具有全面性和便捷性，各种新型的评价方法为评价活动注入了新的活力。其次，网络多媒体教学评价更具有及时性和灵活性。网络多媒体教学系统可以根据评价结果来进行及时的更新，对教学调整也更具有灵活性。但是，由于网络多媒体教学的师资力量不足，因此其实际的效果并不能让人非常满意。

（3）在英语教学评价中，网络多媒体技术发挥到何种程度的作用才能被称为网络多媒体教学评价？当前，开设网络多媒体英语教学平台一般不包含教学评价这一层面，而教学评价仍旧由教师进行，这一点上与传统英语教学评价并没有多大区别，导致网络多媒体技术在当代英语教学评价中并没有发挥充分的作用，因此也就不能算是网络多媒体英语教学的有效评价。

一般情况下，理想状态下的网络多媒体英语教学评价应该以计算机、网络作为支撑，其信息处理与收集等环节都应该由计算机完成。但是，就当前的网络多媒体英语教学评价来说，其仍旧以教师为主体，因此只能看作网络多媒体英语教学评价的初级阶段，这是立足于现实来说的。随着需求的增长以及英语教学的发展，网络多媒体英语教学评价已经是教学评价的必然趋势。

就过程观的角度来说,再加上我国网络多媒体教学的实际情况,作者可以将网络多媒体英语教学评价定义为:以计算机、网络等技术作为支撑,为了促进学生的学习,对与网络多媒体英语教学相关的一切要素进行收集与处理,并根据一定的教学目标、教学评价标准,对收集和处理结果进行科学评判的一项活动。

网络多媒体英语教学是网络多媒体技术与现代英语教育理论相结合产物。而为了使网络多媒体技术能够更好地为英语教学服务,在进行计算机的装备时,必须要了解如下几个问题:

(1)解决网络多媒体英语教学的信息资源问题。
(2)解决网络多媒体英语教学的课程改革问题。
(3)解决网络多媒体英语教学中师资力量的培训问题。
(4)及时对网络多媒体英语教学进行评价。

因此,网络多媒体英语教学评价有着重大意义,是当前网络多媒体英语教学的重要组成部分。

首先,网络多媒体英语教学评价能够监控学生的学习、保证学生的学习质量、促进学生的发展。根据学生在学习活动中的各种表现,对其学习过程、学习态度、学习效果等进行评价,有助于为学生调节、计划、指引、暗示等方面的学习提供支持。根据评价的结果,教师能够更有效地指导学生的英语学习,让学生对自己学习中的不足进行弥补,最大限度地将学生的潜能挖掘出来。

其次,网络多媒体英语教学评价还有助于促进教师的专业发展。这是因为,教师评价的目的主要是对教师工作现实和潜在价值做出判断。

一、基于网络多媒体的英语教学评价标准

对基于网络多媒体环境的英语教学进行评价,必然会关注评价的质量,即是否真正地改进了教学状况,是否反映了学生的进步情况,是否为教学提供了可靠、有效的信息等。这要求基于网络多媒体的英语教学评价遵循一定的标准。

基于网络多媒体的评价标准并没有一个统一的认识,但是美国20世纪初开发的《在线学习的认证标准》是当前最有影响力的评价标准,也是被很多专家学者认可的最可靠的参照标准。这一标准主要是从三个层面对网络多媒体英语教学进行评价的,即可用性、技术性以及教学性。

可用性评价标准主要针对的是用户进行网络多媒体学习时操作是否方

第十三章　基于网络多媒体的英语教学评价新探

便;技术性评价标准主要针对的是网络多媒体课件的安装及在其运行时的技术指标;教学性评价标准主要针对的是教学目标、教学内容、教学媒体、教学策略、教学评价等内容,并且教学性评价标准的比重是最大的。综合来说,这一特殊的标准具有科学性、具体性、全面性及可操作性,受到了广大网络多媒体英语教学研究者的认可和欢迎,是目前应用比较广泛的一个评价标准体系。

二、基于网络多媒体的英语教学评价方法

(一)自我评价法

江庆心(2006)认为"对学习过程和学习效果进行有效的自主检测与评价,是学生适时调整自主学习各环节的必要前提,是提高自主学习效果的必要手段。"当然,自我评价并不意味着教师作用的减少,相反,在自主学习的过程中学生更需要教师的指导和鼓励,教师需要积极参与学生的学习过程,尊重学生的学习需求与个性,适时地给予学生激励,注重培养学生的自主学习能力。总之,通过实现教、学、评三者的有机结合,培养学生的自我评价能力和自我反思能力,进而提高学生的自主学习能力,帮助学生成长为善于学习的终身学生,体现素质教育的要求。

自我评价(self-assessment)这一概念是源自以学生为中心的理念,这一评价手段为学生提供了学习成果的反馈,因此是自主学习不可或缺的一项重要方式。所谓自我评价,是指学生参与到自身学习过程的评价与判断中,尤其是对学习成果与成就的评价与判断。自我评价要求学生应该对自己的学习策略、学习成果等进行定期的回顾,对自己的学习进度进行检测。根据信息反馈的结果,学生要对下一阶段的学习进行调整。

当学生知道自身的学习目标与当前情况的差距后,他们会更加努力,调整自己的学习进度、学习方式,使自己的学习更加有效,也会使自己变得更加自律。

自我评价的运用并不仅仅出现在自主学习中。著名学者亨利·霍莱克(Henry Holec,1980)指出,自我评价在语言学习中非常重要,且在整个评价过程中占有一席之地。自我评价在整个日常的英语学习活动中都有所体现。在教学中,教师与学生扮演着不同的角色,并通过这些不同的角色,承担着对语言学习任务进行评价的责任。学生自主决定评价的时间、内容、方法等,并根据评价结果,对自己目前的学习情况做出调整。教师应该侧重于学生独立学习意识的培养,并为学生的自我评价提供帮助,给予学生心理上

的辅助。

学者奥斯卡松(Oscarson,2002)对自我评价的优点进行了详细的罗列。①

(1)有助于促进学生的学习。
(2)有助于提升学生的自我意识。
(3)有助于扩大评价的范畴。
(4)有助于让学生对自己的学习目的有清楚的把握。
(5)有助于减轻教师的教学负担。
(6)有助于学生课后的自我学习。

阿法里(Al Fally,2004)认为,这种学生自评或学生互评的方式,使得学习气氛更加活跃,学习环境更加具有挑战性,也使得课堂更加以学生为中心。②

哈里斯(Harris,1997)指出,自我评价不仅有助于调动学生的兴趣与积极性,还有助于他们对自己的学习任务加以把握,从而了解自身的优势,对自己的学习进行恰当的思考,争取在以后的学习中取得更好的成绩。

近些年,随着自主学习与学习性评价的呼声越来越高,学生的自我评价备受关注。很多研究者对其进行研究并提出了具体的方法,下面介绍两种常见的方法。

1. 学习档案评价

学习档案评价法是当前应用较为广泛的评价方法。所谓学习档案评价法,是指对学生个体的各种信息进行收集。一般来说,其收集的内容具有多样性与动态性。学习档案积累的材料代表的不仅仅是结果,而是学习过程与学习活动,其包含选择学习内容、比较学习过程、进行目标设置等。③ 学习档案评价可以有效提高学生的自主学习能力,其主要包括以下内容。④

(1)自主设置目标

自主设置目标可以引导学生更为积极主动。目标是由学生自己设置

---

① 转引自刘建达.学生英文写作能力的自我评估[J].现代外语,2002,(3):241-249.
② Al Fally,I. The role of some selected psychological and personality traits of the rater in the accuracy of self-and peer assessment [J]. System,2004,(3):407-425.
③ 罗少茜.英语课堂教学形成性评估研究[M].北京:外语教学与研究出版社,2003:38.
④ 刘梦雪.通过自我评估训练促进自主式英语学习的实证研究[J].疯狂英语(教师版),2009,(4):54-57.

第十三章　基于网络多媒体的英语教学评价新探

的,这对于他们开展自主学习非常有利①。目标设置是否具体,会对学生的学习动机产生影响。根据研究发现,设置近期学习目标的学生要比设置远期学习目标的学生的自主学习动机更为强烈。这是因为,近期的学习目标一旦设定,会更加明显地体现为学生某些层面的进步,为学生下一步的学习指明具体的方向,也更容易让学生根据目标,检测自己的学习活动与学习过程。当然,设置的近期目标也不能太低,否则会影响学生的进步。

(2)自我评价报告

自我评价报告是学习档案的一项重要组成部分。自我评价的对象可以是学生学习行为的进展情况,也可以是学生学习行为的总体表现,或者是学生学习阶段的总结,这些都是学生自我评价的内容。学生学习档案的这一功能有助于促进学生进行自我反思,从而有助于学生进行自我评价,帮助教师对学生进行了解,这是传统评价方式无法做到的。例如,学生在分析自己阶段性学习情况时,撰写自我评价报告可以参照如下几个问题。

第一,近期英语水平是否有所提高?体现在哪些方面?

第二,在自主学习过程中,遇到的主要困难是什么?如何克服的?

第三,在下一阶段的学习中,将会面临哪些挑战?如何迎接?

在进行自我评价的过程中,学生可以评价自己某一方面的表现或者某一项任务的表现。教师在学生自我评价的过程中,可以为其提供一些评价标准。学生参与各项语言任务评价的过程也是一个学习的过程,学生可以参考一定的评价标准,对自己的语言任务与具体表现展开评价,然后通过反思,提升自身的语言技能。

(3)学习相关因素自我评价

自我评价除了对学生学习过程中知识技能掌握情况进行评价,还可以对学生学习过程中的情感因素展开评价,如学习态度、学习动机、学习风格等。这些方面的自我评价可以采取问卷形式。在教师的指导下,学生填写相应的问卷调查,积极主动地了解自身学习过程中的相关因素,对自己的学习策略展开调整,从而提升自身的学习动机与学习意识。

除上述内容,学习档案中还可以包含如下内容:

(1)每周学生需要的英语资料。

(2)语法知识资料。

(3)教师测试的成绩记录。

(4)其他学习记录或者个人自主学习资料。

---

① 庞维国.自主学习:学与教的原理和策略[M].上海:华东师范大学出版社,2003:55.

2.自我评价表

自我评价表(self-evaluation questionnaire)的设计可以采用量规(rubric)方式,也可以采用问卷调查表的形式。

(1)量规

量规是一种结构化的定量评价标准,往往是从与评价目标相关的多个方面详细规定评级指标,具有操作性好、准确性高的特点。在评价学生的学习时,运用量规可以有效降低评价的主观随意性,可以教师评,也可以让学生自评或同伴互评。如果事先公布量规,还可以对学生学习起到导向作用。此外,让学生学习自己制订量规也是很重要的一个评价方法。

(2)问卷调查

问卷调查是通过提问题,让学生通过自己的实际情况进行判断并做出回答。问卷调查表可以帮助学生通过回答预先设计好的问题来产生某种感悟,从而促使他们对自己的学习过程和学习结果进行重新审视和修改,提高他们的自主学习能力。

(二)同伴评价法

20世纪初,查尔斯·霍顿·库利提出,与他人交往和互动对儿童自我概念发展起着重要的作用,儿童的自我概念是通过"镜映过程"形成的"镜像自我",把别人对自己的反应当作"镜子",儿童通过它来认识和评价自己,可见别人对待儿童的态度和方式,影响其自我评价的发展。个体自我概念的形成,外界对其的评价起着重要的作用。主体对自身的评价是借助于他人的评价而实现的,马克思说:"在某种意义上,人很像商品——人起初是以别人来反映自己的。"[1]

实际上,个体自身对于他人的评价活动和他人对个体自身的评价活动是交织在一起。个体自身借助对他人的评价活动而实现的自我评价活动,与个体自身借助他人对个体自身评价活动为参照系而实现的自我评价活动是不同的。个体自我评价活动和他人对个体自身的评价活动联结在一起,两者相互映照、彼此补充。为此,主体要以他人对自身的评价活动为参考系,辩证地对待二者间的关系。

开放性的评价才能实现客观的自我评价。自我评价过程中应摒弃个体评价的主观随意性,这样评价才更有客观性、科学性和针对性。

---

[1] 陈新汉.自我评估活动论纲[J].北京师范大学学报(社会科学版),2007,(1):100.

第十三章　基于网络多媒体的英语教学评价新探

同伴相互评价有其年龄、心理特点优势,学生之间的感情真挚,年龄相仿,沟通也更容易,既有利于激发学生英语自主学习的兴趣,又会坚定学生提高英语能力的信心。

同伴评价的作用是显而易见的,一方面减轻了教师繁重的教学工作;另一方面,还有利于学生间形成良好的竞争氛围,从而形成英语自主学习的动力,切磋弥补缺陷。学生只有在群体的开放、相互交流的状态中,才会发现其与其他学生之间的差异和距离。一旦体现出差异和距离,就可激发竞争意识和相互学习的意识,取他人之长,补己之短,激发其改变自身的落后局面。

(三)作品集学习评价法

按照英语教学评价的类型,作品集学习评价法属于形成性评价,即教师对学生及学生一段时间的自主学习情况进行评价,如让他们完成系统的工作、记录自己的学习日志等。从评价的目的、依据来说,这一评价方式是真实的、可靠的。作品集学习评价法主要有以下几个特点:

(1)基于明确的目标。
(2)反映了学生的学习进展情况。
(3)是学生学习项目、学习情况、代表作品等的集合。
(4)可以看出学生是否有所进步。
(5)跨越了一个教学时间段。
(6)便于反馈与反思,有助于提升学生的自主学习水平。
(7)用途广泛,且具有灵活性。

对于学生而言,使用作品集学习评价法能够体现出学生的学习态度、学习过程、学习进度等基本情况,这从其他评价中是很难看到的。同时,学生对评价目标、评价内容非常明确,可以清晰地把握自己的学习任务,从而督促自己的英语学习。也就是说,作品集学习评价法有助于调动学生的兴趣和积极性,使他们对自己负责,更好地自主学习。

对于教师而言,作品集学习评价法有助于教师更好地设定教学任务,从而创造出更好的学习气氛。而对于网络多媒体英语教学而言,作品集学习评价法与其说是一种方法,更不如说是一种新的观念,其可以帮助当代英语教学法走出原有的困境,到达一个新的高度。实施作品集学习评价法,需要从如下步骤入手。

1. 确定作品集的内容

作品集的内容就是网络多媒体英语教学的内容,自然是英语教学目的的反映。在网络多媒体环境下的英语教学中,教学目的包含语言知识、语言技能、文化知识等层面,因此评价中使用的作品集,能够反映出学生为了实现这一目的而不断增长的知识与技能,以及任务完成的实际情况等。也就是说,作品集的内容取决于教师、学生、教学目的等多个因素。

2. 确定作品的形式

对学习过程、学习效果确定的方式有很多,除了进行标准化评价,还可以通过档案袋、学习日志等形式。这些形式可以是口头形式,也可以是书面形式。当然,不同的评价内容,其选择的方式也必然不同。

3. 确定评价的标准

传统的标准化测试的最大优点在于:标准明确,容易进行评价,而其他评价手段主观性较强,很难做到可靠性。正因为如此,随着近些年研究的深入,一些非标准化的测试手段诞生,这些测试手段主要是针对态度、能力等项目来说的。教师从学生的表现程度评定,可以设定四个标准:优秀、很好、一般、差。

4. 确定时间计划

与传统的英语评价方式不同,作品集学习评价法是从学期开始到结束,其包含很多内容与形式,因此在学期开始时,教师应该引导学生确定自身的学习计划。学生在与教师确定各个项目的形式、标准等的过程中,必然成为其中的参与者,他们不仅对自己的学习任务有清晰的把握,还因为之前参与了任务形式、标准等层面的确定,所以做起来会得心应手。

5. 学生按照计划完成学习任务

评价活动不仅可以出现在课内,而且可以出现在课外。例如,出现在课内的评价活动有介绍、演讲等;出现在课外的评价活动有社会实践、调查研究等。但是,无论是课内的评价,还是课外的评价,都需要考虑具体的计划,按照计划逐一开展。

6. 教师对学生予以指导

虽然确定了评价形式、评价内容,但是教师也不能完全不管,完全让学生自己完成。由于每一项评价都涉及语言知识与技能,因此教师需要引导学生对每一项学习任务的目的有清楚的了解与把握,并且多次重申评价标准。在这样的引导下,学生才能把握英语自主学习的关键点,采用具体的方法,实现教学目标。

7.教师与学生进行面谈

当学生在开展学习任务时,教师可以与学生进行面对面交谈,清楚地了解与把握学生的学习进度,并回答学生在学习过程中的一切问题。只有这样,才能符合当前教学中的一大重要原则——因材施教。

当教师与学生面对面交谈时,可以随意说出自己的所想与所做,教师也需要将自己亲身体验传达给学生。另外,通过交流,教师可以对学生的学习情况有清楚的了解,指出他们学习中的问题,为他们进一步的学习做铺垫。

8.根据评价表,学生进行自评

学期结束,学生完成了作品集,教师就需要将评价表给学生,让学生根据自己情况填写。通过评价,学生可以了解自身的学习情况,对比自己之前的学习情况,反思自己的学习过程,发现自己的不足,为以后的学习付出更多努力。

9.交换作品集,学生间互评

网络多媒体环境下的英语教学对于学生间的相互学习非常推崇。通过学习与阅读他人作品,学生对他人的学习情况有清楚的了解,也能够明确自身与他人的差距,从而取长补短。

10.教师对作品集进行终评

事实上,在整个学期,教师都在对学生的学习情况进行评价,因为每一次学习活动、每一部作品,教师都需要进行审阅。当学期结束之后,教师还需要对学生之前的情况展开综合评价,当然是在参照同学评价、自评的基础上开展的。

综上所述,作品集学习评价法是一个人性化、用途广泛的评价方法,符合以学生为中心的理念,适用于学生英语学习的各个阶段。

第三节 基于网络多媒体的英语教学评价实践研究

一、学生自评实践研究

学生自评是基于网络多媒体环境的英语教学评价的重要手段。下面以英语写作为例对学生自评进行分析。

学生自评是基于一定的教学评价标准的，因此在评价之前教师和学生需要共同制订评价标准，从而让学生了解质量高的作品，最终让学生对自己的作品有客观的评价。具体来说，教师可以将优秀的写作作品制成网络课件，供学生查看和参照，如表13-1所示。

表13-1　优秀写作要素构成

What a Good Writer Can Do
I can plan before I write.
I can write about real things.
I can write stories with a beginning, middle, and an ending.
I can ask others to read my work.
I can write in complete sentences.
I can leave spaces between words.
I can put periods at the end of sentences.
I can make my handwriting easy to read.

（资料来源：张红玲等，2010）

根据制订的评价标准，学生对自己的作品进行评价，找出自己的优缺点，进而改变学习方法，调整学习目标。教师可根据学生的学习情况调整教学计划，改变教学方式。教师可将调整学习目标的自评表（表13-2）制作成网络课件，供学生参考使用。

表13-2　调整学习目标的自评表

Setting Improvement Goals
Your Name ＿＿＿＿＿　　　　　Date ＿＿＿＿＿
1. Look at your writing sample.
a. What does this sample show that you can do?
b. Write about what you did well.
2. Think about realistic goals.
Write one thing you need to do better. Be specific.

（资料来源：张红玲等，2010）

二、学生互评实践研究

学生互评侧重于学生之间的反馈意见，同学的反馈意见对学生的学习

第十三章　基于网络多媒体的英语教学评价新探

有着重要的促进作用。通过这种情况，学生能加强完成作业的责任感，也能让学生有机会去评判其他同学，给其他同学提供帮助性的反馈意见，也会使学生体验到自豪感与成功感。以下就对学生反馈型互评的实践过程进行说明。

（1）目标设计。相较于教师评价，学生评价能提供更多的意见和建议，更能提高学生的学习质量。所以，如何提高学生互评效果就成了需要关注的重要问题。学生反馈意见的数量、质量等都是学生互评活动设计好坏的重要指标。因此，学生互评活动的设计目标主要有两个，一是提高学生作业的质量，二是提高网络课程中学生的学习效果。

（2）任务设计。在学生互评活动中，学生需要扮演专家给同学的作业提出意见。这类作业常是以成果或作品的形式提高到网络平台上，而且这种评价活动并不是一次性完成的，而是需要多次修改与完善，最终完善作业质量。因此，学生需要在规定时间内完成作业初稿，并在同学和教师的指导下反复修改作业，最终提高作业的质量。

（3）标准设计。学生互评属于定性评价，没有严格的评价量规，需要根据作业要求，从作业的价值、内容的深度及准确性等方面出发，灵活设计评价标准。

（4）角色设计。学生互评的核心要素是反馈意见，所以学生互评中的主体需要承担一定的责任。在互评前，学生要在规定时间内完成作业，并提高至网络平台。作为评价，学生要认真负责地对待同学的作业，提供公正客观的反馈意见，既要指出作业中的优点，也要说明其不足之处，并提出具体意见。教师则扮演着不同的角色，既是评价中的监督者，也是评价中的指导者。

（5）过程设计。在具体的实施过程中，可对学生进行分组，通常是5~6人一组。有很多学者都提倡将学生互评和教师评价结合起来，二者互为补充。网络课程中学生互评的基本过程都会被记录下来，学生可方便查看评价结果，并与评阅人做进一步的交流，询问具体意见和建议，教师也可对整个过程进行指导和监控。

参考文献

[1] 本尼迪克著,何锡章,黄欢译.文化模式[M].北京:华夏出版社,1987.

[2] 辞海编辑委员会.辞海[M].上海:上海辞书出版社,1980.

[3] 崔刚,孔宪遂.英语教学十六讲[M].北京:清华大学出版社,2009.

[4] 崔燕宁.大学英语自主学习理论与实践研究[M].成都:西南财经大学出版社,2013.

[5] 冯莉.大学英语语法教学理论与实践[M].长春:吉林出版集团有限责任公司,2009.

[6] 高华丽.翻译教学研究:理论与实践[M].杭州:浙江大学出版社,2008.

[7] 何安平.语料库辅助英语教学入门[M].北京:外语教学与研究出版社,2010.

[8] 何广铿.英语教学法教程:理论与实践[M].广州:暨南大学出版社,2011.

[9] 何少庆.英语教学策略理论与实践应用[M].杭州:浙江大学出版社,2010.

[10] 胡春洞.英语教学法[M].北京:高等教育出版社,1990.

[11] 胡文仲.高校基础英语教学[M].北京:外语教学与研究出版社,2006.

[12] 黄荣怀.移动学习——理论·现状·趋势[M].北京:科学出版社,2008.

[13] 金陵.翻转课堂与微课程教学法[M].北京:北京师范大学出版社,2015.

[14] 剧锦霞,倪娜,于晓红.大学英语教学法新论[M].北京:中国书籍出版社,2013.

[15] 李建军.文化翻译论[M].上海:复旦大学出版社,2010.

[16] 李建军.新编英汉翻译[M].上海:东华大学出版社,2004.

[17] 林新事.英语课程与教学研究[M].杭州:浙江大学出版社,2008.

参考文献

[18]刘润清,韩宝成.语言测试和它的方法(第2版)[M].北京:外语教学与研究出版社,1991.

[19]鲁子问,康淑敏.英语教学方法与策略[M].上海:华东师范大学出版社,2008.

[20]罗少茜.英语课堂教学形成性评估研究[M].北京:外语教学与研究出版社,2003.

[21]庞维国.自主学习:学与教的原理与策略[M].上海:华东师范大学出版社,2003.

[22]任庆梅.英语听力教学[M].北京:外语教学与研究出版社,2011.

[23]谭顶良.学习风格论[M].南京:江苏教育出版社,1995.

[24]王道俊,王汉澜.教育学[M].北京:人民教育出版社,1999.

[25]王笃勤.英语教学策略论[M].北京:外语教学与研究出版社,2002.

[26]王芬.高职高专英语词汇教学研究[M].上海:上海交通大学出版社,2012.

[27]王琦.信息技术环境下的外语教学研究[M].北京:中国社会科学出版社,2006.

[28]吴为善,严慧仙.跨文化交际概论[M].北京:商务印书馆,2009.

[29]武尊民.英语测试的理论与实践[M].北京:外语教学与研究出版社,2002.

[30]肖礼全.英语教学方法论[M].北京:外语教学与研究出版社,2005.

[31]许智坚.计算机辅助英语教学[M].厦门:厦门大学出版社,2015.

[32]严明.大学英语翻译教学理论与实践[M].长春:吉林出版社集团有限责任公司,2009.

[33]严明.大学英语自主学习培养教程[M].哈尔滨:黑龙江大学出版社,2007.

[34]严明.跨文化交际理论研究[M].哈尔滨:黑龙江大学出版社,2009.

[35]英国培生教育出版有限公司编.朗文当代高级英语辞典(英英·英汉双解)[Z].北京:外语教学与研究出版社,2004.

[36]于永昌,刘宇,王冠乔.大数据时代的教育[M].北京:北京师范大学出版社,2015.

[37]张岱年,程宜山.中国文化论争[M].北京:中国人民大学出版社,2006.

[38]张红玲等.网络外语教学理论与设计[M].上海:上海外语教育出版社,2010.

[39]张培基.英汉翻译教程(修订本)[M].上海:上海外语教育出版社,2009.

[40]张庆宗.外语学与教的心理学原理[M].北京:外语教学与研究出版社,2010.

[41]张鑫.英语教学的理论与实践[M].北京:知识产权出版社,2012.

[42]郑茗元,汪莹.网络环境与大学英语课程的整合化教学模式概论[M].北京:中国水利水电出版社,2015.

[43]周文娟.大数据时代外语教育理念与方法的探索与发现[M].上海:上海交通大学出版社,2014.

[44]何薇.大学英语词汇教学研究——以贵阳学院为例[D].重庆:西南大学,2009.

[45]黄慧.建构主义视角下的大学英语语法教学研究[D].上海:上海外国语大学,2007.

[46]李漫.多媒体网络技术在课堂教学中的应用研究——以长沙外国语学校为例[D].长沙:湖南师范大学,2013.

[47]李永乐.大学英语网络自主学习的策略研究——以"新时代交互英语网络系统"的应用为例[D].长沙:湖南师范大学,2012.

[48]卢风龙.语境理论在高中英语词汇教学中的应用研究[D].济南:山东师范大学,2013.

[49]牟必聪.翻转课堂理念下高中英语词汇教学的设计与实践[D].上海:华东师范大学,2018.

[50]王雷.体验式学习在初中英语教学中的应用研究[D].长春:东北师范大学,2007.

[51]吴芳芳.高中学生英语词汇能力的培养——基于任务型教学模式的实证研究[D].武汉:华中师范大学,2011.

[52]张海倩.基于语境理论的高中英语词汇教学研究[D].重庆:重庆师范大学,2012.

[53]周方源.语境理论在大学英语词汇教学中的应用研究[D].呼和浩特:内蒙古师范大学,2013.

[54]敖冰峰,杨扬.关于多媒体网络教学的研究[J].应用能源技术,2006,(9).

[55]陈冬梅.重视大学英语翻译教学,提高学生英语应用能力[J].中国校外教育,2018,(8).

[56]陈晓菲.翻转课堂教学模式的研究[J].武汉:华中师范大学,2014.

[57]陈新汉.自我评估活动论纲[J].北京师范大学学报(社会科学版),2007,(1).

[58]程晓堂.论自主学习[J].学科教育,1999,(9).

[59]丛钊.大学英语听力多媒体辅助教学策略研究[J].中国新通信,2016,(10).

[60]付英.基于网络传媒的大学英语教学现状分析及应对策略[J].媒介教育,2012,(16).

[61]傅亚东.大学英语翻译教学:问题与对策研究[J].课程教学,2017,(30).

[62]候雪菲.多媒体网络技术在大学英语听力教学中的应用[J].学理论,2013,(6).

[63]胡继渊,沈正元,张玉昆.中外学习风格研究现状综述[J].外语中小学教育,1999,(3).

[64]胡铁生,黄明燕,李民.我国微课发展的三个阶段及其启示[J].远程教育杂志,2013,(4).

[65]霍玉秀.基于"项目式学习"模式与学生综合能力的培养[J].语文学刊·外语教育教学,2013,(11).

[66]蒋志辉,胡许平.视听媒体在教育教学中的实例应用研究[J].湖南科技学院学报,2011,(4).

[67]焦建利.微课及其应用与影响[J].中小学信息技术,2014,(4).

[68]靳宁.网络环境下高校英语翻译教学模式存在问题及改革方法[J].北京印刷学院学报,2017,(5).

[69]雷娟.高中英语听力教学存在的问题及对策[J].科学咨询,2018,(6).

[70]黎加厚.微课的含义与发展[J].中小学信息技术,2013,(4).

[71]李松林,李文林.教学活动理论的系统考察与方法论反思[J].外国中小学教育,2008,(1).

[72]梁为.基于虚拟环境的体验式网络学习空间设计与实现[J].中国电化教育,2014,(3).

[73]刘红云.网络环境下独立学院大学英语项目式学习模式的研究[J].高教学刊,2015,(14).

[74]刘建达.学生英文写作能力的自我评估[J].现代外语,2002,(3).

[75]刘景顺,王皓杰.网络多媒体在大学英语听力教学中的应用[J].佳木斯大学社会科学学报,2015,(4).

[76]刘梦雪.通过自我评估训练促进自主式英语学习的实证研究[J].疯狂英语(教师版),2009,(4).

[77]刘晓红.网络环境下高校英语翻译教学模式分析[J].科技风,2018,(9).

[78]刘禹彤.大学英语听力教学存在的问题及对策[J].西部素质教育,2018,(3).

[79]牛红卫.网络教学特点与模式探讨[J].中国成人教育,2006,(7).

[80]庞维国.论体验式学习[J].全球教育展望,2011,(6).

[81]彭金定.大学英语教学中的"学习者自主"问题研究[J].外语界,2002,(3).

[82]戚梅,严炯.听觉媒体的教学功能及其在教学中的应用[J].工会论坛,2005,(5).

[83]沈彩芬,程东元.网络多媒体环境下的外语教学特征及其原则[J].外语电化教学,2008,(3).

[84]史钰.我国大学英语听力教学存在的问题及对策[J].湖南科技学院学报,2016,(7).

[85]苏小兵,管珏琪,钱冬明,祝智庭.微课概念辨析及其教学应用研究[J].中国电化教育,2014,(7).

[86]孙延蘅.网络信息资源的特点与分类[J].情报资料工作,2002,(2).

[87]孙一博.基于网络环境下高校英语翻译教学模式的分析[J].海外英语,2017,(11).

[88]谭丁.浅谈高职英语翻译教学现状及其思考[J].海外英语,2018,(3).

[89]滕星.教学评价若干理论问题探究[J].民族教育研究,1991,(2).

[90]汪晓东,张晨婧仔."翻转课堂"在大学教学中的应用研究——以教育技术学专业英语课程为例[J].现代教育技术,2013,(8).

[91]王崇恩.大学英语翻译教学存在的问题及对策探索[J].产业与科技论坛,2017,(10).

[92]王鉴棋,詹元灵.交互式任务型英语阅读教学法研究[J].中山大学学报论丛,2005,(4).

[93]王洋.大学英语翻译教学现存问题及对策研究[J].科学大众,2018,(4).

[94]夏光.浅析大学英语翻译教学现状及发展策略[J].佳木斯职业学院学报,2016,(8).

[95]肖君.英语词汇教学中文化差异现象浅析[J].四川教育学院学报,2007,(5).

[96]肖亮荣,俞真.论计算机网络技术给大学英语教学带来的机遇和挑战[J].外语研究,2002,(5).

[97]谢大滔.体验式教学在大学英语自主学习中的应用[J].教育探索,2012,(9).

[98]熊沐清,邓达.叙事教学法论纲[J].外国语文,2010,(6).

[99]徐飞.网络环境下高校英语翻译教学模式思考[J].黑龙江科学,2017,(19).

[100]徐萍,田启树.网络信息资源的特点及其对信息用户的影响[J].湖南农业大学学报(社会科学版),2007,(4).

[101]严明.高校学术英语写作能力评价体系建构[J].外语学刊,2014,(6).

[102]杨洁.网络环境下高校英语翻译教学模式思考[J].长沙铁道学院学报,2014,(2).

[103]杨振宇.从表达性与交际性看写作本质[J].佳木斯大学社会科学学报,2000,(2).

[104]易雅琴.英语口语教学"文化植入"的初探与应用[J].海外英语,2014,(2).

[105]俞咸宜.计算机辅助教育的PLATO网络系统[J].计算机工程与科学,1983,(4).

[106]翟莉娟,王翠梅.从认知策略看英语词汇学习[J].科学文汇,2008,(11).

[107]张书华.简析大学英语翻译教学存在的问题与对策[J].英语广场,2017,(3).

[108]张晓君,李雅琴,王浩宇,丁雪梅.认知负荷理论视角下的微课程多媒体课件设计[J].现代教育技术,2014,(2).

[109]赵珊珊.大学英语翻译教学问题与解决对策[J].湖北函授大学学报,2017,(6).

[110]郑沈玲.大学英语翻译课堂教学存在的问题以及对策[J].生物技术世界,2016,(3).

[111]周凤玲.大学英语实用翻译教学现状解析与思考[J].英语教师,2015,(20).

[112]Al Fally,I. The role of some selected psychological and personality traits of the rater in the accuracy of self-and peer assessment [J].

System, 2004, (3).

[113] Alderman, M. Goals and Goal Setting [A]. *Motivation for Achievement* [C]. M. K. Alderman. Lawrence: Lawrence Erlbaum Associates, Inc., 1999(a).

[114] Anderaon, E. Review and Criticism [J]. *MLJ*, 1964, (48).

[115] Bachman L. *Fundamental Considerations in Language Testing* [M]. Oxford: Oxford University Press, 1990.

[116] Bason, P. Self-access for self-directed learning [J]. *Hong Kong Papers in Linguistics and Language Teaching*, 1992, (15).

[117] Cronbach, L. J. An analysis of techniques for diagnostic vocabulary testing [J]. *Journal of Educational Research*, 1942, (36).

[118] Edwin Gentzler. *Contemporary Translation Theories* [M]. London: Routledge Inc., 1993.

[119] Harmer, J. *The Practice of English Language Teaching* [M]. London: Longman, 1990.

[120] Hatch, Evelyn and Brown, Cheryl. *Vocabulary, Semantics and Language* [M]. Beijing: Foreign Language Teaching and Research Press, 2001.

[121] Kern, H. Reconstructing classroom interaction with networked computers: Effects on quantity and characteristic of language production [J]. *MLJ*, 1995, (79).

[122] Larsen-Freeman, D. *Teaching Language: From Grammar to Grammaring* [M]. Boston: Heinle & Heile, 2005.

[123] Lewis, M. *Second Language Vocabulary Acquisition* [M]. Cambridge: Cambridge University Press, 1997.

[124] Little, D. Learning as dialogue: the dependence of learner autonomy on teacher autonomy [J]. *System*, 1995, (2).

[125] Littlewood, W. Autonomy: an anatomy and a framework [J]. *System*, 1996, (4).

[126] Lorge, S. Language laboratory research studies in New York City high schools: A discussion of the program and the findings [J]. *MLJ*, 1964, (48).

[127] Meara, P. The dimensions of lexical competence [A]. *Competence and Performance in Language Learning* [C]. In G. Brown, K. Malmkjaer and J. Williams (eds.). Cambridge: Cambridge University

Press, 1996.

[128] Nation, ISP. *Teaching and Learning Vocabulary* [M]. New York: Newbury House, 1990.

[129] Richards, J. C. The Role of Vocabulary teaching [J]. *TESOL Quarterly*, 1976, (10).

[130] Rita Dunn. *Teaching Students to Read Through Their Individual Learning Styles* [M]. NJ: Prentice Hall, 1986.

[131] Stern H. H. *Fundamental Concepts of Language Teaching* [M]. Oxford: Oxford University Press, 1983.

[132] Ur P. *Grammar Practice Activities: A Practical Guide for Teachers* [M]. Cambridge: Cambridge University Press, 1988.

[133] Warschauer, M. & Healey, D. Computers and language learning: an overview [J]. *Language Teaching*, 1998, (2).

[134] Widdowson, H. G. *Aspects of Language Teaching* [M]. Oxford: Oxford University Press, 1990.

[135] Wilkins, David A. *Linguistics in Language Teaching* [M]. Cambridge: MIT Press, 1972.

[136] Zimmerman, B. J. & Risemberg, E. Investigating self-regulatory processes and perceptions of self-efficacy in writing by college students [A]. *Perspectives on Student Motivation, Cognitive, and Learning* [C]. P. R. Pintrich, D. R. Brown & C. E. Weinstein. Hillsdale NJ: Erlbaum, 1995.